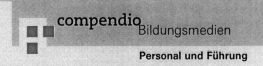
compendio Bildungsmedien

Personal und Führung

Führung für technische Kaufleute und HWD
Grundlagen mit Beispielen, Repetitionsfragen und Antworten sowie Übungen

Marita Knecht, Clarisse Pifko und Rita-Maria Züger

D1729584

Führung für technische Kaufleute und HWD
Grundlagen mit Beispielen, Repetitionsfragen und Antworten sowie Übungen
Marita Knecht, Clarisse Pifko und Rita-Maria Züger

Grafisches Konzept: dezember und juli, Wernetshausen
Satz und Layout: Mediengestaltung, Compendio Bildungsmedien AG, Zürich
Illustrationen: Oliver Lüde, Winterthur
Druck: Edubook AG, Merenschwand

Redaktion und didaktische Bearbeitung: Rita-Maria Züger

Artikelnummer: 7762
ISBN: 978-3-7155-9479-8
Auflage: 3., überarbeitete Auflage 2011
Ausgabe: U1031
Sprache: DE
Code: XTK 005

Inhaltsverzeichnis

Über die Reihe «Wirtschaft und Recht TK/HWD»

Die Reihe ist auf die Bedürfnisse von Studierenden zugeschnitten, die sich auf die Prüfungen zum **technischen Kaufmann / zur technischen Kauffrau mit eidg. Fachausweis** (TK) oder zum **Erwerb des Höheren Wirtschaftsdiploms** (HWD) vorbereiten.

Sie richtet sich deshalb in Stoffauswahl und -tiefe nach den Prüfungsreglementen der beiden Lehrgänge, wobei die Neuerungen des **TK-Prüfungsreglements 2010** berücksichtigt sind. Mit den Bedürfnissen der beiden Zielgruppen vertraute Dozierende haben bei der Konzeption der Reihe und bei der Erarbeitung der Inhalte mitgewirkt.

Die Reihe umfasst folgende Titel:

- Betriebswirtschaftslehre (Management)
- Rechnungswesen
- Marketing
- Organisation und Projektmanagement
- Führung
- Kommunikation und Information
- Schriftliche Kommunikation
- Recht
- Volkswirtschaftslehre
- Logistik
- Informatik

Die Lehrmittel folgen dem bewährten **didaktischen Konzept** der Compendio-Lehrmittel. Verständliche Texte, zahlreiche Beispiele und Grafiken sowie Repetitionsfragen mit ausführlich kommentierten Musterlösungen ermöglichen die zielgerichtete Vor- und Nachbereitung des Unterrichts und gegebenenfalls auch ein Selbststudium.

Als **Besonderheit** enthält jedes Lehrmittel dieser Reihe einen **Übungsteil** mit anwendungsorientierten Aufgabenstellungen, wie sie an TK- und HWD-**Abschlussprüfungen** typischerweise gestellt werden.

Zürich, im März 2011

Thomas Hirt, Projektleitung

Vorwort zur 3. Auflage

Inhalt und Aufbau dieses Lehrmittels

Das vorliegende Lehrmittel gliedert sich in vier Teile:

- Teil A behandelt grundlegende Aspekte der Führungsverantwortung: der Führung allgemein, der Führungsfunktionen und der theoretischen Führungsstil-Konzepte.
- Teil B geht auf die Umsetzung zentraler Führungsaufgaben ein: auf die Motivation, das Führen durch Zielvereinbarung, die Beurteilung und die Sitzungsleitung.
- Teil C widmet sich den Grundlagen von Gruppenprozessen: den Merkmalen und Erfolgsfaktoren von Gruppen, den gruppendynamischen Prozessen und den theoretischen Rollenkonzepten.
- Teil D befasst sich mit den Grundsatzfragen des Personalmanagements: der Gewinnung, dem Erhalt, der Förderung und der Verabschiedung von Mitarbeitenden.

Zur aktuellen Auflage

Diese Ausgabe enthält einzelne kleinere Korrekturen, Ergänzungen und Präzisierungen. Aktualisiert haben wir die folgenden Inhalte: das situative Führen (Kap. 3.4), den Beurteilungsbogen (Kap. 6.3), die Ausführungen zur Personalsuche und -auswahl (Kap. 12 und 13) und die Auflösungsgründe eines Arbeitsverhältnisses (Kap. 18). Als zusätzliche Themen sind neu hinzugekommen: die Mitwirkung (Kap. 16.3), das Verfassen von Arbeitszeugnissen und die weiteren Rechte der Mitarbeitenden beim Austritt aus dem Unternehmen (Kap. 18.5).

Darüber hinaus erscheint das Lehrmittel in einem neuen, zeitgemässen und leserfreundlichen Layout.

In eigener Sache

Haben Sie Fragen oder Anregungen zu diesem Lehrmittel? Über unsere E-Mail-Adresse postfach@compendio.ch können Sie uns diese gerne mitteilen. Sind Ihnen Tipp- oder Druckfehler aufgefallen, danken wir Ihnen für einen entsprechenden Hinweis über die E-Mail-Adresse korrekturen@compendio.ch.

Wir wünschen Ihnen viel Spass und Erfolg beim Studium dieses Lehrmittels!

Zürich, im März 2011

Marita Knecht
Clarisse Pifko
Rita-Maria Züger

Teil A   Führungsverantwortung tragen

1 Grundlagen der Führung

Lernziele	Nach der Bearbeitung dieses Kapitels können Sie ... • in eigenen Worten beschreiben, was Führung bedeutet und wie die Führungsrolle in einer hierarchischen Ordnung eingebettet ist.
Schlüsselbegriffe	Autorität, direkte Führung, Fachkompetenz, Führen, Führungsgrundsatz, Führungsrolle, Ich-Kompetenz, indirekte Führung, Kohäsionsfunktion, Lokomotivfunktion, Macht, Methodenkompetenz, Sozialkompetenz, Zusammenhaltsfunktion

Führen und Geführtwerden gehören zum Menschen als sozialem Wesen. Lange war man der Auffassung, eine erfolgversprechende Mitarbeiterführung brauche sich vor allem mit einem Aspekt zu befassen, nämlich mit der Entwicklung und Verbesserung der menschlichen Leistungsfähigkeit. Demzufolge wurde die Mitarbeiterführung als Aufgabe der Vorgesetzten verstanden, die Mitarbeitenden – auch gegen deren Überzeugung – so zu beeinflussen, dass sie Vorgaben realisieren.

Mittlerweile hat sich jedoch ein ganzheitlicheres Führungsverständnis durchgesetzt, das die Ziele und Ansprüche des Unternehmens und jene der Mitarbeitenden gleichermassen berücksichtigt. Wir stellen Ihnen in diesem Kapitel einige Eckpfeiler davon vor.

1.1 Was heisst «führen»?

Wenn jemand eine Leitungsposition in einem Unternehmen einnimmt, erwartet man im Allgemeinen, dass er auch führt und demzufolge führen kann. Tatsächlich ist dies längst nicht immer der Fall, gehört zum Führen doch weitaus mehr als das Leiten eines bestimmten Fachbereichs. Auch wenn über die erfolgreiche Mitarbeiterführung schon unzählige Untersuchungen durchgeführt, theoretische Konzepte entwickelt, Bücher und Artikel geschrieben und Seminare abgehalten wurden, gibt es nach wie vor keine allgemein gültige, umfassende Führungstheorie.

Führen beruht auf **drei Grundannahmen:**[1]

1. Führung geschieht in der **Gruppe,** d. h. bei der Interaktion (Austausch) zwischen mehreren Personen. Die Führungsfrage stellt sich also, sobald eine Gruppe sich zusammenfindet.
2. Führung ist eine beabsichtigte soziale **Einflussnahme,** wobei es Unterschiede gibt, wer in einer Gruppe auf wen Einfluss ausübt und wie dieser ausgeübt wird. Demnach dreht sich Führung immer auch um das Einwirken auf und von Mitmenschen.
3. Führung zielt darauf ab, durch Kommunikationsprozesse **Ziele** zu erreichen. Führung geschieht folglich nicht um der Führung willen; sie erfüllt keinen Selbstzweck. Es geht in jeder Gruppe letztlich darum, gemeinsam ein bestimmtes Ziel zu verfolgen.

Bei der **Definition von Führung** halten wir uns an die St. Galler Managementlehre[2]:

Führung stellt eine Managementfunktion dar, die der ziel- und ergebnisorientierten Verhaltensbeeinflussung von Mitarbeiterinnen und Mitarbeitern in und mit einer strukturierten Arbeitssituation dient.

[1] Weinert, Ansfried B.: Führung und soziale Steuerung. In E. Roth (Hrsg.): Organisationspsychologie, Enzyklopädie der Psychologie, Bd. 3, Hogrefe Verlag, Göttingen, 1989.

[2] Wunderer, Rolf: Führung und Zusammenarbeit. Eine unternehmerische Führungslehre, Luchterhand Verlag, Neuwiede, 2001.

Demnach setzt sich Führung aus den folgenden Elementen zusammen:

- **Managementfunktion:** Führung ist eine Leitungsfunktion im Unternehmen.
- **Ziel- und ergebnisorientiert:** Führung dient der besseren Ziel- oder Resultaterreichung.
- **Verhaltensbeeinflussung:** Führung beeinflusst das Verhalten der geführten Personen.
- **Strukturierte Arbeitssituation:** Führung bezieht sich auf eine konkrete Aufgabe oder auf eine bestimmte Arbeitssituation.
- **Die Arbeitssituation strukturierend:** Führung steuert eine konkrete Aufgabe oder eine bestimmte Arbeitssituation.

Hinweis	Manche Autoren bezeichnen mit «Führung» lediglich den personenbezogenen Teil der Führungssituation, also die Verhaltensbeeinflussung der Mitarbeitenden. Sie grenzen davon das «Management» als sachorientierte Systemsteuerung sowie die «Leitung» als die betriebswirtschaftliche Führung ab.

1.2 Direkte und indirekte Führung im Unternehmen

Wenn wir die Führung im Unternehmen als ein Gesamtkonzept betrachten, lassen sich zwei Formen der Führung unterscheiden: die direkten und die indirekten Möglichkeiten einer Verhaltensbeeinflussung durch den Führungsprozess. Abb. 1-1 veranschaulicht den Zusammenhang zwischen der direkten Führung und der indirekten Führung.[1]

Abb. [1-1]   Direkte und indirekte Führung

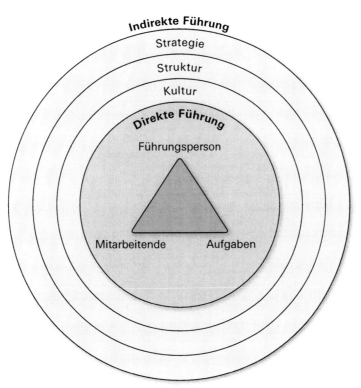

[1] Nach Wunderer, Rolf; Bruch, Heike: Führung von Mitarbeitenden. In R. Dubs, D. Euler, J. Rüegg-Sturm, C. E. Wyss (Hrsg.): Einführung in die Managementlehre, Bd. 2, Teil FI, Haupt Verlag, Bern, 2004, S. 85 f.

1.2.1 Direkte Führung

Mit der direkten Führung wird die direkte Beziehung zwischen Vorgesetzten und Mitarbeitenden bei der Aufgabenausführung angesprochen: Es geht beim direkten Führungsprozess sozusagen um die «Feinsteuerung». Man nennt die direkte Führung auch die interaktive Führung.

Die Darstellung der direkten Führung als **Dreieck** veranschaulicht diese Interaktion, denn die Zusammenarbeit im Team ist durch eine **starke gegenseitige Beeinflussung** von Führungsperson, Mitarbeitenden und Aufgaben geprägt: Wie eine Führungsperson ihre Führungsaufgaben wahrnimmt und welchen Führungsstil sie dabei zeigt, beeinflusst das Verhalten der Mitarbeitenden in konkreten Arbeitssituationen und folglich auch die Leistungsfähigkeit eines Teams. – Umgekehrt wirkt sich das Verhalten der Mitarbeitenden (als Einzelne oder als Team) in konkreten Arbeitssituationen auf das Verhalten der Führungsperson aus. Aber auch die Aufgabenstellung (Art, Schwierigkeit, Dringlichkeit usw.) beeinflusst das Verhalten der Mitarbeitenden und jenes der Führungsperson.

Zu den wichtigsten direkten **Führungsaufgaben** zählen vor allem:

- Mit den Mitarbeitenden motivierende Ziele vereinbaren.
- Mitarbeitende durch das Übertragen anspruchsvoller Aufgaben, Kompetenzen und Verantwortlichkeiten fördern.
- Mit den Mitarbeitenden aktiv kommunizieren und sie offen informieren.
- Die Zielerreichung beurteilen und die Mitarbeitenden mit konstruktiven Feedbacks unterstützen.
- Die Zusammenarbeit und den Zusammenhalt im Team entwickeln.

1.2.2 Indirekte Führung

In der Grafik werden die Bausteine der indirekten Führung als **Ringe** dargestellt. Sie machen deutlich: Die direkte Führung ist in die indirekte Führung eingebettet. Die indirekte Führung legt die **äusseren Rahmenbedingungen** für die Ausgestaltung der direkten Führungsbeziehung zwischen Vorgesetzten und Mitarbeitenden fest. Mit der Definition der **Strategie**, der Ausgestaltung der **Struktur** und der Entwicklung der **Kultur** im Unternehmen wird ein möglichst optimales Umfeld für die direkte Führung geschaffen. Man nennt die indirekte Führung deshalb auch die systemisch-strukturelle Führung.

Beispiel	
	• **Strategie:** Die Strategie drückt die mittel- bis langfristigen Unternehmensziele aus. Um deren Umsetzung sicherzustellen, sind die Unternehmensziele stufengerecht hinunterzubrechen, um somit den einzelnen Mitarbeitenden als Vorgaben oder Orientierungshilfe für die Zielsetzungen ihres Aufgabenbereichs zu dienen.
	• **Struktur:** Ein wesentlicher Baustein der Aufbauorganisation ist die Zuweisung von Aufgaben, Kompetenzen und Verantwortung an die einzelnen Stellen. Wie diese verteilt sind, beeinflusst die direkte Führungsbeziehung zwischen den Vorgesetzten und Mitarbeitenden massgeblich.
	• **Kultur:** Die Unternehmenskultur drückt sich in den gemeinsam getragenen Überzeugungen, Normen, Handlungs- und Verhaltensmustern aus. Wie beispielsweise mit Veränderungen umgegangen wird, beeinflusst auch die direkte Führungsbeziehung zwischen Vorgesetzten und Mitarbeitenden.

1.3 Führungsgrundsätze

In den Führungsgrundsätzen werden die **übergeordneten Werte** für die Führung und Zusammenarbeit im Unternehmen festgehalten. Bei den Führungsgrundsätzen geht es folglich um bestimmte **Verhaltensnormen**, die von Vorgesetzten und Mitarbeitenden erwartet werden.

Hinweis	Anstelle von Führungsgrundsätzen werden in der Praxis auch weitere Begriffe verwendet, wie Führungsleitbilder, Führungsphilosophie oder Führungsstrategie u. Ä. Wir verzichten in diesem Lehrmittel auf eine Differenzierung dieser Begriffe.

Inhaltlich beziehen sich Führungsgrundsätze z. B. auf **Werthaltungen** gegenüber:

- Führungsstil
- Führungsverhalten
- Zusammenarbeitsregeln
- Verwendung von Führungsinstrumenten
- Information und Kommunikation
- Beurteilung und Bewertung von Leistungen, Umgang mit Kritik und Fehlern
- Möglichkeiten der Personalförderung
- Grad der Mitbestimmung und -entscheidung
- Konfliktlösungsverhalten

Eine kurze, prägnante Formulierung von Führungsgrundsätzen ist wichtig, damit diese für alle leicht verständlich sind. Sehen Sie dazu das folgende Beispiel der Führungsgrundsätze des Tiefbauamts des Kantons Zürich.

Beispiel	**Vorbild**	Die Führungskräfte leben vor, was von den Mitarbeitenden verlangt wird, und nehmen damit in fachlicher und in persönlicher Hinsicht eine Vorbildfunktion wahr.
	Leistungs-anerkennung	Vorgesetzte würdigen spezielle Leistungen unmittelbar.
	Einbezug	Mitarbeitende werden offen informiert und nach Möglichkeit in die Entscheidungsfindung einbezogen.
	Eigenverantwortung	Mitarbeitende aller Stufen schöpfen den individuellen Kompetenzrahmen selbstständig aus und beschaffen sich fehlende Entscheidungsgrundlagen aus eigener Initiative.
	Förderung	Die planmässige Förderung der Mitarbeitenden umfasst neben der Fachweiterbildung auch Führungs- und Sozialkompetenz.
	Anbringen von Kritik	Sachliche Kritik wird rasch und ausschliesslich direkt gegenüber der betroffenen Person geäussert.
	Konfliktbewältigung	Mitarbeitende können Anliegen und Konflikte jederzeit an die Linienvorgesetzten herantragen. Diese sorgen für eine faire und rasche Behandlung. Lässt sich keine einvernehmliche Lösung treffen, können Betroffene an den nächsthöheren Vorgesetzten ge-langen.
	Schutz	Vorgesetzte tragen die Verantwortung für Arbeitssicherheit, Gesundheit und Unversehrtheit der Mitarbeitenden und sorgen für ein gutes Betriebsklima.

Quelle: www.tiefbauamt.zh.ch

1.4 Führungsrolle im Unternehmen

Laut zahlreicher Erhebungen in Unternehmen setzen Führungskräfte einen Grossteil ihrer Arbeitszeit für die Kommunikation mit ihren Mitarbeitenden ein. Persönliche Kontakte werden aufgenommen und gepflegt, Informationen ausgetauscht, Verhandlungen geführt, Vorgehensweisen und Leistungen besprochen usw. Führen ist immer ein Interaktionsprozess, d. h. ein **Austauschprozess**, zwischen der Führungsperson und der geführten Person, denn beide Seiten beeinflussen diesen Prozess und werden davon beeinflusst. Somit liegt in jeder Führungsbeziehung eine **wechselseitige Beeinflussung** des Verhaltens vor – unterschiedlich ist nur das Ausmass dieser Beeinflussung.

Wenn wir von der **Führungsrolle** sprechen, sind damit die **Erwartungen** gemeint, die an eine Führungsperson im Zusammenhang mit der Wahrnehmung ihrer Führungsfunktion im Unternehmen gestellt werden. Von einer kompetenten Führungsperson wird erwartet, dass sie sowohl den aufgaben- als auch den mitarbeiterbezogenen Ansprüchen gerecht wird und sie in der jeweiligen Situation in ein ausgewogenes Verhältnis zueinander bringt.

Abb. [1-2] **Aufgaben- und mitarbeiterorientierte Ziele**

Aufgabenbezogene Ziele   Mitarbeiterbezogene Ziele

1.4.1 Lokomotivfunktion der Führungsrolle

Um die **aufgabenbezogenen Ziele** zu erreichen, muss die Führungsperson eine Art Lokomotivfunktion übernehmen. Sie lebt die Ausrichtung auf die Ziele und ein leistungsbezogenes Verhalten vor, indem sie

- plant, d. h. Ziele setzt, die Aufgaben und das Vorgehen plant,
- entscheidet und auch Verantwortung für ihre Entscheidungen übernimmt,
- umsetzt, d. h. Aufträge erteilt und Aufgaben delegiert, sowie
- kontrolliert, d. h. die Zielerreichung überprüft.

Diese aufgabenbezogene Lokomotivfunktion einer Führungsperson kann man auch als **Managementaufgaben** bezeichnen.

1.4.2 Zusammenhaltsfunktion der Führungsrolle

Um die **mitarbeiterbezogenen Ziele** zu erreichen, muss die Führungsperson eine Zusammenhaltsfunktion übernehmen. Sie vermittelt ihrem Team ein Sicherheitsgefühl und schafft Vertrauen, indem sie

- die einzelnen Mitarbeitenden motiviert,
- Ziele mit den Mitarbeitenden vereinbart,
- Mitarbeiterleistungen beurteilt und anerkennt,
- die Teamentwicklung fördert,
- offen informiert und aktiv kommuniziert,
- Konflikte erkennt und austrägt und
- persönliche Werte und Umgangsformen vorlebt.

Diese **Kohäsionsfunktion** (Kohäsion heisst «der innere Zusammenhalt») kann man auch als **Leadershipaufgaben** bezeichnen.

1.4.3 Anforderungen an die Fach-, Methoden-, Sozial- und Ich-Kompetenz

Wenn wir von ganzheitlichem Führen sprechen, richten wir unser Augenmerk folglich auf die aufgaben- wie auch auf die mitarbeiterbezogene Ebene. Sie sind eng miteinander verzahnt; es lässt sich auch nicht grundsätzlich beurteilen, welche Ebene wichtiger oder weniger wichtig ist.

Welche Qualifikationen muss eine Person für eine Führungstätigkeit idealerweise mitbringen? Welche Fähigkeiten stellen ein «Muss» für den Führungserfolg dar, und welche sind wünschenswert, also «nice to have»? – Natürlich ist es nicht möglich, ein allgemein gültiges Anforderungsprofil für Führungspersonen zu erstellen, weil sich die Führungsaufgaben zu sehr voneinander unterscheiden.

Beispiel	Das Anforderungsprofil an eine Teamleiterin in einer international tätigen Grossbank wird anders definiert werden als jenes an einen Teamleiter in einem Hilfswerk. Dementsprechend werden für diese beiden Führungskräfte andere Schlüsselkompetenzen gelten.

Es gibt keine einheitliche Einteilung der verschiedenen Anforderungsarten bzw. **Kompetenzen**, die man dabei unterscheidet. Auch werden unterschiedliche Begriffe für die einzelnen Kompetenzen verwendet. In der Praxis kommt häufig die Unterscheidung zwischen Fach-, Methoden-, Sozial- und Ich-Kompetenz vor.

Abb. [1-3] Kompetenzen

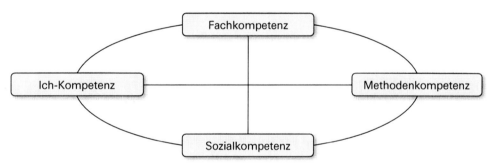

- Zur **Fachkompetenz** gehören Fähigkeiten und Kenntnisse, die mit der Berufsausbildung zusammenhängen. Dort wird definiert, was jemanden zur **Fachperson** qualifiziert.
- Zur **Methodenkompetenz** gehören Fähigkeiten, die das «Wie?», die **Arbeitsweise** und das systematische **Vorgehen** betreffen, wie z. B. die Wahrnehmung der Führungsfunktion, d. h. die Gestaltung von Planungs-, Entscheidungs-, Umsetzungs- und Kontrollprozessen.
- Zur **Sozialkompetenz** gehört der **Umgang mit Menschen** – als Vorgesetzte, in der Zusammenarbeit mit Kolleginnen und anderen Abteilungen, aber auch in der Art, wie jemand mit seinen Vorgesetzten zurechtkommt, wie er mit Kunden umgeht usw. Die erfolgreiche Umsetzung von **Führungsaufgaben** erfordert ein hohes Mass an Sozialkompetenz.
- Zur **Ich-Kompetenz** gehört die Art, wie jemand mit sich selbst umgeht; es geht um persönliche Eigenschaften wie Stabilität, Selbstbeherrschung, Ausgeglichenheit, Emotionalität usw.

In diesem Lehrmittel werden wir uns vor allem mit der Methodenkompetenz und der Sozialkompetenz von Führungspersonen befassen. Die Ich-Kompetenz wird lediglich an einzelnen Stellen angesprochen.

1.5 Einsatz von Macht und Autorität

Zwei wesentliche Voraussetzungen für die Ausgestaltung der Führungsrolle sind die Macht-stellung, die eine Führungsperson innerhalb einer Organisation einnimmt, und ihre Autorität.

1.5.1 Macht der Führungsperson

Macht ist immer dann gegeben, wenn eine oder mehrere Personen oder eine Organisation die Verhaltensänderung von anderen auch gegen deren Willen **durchsetzen** können.

Mit ihrer hierarchischen Stellung erhält eine Führungsperson eine bestimmte **Positions-macht,** obwohl sie diese unter Umständen weder aufgrund ihrer Fach-, Methoden- oder Sozi-alkompetenz noch aufgrund ihrer Persönlichkeit «verdient» hätte. Führung ist demnach mit verschiedenen Formen der Machtausübung verbunden.

Abb. [1-4]   **Machtformen einer Führungsperson**

Legitimationsmacht	Auch formelle Macht genannt: Einer Führungsfunktion werden bestimmte Entscheidungs- und Anordnungsbefugnisse eingeräumt.
Sanktionsmacht	Die Führungsperson kann ihre Mitarbeitenden belohnen, aber auch bestrafen (Sanktionen) und Zwang oder Druck ausüben.
Expertenmacht	Die Führungsperson kann die Fähigkeiten und das Wissen beeinflussen, denn in der Regel verfügt sie über einen Informationsvorsprung gegen-über anderen Mitarbeitenden.
Referenzmacht	Auch Identifikationsmacht genannt: Die Mitarbeitenden identifizieren sich mit der Führungskraft als Person bzw. als Vorbild.
Charismatische Macht	Dank ihrer persönlichen Ausstrahlung kann eine Führungsperson die Mitarbeitenden in eine bestimmte (positive oder negative) Richtung beeinflussen.

1.5.2 Autorität der Führungsperson

Zur Autorität einer Persönlichkeit gehören nebst der Amtsautorität (also der bereits erwähnten Positionsmacht) ihre fachliche und persönliche Autorität. Autorität kann man auch als **legiti-mierte Macht** bezeichnen, denn sie beruht auf einer legitimen Grundlage und wird von den Mitarbeitenden akzeptiert.

Eine Führungsperson besitzt **persönliche Autorität,** wenn sie die folgenden drei Ansprüche erfüllt:

- Ihre Vorbildfunktion wird anerkannt,
- ihr wird Vertrauen in ihre Führungsfähigkeiten entgegengebracht, und
- sie vermittelt ein Gefühl von Sicherheit.

Die Autorität einer Führungsperson kann bei den Mitarbeitenden positiv und negativ wirken:

- **Positive Auswirkungen** sind eine grössere Identifikation, mehr Selbstständigkeit und Au-tonomie der Mitarbeitenden, d. h., Autorität hat eine **motivierende** Wirkung.
- **Negative Auswirkungen** sind Angst, Unselbstständigkeit und Abhängigkeit der Mitarbei-tenden, d. h., Autorität hat eine **demotivierende** Wirkung.

Zusammenfassung Führung besteht gemäss der St. Galler Managementlehre aus den folgenden **Elementen**:

- Managementfunktion (Leitungsfunktion)
- Ziel- und Ergebnisorientierung
- Verhaltensbeeinflussung
- Strukturierte Arbeitssituation
- Die Arbeitssituation strukturierend

Man unterscheidet zwischen der direkten und der indirekten Führung:

- **Direkte Führung** (interaktive Führung): wechselseitige Beeinflussung zwischen der Führungsperson, den Mitarbeitenden und den Aufgabenstellungen.
- **Indirekte Führung** (systemisch-strukturelle Führung): Strategie, Struktur und Kultur als Rahmenbedingungen für die direkte Führung.

Die **Führungsgrundsätze** stellen die übergeordneten Werte und folglich bestimmte Verhaltensnormen für die Führung und Zusammenarbeit im Unternehmen dar.

Die **Führungsrolle** drückt die **Erwartungen** aus, die an eine Führungsperson gestellt werden. Im Wesentlichen geht es um das Erreichen von Zielen auf zwei Ebenen:

Ziele	Anforderungen und Aufgaben
Aufgabenbezogen	• Übernahme einer Lokomotivfunktion: Vorleben der Ausrichtung auf die Ziele • Führungsfunktionen bzw. Managementaufgaben wahrnehmen
Mitarbeiterbezogen	• Übernahme einer Kohäsions- oder Zusammenhaltsfunktion: Vermitteln eines Sicherheitsgefühls und Vertrauensbildung • Führungsaufgaben bzw. Leadershipaufgaben wahrnehmen

Um diese Rolle erfüllen zu können, werden von einer Führungsperson nebst einer gewissen Fachkompetenz vor allem **Qualifikationen** in der Methoden-, Sozial- und Ich-Kompetenz gefordert.

Bei der Ausgestaltung der Führungsrolle stellen sich automatisch die Macht- und die Autoritätsfrage:

- **Macht** ist einer Führungsperson als **Positionsmacht** aufgrund ihrer hierarchischen Stellung gegeben. Sie äussert sich z. B. als Legitimations-, Sanktions-, Experten-, Referenz- oder charismatische Macht.
- Die **Autorität** einer Führungsperson ergibt sich aufgrund ihrer **Amtsautorität** (Positionsmacht) sowie ihrer **fachlichen und persönlichen Autorität**. Persönliche Autorität ist nicht gegeben, sondern die Führungsperson muss sie sich selber «erarbeiten», indem sie als Vorbild akzeptiert wird, Vertrauen in ihre Führungsfähigkeiten geniesst und ein Gefühl von Sicherheit zu vermitteln vermag.

---

1 Kreuzen Sie in der Tabelle an, ob es sich bei den Führungsaktivitäten um Beispiele der direkten oder der indirekten Führung handelt.

Führungsaktivitäten	Direkte Führung	Indirekte Führung
Gestaltung der Arbeitsprozesse im Unternehmen		
Mitarbeiterbeurteilungsgespräch		
Aufträge an die Mitarbeitenden erteilen		
Neudefinition der Produkt-/Marktstrategie der Geschäftseinheit XY		
Entwicklung der Teamkultur		
Entwicklung der Unternehmenskultur		

---

2 Beschreiben Sie in eigenen Worten, was mit der Lokomotivfunktion und mit der Kohäsionsfunktion der Führungsrolle gemeint ist.

---

3 Welche Macht- oder Autoritätsformen werden in den folgenden Aussagen angesprochen?

A] «Die Führungsperson kann einzelne Mitarbeitende mit der Gewährung eines Spezialbonus oder mit einer Beförderung belohnen.»

B] «Die Führungsperson soll sich als echtes Vorbild erweisen.»

C] «Man muss als Führungsperson auch mal alleine entscheiden oder hart durchgreifen.»

D] «Die Führungsperson kann noch so viele Befugnisse haben; wenn sie von der Branche bzw. vom Fach nichts versteht, wird sie immer einen schweren Stand haben.»

2   Führungsfunktionen

Lernziele

Nach der Bearbeitung dieses Kapitels können Sie ...

- die wichtigsten Anforderungen an eine gute Planung anhand eigener Beispiele aufzeigen.
- einem Kollegen die Bedeutung der Entscheidungsfunktion erklären.
- klare Anordnungen und Aufträge erteilen.
- die wichtigsten Anforderungen an die Kontrollfunktion in eigenen Worten beschreiben.

Schlüsselbegriffe

Anordnung, Auftrag, Entscheiden, Entscheidungsprozess, Kontrollieren, Kontrollprozess, Planen, Problemanalyse, Problembeurteilung, Problemerkennung, Soll-Zustand, Umsetzen, Willensbildungsprozess, Willensdurchsetzungsprozess, Ziel

Was machen Vorgesetzte konkret, wenn sie führen? Woraus bestehen ihre Führungshandlungen? – Am besten lässt sich dies an einem Beispiel zeigen.

Beispiel

Patrizia Ott leitet die Verkaufsabteilung eines Textilverkaufsgeschäfts. Sie ist gerade dabei, ihr Budget für das kommende Geschäftsjahr zu bestimmen. Sie hat von der Geschäftsleitung die Vorgabe erhalten, die Kosten in ihrem Verantwortungsbereich um 7 Prozent zu senken.

Nach einer genauen Analyse der derzeitigen Kostenstrukturen kommt Patrizia Ott zum Schluss, dass sich die Kostensenkungsziele nur durch Einsparungen bei den Personalkosten erreichen lassen. Sie beschliesst, auf Lohnerhöhungen generell zu verzichten und den Personaleinsatz in ihrer Abteilung organisatorisch so umzugestalten, dass sie die Teilzeitmitarbeitenden noch flexibler und damit effizienter einsetzen kann. Während in den frequenzstarken Zeiten, samstags oder über Mittag, ausreichend Verkaufspersonal vorhanden sein muss, sollten besonders in Randzeiten einige Personenstunden einzusparen sein.

Patrizia Ott überlegt sich, wie sich dies am besten bewerkstelligen liesse. Sie möchte überdies so bald wie möglich in einer Teamsitzung die Kostenproblematik aufzeigen und ihre Mitarbeitenden von einer für alle vertretbaren Lösungsfindung überzeugen.

Wir wenden uns in diesem Kapitel den Führungsfunktionen zu, die sich aus den vier Hauptfunktionen **Planen**, **Entscheiden**, **Umsetzen** und **Kontrollieren** zusammensetzen.

Abb. [2-1]

Führungsfunktionen (Management-Regelkreis)

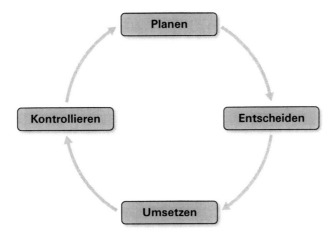

Bei der Ausübung dieser vier Führungsfunktionen geht es um den Prozess der Willensbildung und der Willensdurchsetzung.

Willensbildungsprozess

In einem ersten Schritt sind **Ziele** zu setzen (z. B. die Budgetvorgaben als Kostensenkungsziele definieren). Dazu gehört eine gedankliche Vorwegnahme der Zukunft. Beides geschieht in der **Planung.** Planen heisst also, möglichst überzeugend die Frage zu beantworten, wie die gegebenen Ziele erreicht werden können (z. B. die Frage nach realistischen Einsparungsmöglichkeiten). Planen allein genügt aber noch nicht.

Aus der Planung ergeben sich **Entscheidungen,** die getroffen werden müssen (z. B. die Einsparungen beim Personaleinsatz). Es geht darum, aus verschiedenen Alternativen jene auszuwählen, die unter den gegebenen Umständen den grössten Erfolg verspricht (z. B. ein flexiblerer Personaleinsatz).

Willensdurchsetzungsprozess

Auf die Willensbildung folgt die Willensdurchsetzung. Sie besteht darin, die getroffenen Entscheidungen **umzusetzen** (z. B. Suche nach einer für alle praktikablen Lösung) und das Ergebnis zu **kontrollieren** (z. B. die Umsetzung in der Personaleinsatzplanung und die laufende Kostenüberwachung).

Insgesamt ergibt sich so ein Kreislauf der Führungsfunktionen, der **Führungsprozess.** In der Praxis werden die verschiedenen Führungsfunktionen jedoch nicht immer nacheinander ausgeführt werden können. Führen ist ein **iterativer Vorgang,** d. h., die einzelnen Vorgehensschritte reihen sich nicht einfach in logischer Abfolge aneinander, sondern können sich mehrmals wiederholen. Bei einem schrittweisen Vorgehen zur Zielerreichung wird es oft so sein, dass eine klare sachliche und zeitliche Abgrenzung der einzelnen Teilfunktionen nicht möglich ist, da diese sich gegenseitig beeinflussen.

Beispiel	Patrizia Otts Entscheidung lässt sich nur durchsetzen, wenn ihre Mitarbeitenden zu einem flexiblen Einsatz bereit sind. Konkret bedeutet dies, dass entweder mehrere Mitarbeitende geringfügige Lohneinbussen aufgrund des verringerten Einsatzes in Kauf nehmen müssen oder einzelne Mitarbeitende mit einer Kündigung zu rechnen haben und die verbleibenden Angestellten ihre Arbeitszeit neu aufteilen müssen.

In den folgenden Abschnitten beschreiben wir die einzelnen Führungsfunktionen noch etwas genauer. Vertieft behandeln wir jene, die eine direkte Interaktion zwischen der Führungsperson und den Mitarbeitenden erfordern.

2.1 Planen

Die meisten Unternehmen sind hierarchisch aufgebaut. Kompetenzen und Verantwortung nehmen zu, je höher die erreichte Position ist. Gleichzeitig gewinnt die sorgfältige Planung an Bedeutung, weil die Tragweite der daraufhin getroffenen Entscheidungen immer grösser wird.

Planen heisst, zukunftsbezogen Ziele zu setzen und Entscheidungen vorzubereiten, die der Zielerreichung dienen. Die Planung, verstanden als **systematische Entscheidungsvorbereitung,** bildet die Grundlage aller nachfolgenden Führungstätigkeiten bis hin zur Kontrolle, ob die erreichten mit den geplanten Ergebnissen übereinstimmen.

Abb. [2-2]　　　　Führungsfunktionen – Planen

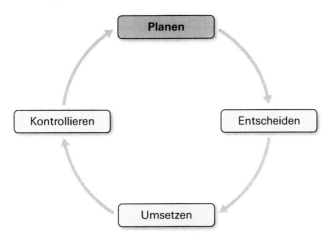

2.1.1　Planen heisst Ziele setzen

Ziele sind zukunftsgerichtet und beschreiben einen anzustrebenden Soll-Zustand. Wenn nicht vorher eindeutig festgelegt wurde, was es zu erreichen gilt, und wenn nicht alle Beteiligten wissen, in welche Richtung es gehen soll, nützen jedoch die besten Ideen und Massnahmen nichts.

Ziele festzulegen gehört daher zu den wichtigsten Planungsaufgaben jeder Führungskraft.

Beispiel

- **Unternehmensziele:** Die Unternehmensleitung beschliesst für einen Geschäftsbereich eine strategische Neuausrichtung. Sie definiert die Produkt-, Markt-, Finanz- und sozialen Ziele. Die Planung der Zielerreichung und deren Umsetzung delegiert sie an die Führungskräfte des betreffenden Geschäftsbereichs.
- **Teamziele:** Aus den Vorgaben leiten die Führungskräfte detailliertere Ziele für ihren Führungsbereich ab.
- **Mitarbeiterziele:** Im Zielvereinbarungsgespräch legen die Führungskraft und die einzelnen Mitarbeitenden gemeinsam die persönlichen Leistungsziele fest.

Im betrieblichen Planungsprozess stellt die Vision die oberste und damit langfristige Zielsetzung eines Unternehmens dar. Sie gibt die grundlegende Stossrichtung für das Unternehmen vor. Ziele bilden zugleich den Ausgangspunkt für den gesamten **betrieblichen Planungsprozess**. Sie definieren die wesentliche Grundlage für die Entscheidungsfindung sowohl auf der **strategischen** (mittel- bis langfristigen) wie auch auf der **operativen** (kurz- bis mittelfristigen) Ebene. Abb. 2-3 zeigt diesen Zielsetzungsprozess der verschiedenen Ebenen auf.

Abb. [2-3]　　　　Zielmanagement-Ebenen im Unternehmen

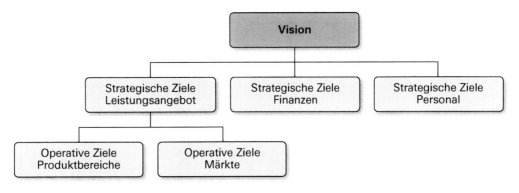

Sobald ein Soll-Zustand nicht in einem Wurf erreichbar ist, ist es sinnvoll, das Gesamtziel in einzelne Etappenziele zu unterteilen. Wir sprechen dann von einem **Zielsystem,** das in **Oberziele, Zwischenziele und Unter- oder Teilziele** gegliedert ist. Je weiter unten im Zielsystem, d. h., je kurzfristiger, desto grösser ist die Anzahl der Ziele.

Bei der betrieblichen Planung kommen sowohl die Top-down-Planung als auch die Bottom-up-Planung zum Einsatz:

- Die **Top-down-Planung** erfolgt der hierarchischen Struktur gemäss von oben nach unten. Die oberste Führungsebene gibt mittels Vision und strategischer Ziele die Leitlinien für das Unternehmen und die Unternehmensbereiche vor. Die Planung der mittleren und unteren Führungsebenen richtet sich nach diesen Vorgaben.
- Das Vorgehen der **Bottom-up-Planung** ist umgekehrt: Hier integrieren die oberen Führungsstufen die Planungsergebnisse der jeweils unteren Führungsstufen in ihre Planung.

Beispiel	- Die strategische Planung des Unternehmens erfolgt nach dem Top-down-Ansatz: Die oberste Unternehmensleitung legt die Grundstrategie für die kommenden Jahre fest und leitet daraus Teilstrategien für verschiedene Produkt- bzw. Unternehmensbereiche ab. - Die Budgetplanung im Unternehmen erfolgt zunächst nach dem Bottom-up-Ansatz: Aufgrund der aktuellen Ergebnisse definiert die unterste Führungsstufe die Kosten- und Umsatzziele für die kommende Planperiode. Diese Pläne werden verdichtet, und die Unternehmensleitung erlässt daraufhin die Leitlinien, die wiederum zu Anpassungen auf den unteren Führungsstufen führen können. Dabei kommt der Top-down-Ansatz zur Anwendung.

Auf die Bedeutung der Ziele für die Motivation der Mitarbeitenden gehen wir im Kap. 4.4.1, S. 53 und auf den Einsatz des Management by Objectives (Führen durch Zielvereinbarung) im Kap. 5, S. 59 ein.

2.1.2 Planen heisst Probleme lösen

Die Planung orientiert sich am strukturierten Vorgehen bei der Problemlösung und besteht aus den folgenden sechs Teilaufgaben: Ausgangslage analysieren, Ziele festlegen, Massnahmen entwickeln, Mittel zuweisen, Realisierung und Kontrolle der Massnahmen.

Abb. [2-4]

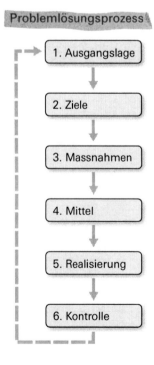

Problemlösungsprozess

1. Ausgangslage
2. Ziele
3. Massnahmen
4. Mittel
5. Realisierung
6. Kontrolle

1. Der Problemlösungsprozess beginnt mit der Analyse der **Ausgangslage**. Ohne dass Sie das Problem erfassen, klären und eingrenzen können, wird es schwierig sein, eine adäquate Lösung zu finden. Drei Punkte sind zu klären:
   - **Problemerkennung:** Zunächst müssen Sie ein Problem erkennen. Ein Problem besteht, wenn eine Diskrepanz zwischen dem Soll- und dem Ist-Zustand vorliegt.
   - **Problemanalyse:** Das Problem ist genau zu umschreiben, d. h. die Art des Problems, mögliche Ursachen und Einflussfaktoren. Sie dürfen Probleme nicht isoliert betrachten. Stellen Sie immer auch eine Verbindung zwischen dem Problem und seinem Umfeld her.
   - **Problembeurteilung:** Zunächst steht die Grundsatzentscheidung an, ob man das Problem lösen will (oder kann). Dazu müssen Sie die Bedeutung des Problems, die Möglichkeit und den Nutzen der Problemlösung beurteilen. Auch eine Grobeinschätzung des Aufwands für die Lösungsfindung ist notwendig, um entscheiden zu können, ob es sich lohnt, dieses Problem zu lösen.
2. In einem zweiten Schritt legen Sie die **Ziele** fest, die mit der Lösung des Problems verfolgt werden. Als Anhaltspunkte für das Formulieren klarer Ziele dienen beispielsweise die fünf Kriterien der SMART-Formel, die Sie im Kap. 5.2.2, S. 62 kennenlernen.
3. Bei der Entwicklung von **Massnahmen** geht es um die für die Zielerreichung notwendige Lösungssuche. Es müssen Antworten auf die Frage «Was ist zu tun?» gefunden werden. Normalerweise gibt es für jedes Problem verschiedene Lösungsalternativen, sodass auch hier eine Entscheidung ansteht: Jene Lösung ist zu wählen, die den höchsten Nutzen verspricht.
4. Jede Massnahme bindet **Mittel:** in Form von finanziellen Mitteln (Investitionen, Kosten für extern Beauftragte oder laufende Kosten) oder von Kapazitäten (von zeitlichem Aufwand). Diesen Ressourceneinsatz müssen Sie im Voraus genau planen.
5. Die **Realisierung** der Massnahmen- und der Ressourcenpläne muss rechtzeitig vorbereitet werden. Dabei kommt der zeitlichen **Koordination** eine entscheidende Bedeutung zu.
6. Der Problemlösungsprozess schliesst mit der **Kontrolle** ab. Die zu erwartenden Ergebnisse werden kritisch durchleuchtet und ihre möglichen Auswirkungen geprüft.

Gegebenenfalls beginnt der Problemlösungsprozess nochmals von vorne: Falls die Ziele (der angestrebte Soll-Zustand) auf diese Weise nicht oder nicht vollständig erreicht werden können, entstehen neue Probleme.

2.1.3 Planungsregeln beachten

Welche Bedeutung hat die Planung für die Teamführung? Worauf ist besonders zu achten, wenn von der Planung positive Impulse auf die Zusammenarbeit zwischen Vorgesetzten und Mitarbeitenden ausgehen sollen?

Dazu lassen sich drei wichtige Regeln formulieren: Vorausschauend handeln, Mitarbeitende mit einbeziehen sowie ein Risiko- und Sicherheitsbewusstsein entwickeln.

A] Vorausschauend handeln

Die meisten Führungskräfte sind bei der Ausübung ihrer Tätigkeit stark belastet. Sie müssen eine Vielfalt an Aufgaben möglichst effizient erledigen und die zur Verfügung stehende Zeit optimal nutzen. Nur dank einer **sorgfältigen Planung** ist es ihnen möglich, methodisch und effizient zu arbeiten und genügend Zeit für die Mitarbeitenden zu haben. Vorgesetzte, die die Planung vernachlässigen, erfüllen eine zentrale Grundanforderung ihrer Führungsfunktion nicht: Sie handeln nicht vorausschauend.

Bestimmte Planungsaufgaben lassen sich zwar an Spezialisten delegieren (z. B. an das Controlling, an die Personalabteilung, an die IT-Abteilung usw.), doch ist es unerlässlich, dass die Führungsperson die **Verantwortung für den Planungsprozess** beibehält, hinter den Ergebnissen steht und sie glaubwürdig gegen aussen vertritt. Für die Mitarbeitenden sind zukunftsweisende Planungsergebnisse nur dann überzeugend, wenn sie in den entscheidenden Punkten von den Vorgesetzten mitgeprägt und verantwortet werden.

Zum vorausschauenden Handeln gehört auch die **Flexibilität** gegenüber möglichen Veränderungen. Zwar geht es bei der Planung darum, ein zielgerichtetes Vorgehen für sich und andere verbindlich festzulegen, jedoch wissen wir alle, dass wir nur allzu schnell von sich verändernden Realitäten eingeholt werden. Vorausschauendes Handeln bedeutet deshalb, flexibel bleiben für die Auswirkungen von Zielkorrekturen, neuen Rahmenbedingungen oder für Veränderungen im Team. Auch die Mitarbeitenden fordern von einer Führungsperson Flexibilität und meinen damit vor allem Anpassungsfähigkeit, das Gegenteil von Sturheit und «Prinzipienreiterei».

Beispiel	Patrizia Ott weiss aus Erfahrung, dass sie den Personaleinsatz in der Verkaufsabteilung jeweils sehr kurzfristig planen muss. Typischerweise beeinflusst das Wetter das Einkaufverhalten ihrer Kunden: An einem regnerischen Nachmittag kommen mehr Kunden einkaufen als an einem heissen Sommertag, an dem die Kunden lieber ins Schwimmbad gehen.

B] Mitarbeitende mit einbeziehen

Die meisten Planungstätigkeiten haben in der einen oder anderen Form Auswirkungen auf die Mitarbeitenden. Möglicherweise führen sie zu veränderten Prioritäten oder Abläufen, zu einer Neuverteilung von Aufgaben, zu Versetzungen oder räumlichen Veränderungen usw.

Gemäss dem Führungsgrundsatz **«Betroffene zu Beteiligten machen»** sind die Mitarbeitenden am Planungsprozess angemessen zu beteiligen; sie erbringen schliesslich den Löwenanteil an der erfolgreichen Umsetzung. Veränderungen können nur dann durchgesetzt werden, wenn sie von den Mitarbeitenden mitgetragen werden. Mangelt es an der Beteiligung, ist der Widerstand gegen das Vorhaben meist vorprogrammiert, denn wer sich ausgeschlossen fühlt, ist oft schon aus Prinzip dagegen.

Der Einbezug der Mitarbeitenden führt zudem oft zu neuen, wertvollen **Ideen** oder zu besonders günstigen **Lösungsansätzen,** da die Mitarbeitenden näher am «Puls des Geschehens» sind als ihre Vorgesetzten.

C] Risiko- und Sicherheitsbewusstsein entwickeln

Planen darf **nie Selbstzweck** sein. Eines der obersten Ziele muss immer sein, anstehende Entscheidungen systematisch vorzubereiten. Dies bedingt ein hohes Risikobewusstsein, das sich in folgendem Verhalten zeigt:

- mögliche Risiken frühzeitig analysieren,
- unnötige Risiken vermeiden bzw. abwenden und
- unvermeidbare Risiken bestmöglich absichern.

Aus der Sicht der Mitarbeiterführung ist die Planung immer dann sinnvoll, wenn sie den Mitarbeitenden im Rahmen des Möglichen ein **Gefühl von Sicherheit** vermittelt und die Zukunftsperspektiven des Unternehmens transparenter macht.

2.2 Entscheiden

Mit dem Entscheiden wird der Willensbildungsprozess abgeschlossen. Eine Entscheidung treffen heisst, aus der Gesamtheit der möglichen **Handlungsalternativen** diejenige auszuwählen, die im Hinblick auf die gesteckten Ziele das **beste Ergebnis** zu liefern verspricht.

Abb. [2-5]   Führungsfunktionen – Entscheiden

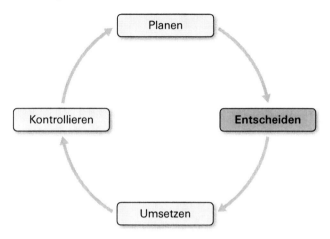

Eine Führungskraft entscheidet dann kompetent, wenn sie

- die **bestmöglichen Entscheidungen** trifft, die nicht nur für sie selbst, sondern auch für andere gelten,
- die **Verantwortung** für ihre Entscheidungen trägt, auch wenn sie gewisse Folgen noch nicht genau oder erst teilweise abschätzen kann, und
- **Verlässlichkeit** zeigt, d. h., auch dann zu ihren Entscheidungen steht, wenn sie auf Widerstand stösst.

In der Mitarbeiterführung geht es nicht nur um die Frage, was aus welchem Grund beschlossen wird, sondern auch darum, wie die Entscheidungsfindung abläuft: Wie wirken Vorgesetzte und Mitarbeitende bei Entscheidungsfindungen zusammen? Wie wird mit einmal getroffenen Entscheidungen umgegangen? Nicht umsonst heisst es: Wie eine Führungsperson Entscheidungen trifft, so führt sie! Im Entscheidungsprozess drückt sich der **Führungsstil** direkt aus. Ob kooperativ oder autoritär geführt wird, zeigt sich am deutlichsten darin, wie die **Entscheidungsbefugnisse** zwischen Führungsperson und geführten Mitarbeitenden verteilt sind.

2.2.1 Entscheidungsprozess

In der Regel stehen für anfallende betriebliche Entscheidungen nicht alle Grundlagen zur Verfügung, sondern sie müssen zuerst erarbeitet, aktualisiert oder aufbereitet werden. Ausserdem ist es unmöglich, sämtliche Details der **Entscheidungsgrundlagen** im Vorfeld hieb- und stichfest abzusichern. Zur Entscheidungskompetenz gehört also immer auch ein gewisses Mass an **Risikobereitschaft**.

In Abb. 2-6 finden Sie eine Checkliste zu den Fragen, die sich bei der Vorbereitung, Durchführung und Kommunikation eines Entscheidungsprozesses stellen.

Abb. [2-6]

Checkliste für den Entscheidungsprozess

Teilschritt	Fragen
Entscheidungen vorbereiten	• Wer ist von der Entscheidung betroffen? • Was ist zu entscheiden? • Wie (in welcher Form) ist zu entscheiden? • Welche Entscheidungsgrundlagen bestehen bereits? • Welche Entscheidungsgrundlagen müssen noch erarbeitet werden? Wenn ich eine Entscheidungsgrundlage einbringe: • Wie kann ich die betroffenen Personen von einem Lösungsvorschlag überzeugen?
Entscheidungen treffen	• Wann ist die Entscheidung zu fällen? • Wie (nach welchen Entscheidungskriterien bzw. -regeln) wird entschieden? Wenn ich eine Entscheidungsgrundlage einbringe: • Unter welchen Umständen bin ich bereit, meine Meinung zu ändern?
Entscheidungen kommunizieren	• Wer muss/soll von der Entscheidung erfahren? • Wie (in welcher Form) ist die Entscheidung zu kommunizieren? • Wann ist die Entscheidung zu kommunizieren?

2.2.2 Entscheidungsregeln befolgen

Es gibt einige grundsätzliche Regeln, die Vorgesetzte bei der Entscheidungsfindung beachten sollten:

Abb. [2-7]

Entscheidungsregeln

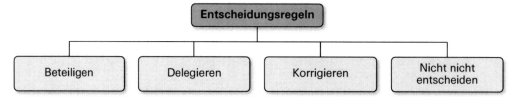

A] Konsequent beteiligen

Für ein gutes Betriebsklima und eine kooperative Zusammenarbeit ist es ausschlaggebend, dass die betroffenen Mitarbeitenden **konsequent** am Entscheidungsprozess beteiligt werden.

Nicht immer gelingt dies, so zum Beispiel, wenn eine Entscheidung besonders dringlich ist. Ist es nicht möglich, die Betroffenen an der Entschlussfassung mitwirken zu lassen, so muss die Führungskraft sie rechtzeitig und umfassend **informieren** und zumindest in die Umsetzung der Entscheidungen aktiv mit einbeziehen.

B] Entscheidungen delegieren

Vorgesetzte können und sollen nicht alle in ihren Kompetenzbereich fallenden Entscheidungen selbst treffen. Wo es aus sachlichen und persönlichen Gründen vertretbar ist, gilt das **Subsidiaritätsprinzip**: Entscheidungen werden **auf der untersten dafür geeigneten hierarchischen Ebene** getroffen. Geeignet ist die Ebene, die bereit und in der Lage ist, ein bestimmtes Problem kompetent zu lösen.

Damit wird verhindert, dass Vorgesetzte über die Köpfe der Mitarbeitenden hinweg Entschlüsse fassen und ihre Kapazität mit Aufgaben binden, die ebenso gut oder besser durch die zuständigen Mitarbeitenden selber gelöst werden können.

Beispiel

Die Verkaufsleiterin Patrizia Ott delegiert die Aufgaben der Personaleinsatzplanung an die Teamleiterinnen der verschiedenen Verkaufsabteilungen. Patrizia Ott behält sich jedoch vor, die Personalbudgetlimiten festzulegen und im Bedarfsfall selber abschliessend zu entscheiden.

Nicht delegierbar sind alle Entscheidungen, die zur eigentlichen Führungsfunktion gehören:

- Heikle, streng vertrauliche oder weitreichende Entscheidungen, wie z. B. unternehmenspolitische Entscheidungen
- Direkte Mitarbeiterführungs-Entscheidungen, insbesondere die Auswahl, Versetzung und Entlassung von Mitarbeitenden
- Individuelle Zielvorgaben der Mitarbeitenden

Beispiel

Patrizia Ott hat zwar die Personaleinsatzplanung an die Teamleiterinnen delegiert, sie trägt jedoch weiterhin die Führungsverantwortung für die Verkaufsmitarbeitenden. Deshalb führt sie unter anderem die Zielvereinbarungsgespräche mit sämtlichen Mitarbeitenden; sie kann diese nicht an die Teamleiterinnen delegieren.

C] Falsche Entscheidungen sind zu korrigieren

Nicht alle einmal getroffenen Entschlüsse erweisen sich im Nachhinein als richtig, selbst wenn sie zum Zeitpunkt der Entscheidung nach bestem Wissen und Gewissen vorbereitet wurden. Häufig tun sich die Entscheidungsträger aber schwer, die notwendigen Korrekturen vorzunehmen: Sie erkennen zwar vernunftgemäss, dass sie eine falsche Entscheidung getroffen haben, sind aber nicht bereit, korrigierend einzugreifen. Man spricht in diesem Zusammenhang auch von einem «kognitiven Dilemma».

Wenn sich eine Führungsperson wiederholt weigert, falsche Entscheidungen zu korrigieren, wirkt sich dies ausgesprochen **negativ auf das Betriebsklima** aus. Zu Recht werden sie von den Mitarbeitenden als uneinsichtig, starrsinnig und ungerecht empfunden. Sie büssen dadurch viel an ihrer **Führungsautorität** ein.

Beispiel

Aus dem Kandidatenkreis für die neu zu besetzende Stelle der Administrationsleitung wählt der Geschäftsleiter einen jungen Mann aus, der noch relativ wenig Berufserfahrung hat, aber in den Vorstellungsgesprächen einen ausgezeichneten Eindruck hinterlassen hat. Leider zeigt es sich schon rasch nach dem Stellenantritt, dass der neue Administrationsleiter seiner Führungsaufgabe nicht gewachsen ist. Auf die Mitarbeitenden wirkt er unnahbar und überheblich, seine Art zu führen ist autoritär. Das gestörte Arbeitsklima führt zu einigen peinlichen Fehlern, die im Unternehmen für Aufruhr sorgen.

Obwohl der Geschäftsleiter weiss, dass er auf den falschen Mann gesetzt hat, lässt er die Probezeit des Administrationsleiters verstreichen, ohne einzugreifen. Damit zieht er den Unmut vieler Mitarbeitenden auf sich.

D] Keine Entscheidung ist auch eine Entscheidung

Führung setzt ein gewisses Mass an **Entscheidungsfreudigkeit** voraus; von einer Führungsperson wird allseits erwartet, dass sie die zu lösenden Probleme nicht auf die lange Bank schiebt. Eine Führungsperson muss deshalb fähig sein, **Wichtiges von Unwichtigem** zu unterscheiden und nach der **Dringlichkeit** zu beurteilen.

Wem dies Mühe bereitet, muss sich der **Konsequenzen des Nicht-Entscheidens** bewusst sein: Unklare Situationen hemmen die Initiative und das Engagement der Mitarbeitenden. Es sei denn, die Mitarbeitenden entscheiden selbst und handeln nach eigenem Gutdünken. Es stellt sich in einem solchen Fall berechtigterweise die Frage, weshalb es hier überhaupt noch eine Führungsperson braucht.

2.3 Umsetzen

Die Vorgesetzten sind verantwortlich dafür, dass die Zielvorgaben und die getroffenen Entscheidungen verwirklicht werden. Dies geschieht nicht immer reibungslos. Nicht selten sind nämlich Änderungen der **Rahmenbedingungen** erforderlich, bevor die getroffenen Entscheidungen auch tatsächlich verwirklicht werden können.

Massgebend für die erfolgreiche Umsetzung sind die Überzeugungskraft des Vorgesetzten, also sein **Führungsverhalten,** die Art und Weise der **Auftragserteilung** an die Mitarbeitenden sowie die motivierende **Unterstützung** bei der Ausführung delegierter Aufgaben.

Abb. [2-8]   **Führungsfunktionen – Umsetzen**

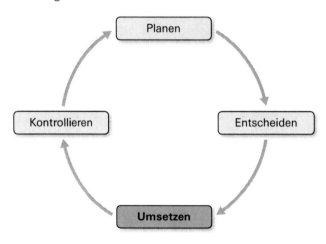

2.3.1 Anordnen – Aufträge erteilen

In einem Führungsfachbuch wird die Notwendigkeit von Anordnungen folgendermassen definiert: «Die Überführung eines Entscheids in zweckgerichtetes Handeln anderer Menschen setzt in irgendeiner Form eine Anordnung voraus.»[1] Normalerweise erfolgt eine solche Anordnung im Führungsprozess als schriftlicher oder als mündlicher Auftrag. Dabei gilt als Regel: Nur **eindeutige Aufträge** führen zu den gewünschten Ergebnissen. Je präziser ein Auftrag formuliert ist, desto kleiner ist der **Interpretationsspielraum** für die beauftragte Person. Als problematisch erweisen sich insbesondere jene Aufträge, die eine **unausgesprochene Erwartungshaltung** einschliessen.

Beispiel   Axel Heuberger ist von seiner Chefin beauftragt worden, ein Grobkonzept für den neuen Kundenauftritt abzuliefern. Er analysiert den heutigen Auftritt, entwirft Lösungsmöglichkeiten und liefert seiner Vorgesetzten schliesslich ein umfassendes Grobkonzept ab. Worauf sie meint: «Ich sehe, dass Sie sich grosse Mühe gegeben und Ihr Konzept bereits sehr sorgfältig ausgearbeitet haben. Wissen Sie, das Ganze ist noch nicht spruchreif, und so hätte mir eine erste Ideenskizze vollkommen gereicht!» Dieses Feedback frustriert Axel Heuberger, und er ärgert sich im Nachhinein, dass er den Auftrag nicht genauer abgeklärt und so viel Zeit «in nichts» investiert hat.

Dieses Beispiel verdeutlicht, weshalb Aufträge präzise formuliert werden müssen.

[1]   Rühli, Ernst: Unternehmensführung und Unternehmenspolitik, Verlag Paul Haupt, Bern, 1993.

2.3.2 Regeln für die Auftragserteilung

Achten Sie darauf, dass Ihre Aufträge vollständig, klar, angemessen und begründet sind.

Abb. [2-9]   Regeln für die Auftragserteilung

A] Vollständig und klar

Befolgen Sie die «W-Fragen», um klare und vollständige Aufträge zu erteilen. Jede dieser sieben W-Fragen muss eindeutig beantwortet werden können.

Abb. [2-10]   W-Fragen eines Auftrags

W-Frage	Erklärung
Was?	• Um welchen Auftrag oder Teilauftrag geht es? • Was ist zu tun?
Wer?	• Wer soll den Auftrag übernehmen? • Welche Mitarbeitenden können oder müssen für die Ausführung beigezogen werden?
Warum?	• Welchem Zweck dient der Auftrag? • Warum muss dieser Auftrag ausgeführt werden?
Wann?	• Welche Termine müssen bzw. sollen eingehalten werden? • Wann muss die Ausführung begonnen werden, wann abgeschlossen sein?
Wo?	• Wo muss bzw. soll der Auftrag ausgeführt werden?
Wie?	• Welche Vorgaben oder Rahmenbedingungen sind einzuhalten? • Wie soll bei der Ausführung vorgegangen werden?
Womit?	• Welche Ressourcen, Hilfsmittel oder Methoden werden eingesetzt? • Welche Informationen sind zusätzlich zu beschaffen?

B] Angemessen

Die Vollständigkeit und Verständlichkeit sind wichtige Voraussetzungen, die bei der Auftragserteilung erfüllt sein müssen. Für den Führungserfolg ist jedoch genauso entscheidend, dass Aufträge angemessen, d. h. sach- und personengerecht, erteilt werden. Dazu gehören die folgenden Regeln:

• Aufträge grundsätzlich nur an die direkt unterstellten Mitarbeitenden erteilen, nicht über weitere Führungsstufen hinweg. Niemals dieselbe Aufgabe aus Sicherheitsgründen an zwei Mitarbeitende gleichzeitig und unabhängig voneinander delegieren.
• Der Auftrag muss für die beauftragte Person bewältigbar sein: Die Mitarbeitenden fordern, nicht überfordern.
• Den Auftrag zum richtigen Zeitpunkt erteilen: Immer so frühzeitig wie möglich und nicht nur kurzfristig, sondern auch ausgewählte mittel- oder langfristige Aufgaben.

C] Begründet

Ein Auftrag muss begründet sein. Nur in Ausnahmesituationen kann es vorkommen, dass Aufträge nicht begründet, aber trotzdem durchgesetzt werden müssen. Es handelt sich dann um Befehle oder – etwas milder ausgedrückt – um dienstliche Anordnungen.

2.4 Kontrollieren

Die Kontrolle beschliesst den Führungskreislauf, der mit der Planung begonnen hat.

Abb. [2-11]

Führungsfunktionen – Kontrollieren

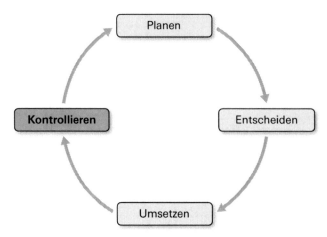

Ob erfolgreich kontrolliert werden kann, hängt insbesondere davon ab, ob die **Ziele konkret** und **überprüfbar** formuliert wurden.

Beispiel

Das Ziel «Reduktion der Personalkosten im laufenden Geschäftsjahr um mindestens 2 Prozent» lässt sich wesentlich besser kontrollieren als das Ziel «laufende Steigerung der Personaleffizienz».

Auch an dieser Stelle wird deutlich, dass die einzelnen Führungsfunktionen in enger Beziehung zueinander stehen. Je konkreter ein Ziel formuliert ist, desto klarer können Sie über das Vorgehen entscheiden und desto zielbewusster die notwendigen Massnahmen umsetzen. Folglich lässt sich die Zielerreichung ebenfalls leichter kontrollieren.

Im Führungsprozess unterscheidet man zwischen der **Fremdkontrolle** durch die Führungsperson und der **Selbstkontrolle** durch die Mitarbeitenden, wobei der folgende Grundsatz gilt: Nur so viel Fremdkontrolle wie nötig, aber so viel Selbstkontrolle wie möglich!

Hinweis

Die Führungstechnik «Management by Exception» (MbE) befasst sich mit der Frage, nach welchen Kriterien die Kontrolle im Führungsprozess durchzuführen ist, s. Kap. 5.4, S. 64.

2.4.1 Kontrollprozess

Der Ablauf jeder Kontrolle lässt sich im Wesentlichen in folgende vier Teilschritte gliedern:

1. **Ist-Situation erheben:** Aufnahme des aktuellen Zustands, Resultats, Fertigstellungsgrads usw.
2. **Soll/Ist-Vergleich durchführen:** Die Gegenüberstellung von Plan- und Ist-Werten gibt Aufschluss über die bisherige Entwicklung. Gleichzeitig erhält man Rückschlüsse auf die mögliche weitere Entwicklung (Prognosen).
3. **Abweichungsursachen ermitteln:** Abweichungen festzustellen, reicht nicht aus. Man muss die Ursachen dafür kennen, um angemessen darauf reagieren zu können.
4. **Korrekturmassnahmen einleiten:** Das korrigierende Eingreifen kann sowohl das Ist (als Verbesserungsmassnahmen) als auch das Soll (als Planänderungen) betreffen.

Abb. [2-12] Teilschritte des Kontrollprozesses

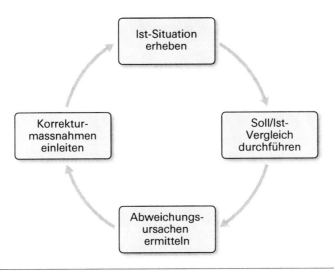

Beispiel

Die Analyse der Verkaufszahlen der letzten Woche (Ist) zeigt Patrizia Ott ein ernüchterndes Ergebnis: Auch in den vergangenen Tagen ist die Aufholjagd beim Umsatz nicht befriedigend verlaufen. Mittlerweile liegt die Abteilung rund zehn Prozent unter dem Monats-Umsatzbudget, und Patrizia Ott befürchtet, diesen Verlust bis zum Monatsende nur noch teilweise wettmachen zu können (Soll/Ist-Vergleich).

Sie geht zunächst möglichen Gründen für den schleppenden Verkaufsgang nach. So zeigen sich Parallelen zu den ermittelten Kundenfrequenzen in der Ladenpassage, die deutlich tiefer als in der Vergleichswoche des Vorjahrs waren, was unter anderem am aussergewöhnlich heissen Frühsommerwetter liegen könnte.

Dieser Umstand mag jedoch nicht über eine schon länger zu beobachtende Entwicklung hinwegtäuschen: Offenbar weckt die diesjährige Sommerkollektion bei den Kunden (noch) zu wenig Kauflust (Abweichungsursachen).

Patrizia Ott überlegt sich verschiedene Sofortmassnahmen und wird diese morgen zusammen mit dem Geschäftsleiter besprechen (Korrekturmassnahmen).

2.4.2 Kontrollregeln befolgen

Nachfolgend gehen wir auf drei zentrale Kontrollregeln ein, die Sie in Ihrer Führungstätigkeit befolgen sollten: angemessen, adäquat und Resultate kontrollieren.

A] Angemessen kontrollieren

Eigenmächtige, allzu häufige und sinnlose Kontrollen werden von den Mitarbeitenden zu Recht als demotivierende Schikanen empfunden. Ihre Kontrolle soll deshalb immer korrekt, d.h. der Aufgabe entsprechend und in einem angemessenen Rahmen, erfolgen. Dies schliesst die folgenden Grundsätze mit ein:

- Kontrolliert wird, was aktuell und für den Erfolg einer Tätigkeit tatsächlich relevant ist.
- Kontrollen müssen sich zudem an eindeutig messbaren Kriterien orientieren und genau durchgeführt werden.
- Für alle Kontrolltätigkeiten gilt: Jede Führungskraft kontrolliert nur die ihr direkt unterstellten Mitarbeitenden.

B] Adäquat kontrollieren

Nicht immer geht es bei der Kontrolle darum, die Ergebnisse an den ursprünglichen Zielen zu messen, sondern es können auch zwei Ergebnisse miteinander verglichen werden.

Mit einer adäquaten Kontrolle ist folglich gemeint, dass Sie nicht «Äpfel mit Birnen» vergleichen, sondern sich bewusst sind, zu welchem Zweck Sie was kontrollieren wollen:

- Bei **Soll/Ist-Vergleichen** werden die erzielten Ergebnisse (Ist) an vorgegebenen Zielen (Soll) gemessen.
- Bei **Ist/Ist-Vergleichen** werden die erzielten Ergebnisse (Ist) von mehreren Leistungserbringern verglichen. Typische Anwendungen sind Branchen-, Mitarbeiter- und Zeitvergleiche.

Beispiel	<ul><li>Soll/Ist-Vergleich: Messung der Zielerreichung eines Mitarbeiters nach Ablauf des Geschäftsjahrs.</li><li>Ist/Ist-Vergleich: Leistungsvergleich zwischen zwei Mitarbeitenden, die dieselbe Tätigkeit ausführen.</li></ul>

C] Resultate, nicht Verhalten kontrollieren

Wie es der Kontrollprozess aufzeigt, kontrollieren Sie als Führungskraft in erster Linie, ob die definierten Ziele erreicht wurden. Daraus leitet sich ein wichtiger Grundsatz ab: Kontrollieren Sie **ergebnisorientiert** und **nicht verhaltensorientiert**. Bewerten Sie das «Was» in Form von erzielten Resultaten, nicht das «Wie», d. h. das Vorgehen oder das Verhalten der Mitarbeitenden. Letzteres ist nur dann relevant, wenn es den Erfolg der Aufgabenerfüllung nachhaltig beeinflusst. – Auf die Beurteilung von Leistungen gehen wir im Kap. 6, S. 66 vertieft ein.

Die Aufgabenerfüllung wird also nach folgenden drei Kriterien bewertet:

- **Quantitativer Massstab:** Wie viel ist geleistet worden?
- **Qualitativer Massstab:** Wie gut ist die Aufgabe erfüllt worden?
- **Zeitlicher Massstab:** Wie schnell bzw. wie häufig ist eine Aufgabe erfüllt worden?

Zusammenfassung   Der Führungsprozess gliedert sich in die folgenden Funktionen und Aktivitäten:

	Funktion	Aktivitäten
Willens-bildung	Planen	• Zielsetzungen definieren • Problemlösungsprozess anwenden: Ausgangslage – Ziele – Massnahmen – Mittel – Realisierung – Kontrolle • Planungsregeln befolgen: – Zukunftsgerichtet – Miteinbezug Mitarbeitende – Risiko-/Sicherheitsbewusstsein
	Entscheiden	• Entscheidungsprozess anwenden: Entscheidungen vorbereiten – treffen – kommunizieren • Entscheidungsregeln befolgen: – Konsequent beteiligen – Delegieren – Falsche Entscheidungen korrigieren – Nicht nicht entscheiden
Willens-durchsetzung	Umsetzen	• Anordnen, Auftragserteilung: – Vollständig und klar – Angemessen – Begründet • Delegationskriterien beachten
	Kontrollieren	• Kontrollprozess anwenden: Ist-Situation erheben – Soll/Ist-Vergleich durchführen – Abweichungsursachen ermitteln – Korrekturmassnahmen einleiten • Kontrollregeln befolgen: – Angemessen – Adäquat – Resultate, nicht Verhalten

Repetitionsfragen

4   Wie beurteilen Sie das Kontrollverhalten des Vorgesetzten in folgender Situation?

Hanspeter Rohner ist für seine strengen, präzisen Kontrollen bekannt. Für ihn gilt als Grundsatz: «Nur das Beste ist gut genug!» Weder entgeht ihm, wer am Morgen wann bei der Arbeit eintrifft, noch übersieht er die kleinsten Fehler bei der Ausführung von Arbeiten. Sofort greift er ein und äussert seine Kritik klar und unmissverständlich.

5   Erklären Sie anhand eines Beispiels aus Ihrer Führungspraxis, was mit dem Subsidiaritätsprinzip bei Entscheidungen gemeint ist.

6   Welcher Phase des Problemlösungsprozesses ordnen Sie die folgenden Aufgaben zu?

A] Planung der zeitlichen und personellen Ressourcen für die Lösung

B] Problembeurteilung

C] Beurteilung möglicher Auswirkungen der betreffenden Lösung

D] Koordination der Lösungsmassnahmen

7   Wie beurteilen Sie folgende Auftragserteilung?

«Herr Meier, heute Morgen ist noch ein neuer Auftrag hereingeschneit. Schauen Sie ihn sich doch bitte einmal an.»

3 Persönlicher Führungsstil

Lernziele

Nach der Bearbeitung dieses Kapitels können Sie ...

- verschiedene Führungsstilmodelle beschreiben.
- Ihren eigenen Führungsstil anhand eines Führungsstilmodells bestimmen.

Schlüsselbegriffe

Aufgabenorientierung, Blake/Mouton, Beziehungsorientierung, Führungsstil, Führungsverhalten, Hersey/Blanchard, Managerial Grid, McGregor, Menschenbild, Mitarbeiterorientierung, Reifegrad, Sachorientierung, situatives Führen, Tannenbaum/ Schmidt

Jede Führungskraft setzt Ziele, plant, entscheidet, erteilt Aufträge und kontrolliert deren Ausführung. Die Wahrnehmung der Führungsfunktionen ist aber nur ein Teil dessen, was die Qualität der Teamführung ausmacht. Vielmehr zeichnet sich eine gute Führungskraft dadurch aus, dass es ihr gelingt, die Mitarbeitenden davon zu überzeugen, gemeinsam am gleichen Strang zu ziehen. Der Führungserfolg lässt sich nicht am Schreibtisch sicherstellen, sondern nur durch konkrete Umsetzung in der täglichen Praxis. Dennoch wurden immer wieder Führungsstiltheorien entwickelt, die einen optimalen Führungsstil propagieren.

Zunächst wollen wir dem **Unterschied zwischen dem Führungsstil und dem Führungsverhalten** nachgehen. Eine mögliche Definition dazu lautet: «Unter einem Führungsstil versteht man eine grundsätzliche Handlungsmaxime des Vorgesetzten. Gegenüber dem in der konkreten Situation stark modifizierbaren Führungsverhalten bleibt der Führungsstil über einen längeren Zeitraum konstant.»[1]

Daraus lässt sich schliessen:

- Der **Führungsstil** beantwortet die Frage: Wie führt jemand **grundsätzlich?**
- Das **Führungsverhalten** beantwortet die Frage: Wie führt jemand **in der konkreten Situation?**

Beispiel

Miroslav Kabay führt ein Softwareentwicklungsteam. Sein persönlicher Führungsstil ist getragen von Offenheit und Wohlwollen gegenüber seinen Mitarbeitenden. Er bemüht sich, die mit den jeweiligen Aufgaben zusammenhängenden Kompetenzen und Verantwortlichkeiten weitestgehend zu delegieren und sein Team optimal zu unterstützen.

Bei Softwareprojekten kann es zu belastenden Stresssituationen kommen, insbesondere dann, wenn wichtige Projektschritte nicht «rund» laufen oder heikle Konflikte mit den Kunden entstehen. In solchen Stressmomenten kann Miroslav Kabay auch einmal ein autoritäreres Führungsverhalten zeigen und aktiv eingreifen.

Der Führungsstil widerspiegelt die Einstellung und Orientierung sowie das Menschenbild von den Mitarbeitenden, das die Führungsperson hat. Der Führungsstil ist somit Ausdruck der **geistigen Haltung** einer Führungsperson.

3.1 Menschenbild und Führungsstil

Werthaltungen in der Mitarbeiterführung sind Ausdruck des gelebten **Menschenbilds,** wie es der Sozialwissenschaftler Douglas McGregor mit seinen Theorien X und Y beschrieben hat. Er stellte sie 1960 in einem Aufsatz mit dem Titel «The human side of the enterprise» erstmals vor.

---

[1] Scholz, Christian: Personalmanagement, Vahlen Verlag, München, 2000.

3.1.1   Theorie der Menschenbilder nach McGregor

Welches Menschenbild haben Vorgesetzte von ihren Mitarbeitenden? Welche Grundmotive bringen die Mitarbeitenden dazu, sich für die Aufgabenerfüllung im Unternehmen zu engagieren?

Die von McGregor entwickelten Theorien X und Y beschreiben idealtypisch zwei entgegengesetzte Menschenbilder bzw. Motivstrukturen.

Abb. [3-1]   Theorien X und Y nach McGregor

Theorie X	<ul><li>Der Mensch hat eine angeborene **Abneigung gegen die Arbeit** und versucht, sie so weit wie möglich zu vermeiden bzw. sich davor zu drücken.</li><li>Deshalb müssen die meisten Menschen **kontrolliert, geführt und mit Strafandrohung gezwungen** werden, einen produktiven Beitrag zur Erreichung der Organisationsziele zu leisten.</li><li>Der Mensch möchte gern geführt werden, er möchte **Verantwortung vermeiden**, hat wenig Ehrgeiz und wünscht vor allem Sicherheit.</li></ul>
Theorie Y	<ul><li>Wenn der Mensch sich mit den Zielen der Organisation identifiziert, sind externe Kontrollen unnötig; er wird **Selbstkontrolle und eigene Initiative** entwickeln.</li><li>Die Arbeit ist für den Menschen eine wichtige **Quelle der Zufriedenheit**; er sieht darin ein wichtiges Feld seiner Selbstverwirklichung.</li><li>Die wichtigsten Anreize sind die **Befriedigung von Ich-Bedürfnissen** und das Streben nach **Selbstverwirklichung**, nicht die finanziellen Anreize.</li><li>Der Mensch sucht **Verantwortung**. Zudem möchte er seinen Ideenreichtum und seine Kreativität möglichst aktivieren.</li></ul>

Abb. 3-2 zeigt die Auswirkungen dieser beiden Theorien.

Abb. [3-2]   Auswirkungen der Theorien X und Y

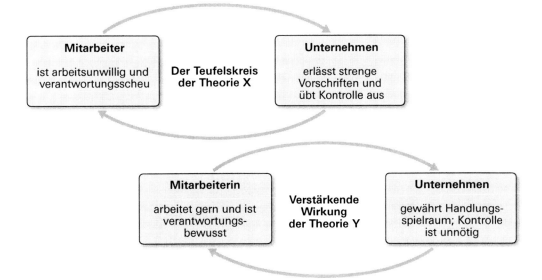

Mit den Theorien X und Y wird gleichzeitig die Dynamik der sich selbst erfüllenden Prophezeiung angesprochen.

- Bei Theorie X liegt ein Teufelskreis vor. Da der Vorgesetzte die Mitarbeiterin für arbeitsunwillig hält, erlässt er Vorschriften. Dies bewirkt, dass die Mitarbeiterin nicht gern arbeitet, sodass wiederum Vorschriften nötig sind.
- Bei Theorie Y hingegen geht die Vorgesetzte davon aus, dass der Mitarbeiter gern arbeitet, und gewährt ihm deshalb Handlungsspielraum in seiner Tätigkeit. Damit wird eine sich verstärkende Wirkung erzielt, denn der Mitarbeiter engagiert sich für die Arbeit und macht diese gern, sodass keine Vorschriften nötig sind.

Einstellungen werden beim Menschen durch Erfahrungen, Erlebnisse und durch seine eigene Entwicklung geprägt. Sie sind nicht von heute auf morgen entstanden, sondern wurzeln tief in der Vergangenheit und lassen sich nur schwer verändern. Die Einstellungen haben aber einen **grossen Einfluss auf das Führungsverhalten.**

Eine Führungsperson, die ein Menschenbild X oder Y in sich trägt, führt die Mitarbeitenden entsprechend diesen Vorstellungen und verhält sich danach. Das wirkt sich auf die Beziehung zu den Mitarbeitenden aus. Wenn ein Mitarbeiter von seinem Vorgesetzten – möglicherweise völlig unbegründet – als unfähig eingeschätzt wird, erhält er keine Chance, sich zu entwickeln. Er bleibt unfähig; der Vorgesetzte fühlt sich in seinem Menschenbild bestätigt: Der Mitarbeiter ist faul und denkt nicht gerne mit.

Daraus lässt sich schliessen: Das Menschenbild eines Vorgesetzten trägt massgebend dazu bei, ob sein Team erfolgreich tätig ist oder nicht.

3.1.2   Historische Entwicklung von Menschenbildern

Auch in den führungs- und motivationstheoretischen Grundlagenwerken spielt das jeweilige Menschenbild häufig eine ausschlaggebende Rolle und wird gleichzeitig für Empfehlungen zum passenden Führungsstil benutzt. Dabei ist das Menschenbild gleichzeitig Abbild des herrschenden **Zeitgeists,** wie der folgende kurze Rückblick zeigt.

Zu Beginn des 20. Jahrhunderts stand der Mensch als **Leistungsträger** im Brennpunkt des betriebswirtschaftlichen Interesses. Das Bild des **Homo oeconomicus,** des nutzenmaximierenden, vollkommen rational denkenden und handelnden Menschen, wurde von der Volkswirtschaftslehre übernommen und verfeinert.

Eine starke Gegenbewegung, die auf den Ergebnissen der Psychologie (z. B. der psychoanalytischen Motivationstheorie von Sigmund Freud) und auf ersten empirischen Studien aufbaute, betonte in den 1920er-Jahren das Bild des Menschen als **Bedürfnisträger** im Spannungsfeld menschlicher Beziehungen **(Social Man).** Den Anhängern dieser **Human-Relations-Bewegung** wurde allerdings oft vorgeworfen, sich nur deshalb für die menschlichen Bedürfnisse zu interessieren, weil sie darin den Schlüssel für weitere Leistungssteigerungen zu erkennen glaubten.

Diese manipulative Komponente trat mit dem Aufschwung der humanistischen Psychologie (z. B. von Abraham H. Maslow) in den 1950er-Jahren in den Hintergrund. In den Vordergrund rückte das Streben des Menschen nach Selbstverwirklichung und -verantwortung. Der Mensch wurde im **Human-Resources-Konzept** zum **Entscheidungsträger** aufgewertet; er wurde auch in der Unternehmung die wichtigste Quelle des Erfolgs.

Neuere Beiträge begreifen den Mitarbeitenden als **vielschichtigen, vielfältig beeinflussenden und beeinflussten, wandlungs- und lernfähigen** Menschen, der sowohl durch ökonomische und rationale als auch durch soziale Motive gesteuert wird. Sie bezeichnen den Mitarbeitenden deshalb als **Complex Man** (im Gegensatz zu einseitigen Betrachtungen, wie sie Homo oeconomicus oder Social Man darstellen).

Das Forschungsinteresse wendet sich stärker den äusseren kulturellen, wirtschaftlichen und organisatorischen Bedingungen zu, die verhaltensbeeinflussend wirken. Zudem wird die bisher vorherrschende Betrachtung aller Führungsfragen aus der Sicht des Vorgesetzten um Ansätze ergänzt, die das Verhältnis zwischen Führungskräften und Mitarbeitenden vermehrt als gegenseitige Beziehung (z. B. über den Austausch von Erfahrungen) wahrnehmen.

3.2 Eindimensionaler Führungsstil

Man spricht von eindimensionalem Führungsstil, wenn eine Einflussgrösse im Führungsprozess den Stil bestimmt. Eine solche Einflussgrösse ist die **Partizipation** (Beteiligung) der Mitarbeitenden an betrieblichen Entscheidungsprozessen. Je nachdem, wie stark eine Führungsperson ihre Mitarbeitenden in betriebliche Entscheidungsprozesse einbezieht, ergibt sich ein eher autoritärer oder ein eher kooperativer Führungsstil.

3.2.1 Modell nach Tannenbaum/Schmidt

Das Modell des eindimensionalen Führungsstils, das auf die Entscheidungsprozesse ausgerichtet ist, stellten Robert Tannenbaum und Warren H. Schmidt, Professoren an der University of California in Los Angeles, 1958 vor.[1]

Abb. [3-3]   Eindimensionaler Führungsstil

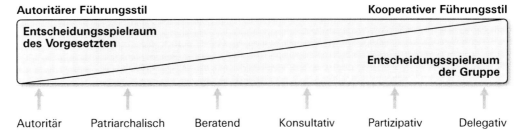

Autoritär	Die Führungsperson entscheidet ohne Konsultation der Mitarbeitenden.
Patriarchalisch	Die Führungsperson entscheidet; sie ist aber bestrebt, die Mitarbeitenden von ihren Entscheidungen zu überzeugen, bevor sie Anordnungen trifft. Sie «verkauft» ihre Entscheidungen.
Beratend	Die Führungsperson entscheidet; sie gestattet jedoch Fragen zu den Entscheidungen, um durch deren Beantwortung eine bessere Akzeptanz der Entscheidungen zu erreichen.
Konsultativ	Die Führungsperson informiert die Mitarbeitenden über die beabsichtigten Entscheidungen. Die Mitarbeitenden haben die Möglichkeit, ihre Meinung zu äussern, bevor die Führungsperson die endgültige Entscheidung trifft.
Partizipativ	Die Führungsperson setzt die Rahmenbedingungen. Die Gruppe entwickelt Lösungsvorschläge, aus denen die Führungsperson gemeinsam mit der Gruppe die endgültige Entscheidung trifft.
Delegativ	Die Gruppe entscheidet, nachdem die Führungsperson zuvor das Problem aufgezeigt und die Grenzen des Entscheidungsspielraums festgelegt hat. Die Gruppe entscheidet, die Führungsperson fungiert als Koordinatorin nach innen und nach aussen.

Abb. [3-4] (Führungsstile nach Tannenbaum/Schmidt)

Betrachten wir noch etwas genauer die beiden extremen Führungsstile nach dem Modell von Tannenbaum/Schmidt, den autoritären und den kooperativen Führungsstil.

[1] Quelle: Tannenbaum, R. / Schmidt, W. H.: How to Choose a Leadership Pattern. In: Harvard Business Review, Vol. 36, No. 2, 1958, S. 95ff.

A] Autoritärer Führungsstil

Von einem extrem **autoritären Führungsstil** wird dann gesprochen, wenn Vorgesetzte alle Entscheidungen in der Unternehmung allein fällen, ohne ihre Mitarbeitenden zu konsultieren. Die Führungsperson entscheidet, setzt ihre Entschlüsse durch und wacht über deren Ausführung. Alle Anordnungen kommen direkt von ihr und sind widerspruchslos zu befolgen.

Was können die **Ursachen** dafür sein, dass jemand vorwiegend autoritär führt?

- Die Unternehmensstruktur fördert und begünstigt die autoritäre Führung.
- Die Aufgaben lassen keine andere Führungsform zu.
- Die Mitarbeitenden sind zu wenig geschult und wären mit einem kooperativen Führungsstil überfordert.
- Der Vorgesetzte ist unsicher, überfordert oder unfähig, kooperativer zu führen.
- Die Vorgesetzte hält an ihrer Amtsautorität und ihrem Machtstreben fest.
- Die Persönlichkeitsstruktur des Vorgesetzten weist noch Defizite aus seiner Entwicklungsgeschichte auf, z. B. die eines negativen Menschenbildes oder einer gestörten Beziehungsfähigkeit.

B] Kooperativer Führungsstil

Anders verhält es sich beim **kooperativen Führungsstil.** Im Extremfall wirkt die Vorgesetzte hier lediglich als Koordinatorin, während die Entscheidungskompetenzen beim Team bzw. bei den einzelnen Mitarbeitenden liegen. Die Vorgesetzte nimmt eine Art «Drehscheibenfunktion» ein und kümmert sich als Moderatorin vor allem um den Interessenausgleich unter ihren Mitarbeitenden. Zudem vertritt sie ihre Arbeitsgruppe nach aussen.

Was sind die **Voraussetzungen** dafür, dass jemand kooperativ führen kann?

- Die Unternehmenskultur und die Strukturen fördern den Einbezug der Mitarbeitenden bei betrieblichen Entscheidungsprozessen.
- Die Vorgesetzten und Mitarbeitenden aller hierarchischen Stufen sind sich bewusst, dass sie die strategischen Ziele nur gemeinsam und durch eine gut funktionierende Zusammenarbeit erreichen können.
- Die persönliche Reife und die Selbstständigkeit von Vorgesetzten und Mitarbeitenden sind gross.

3.2.2 Kritische Anmerkungen zum Modell

Wenn wir als Merkmal für den Führungsstil die Ausprägung der Mitarbeiterbeteiligung an betrieblichen Entscheidungsprozessen zu Hilfe nehmen, dann lässt sich der autoritäre und der kooperative Führungsstil auf einer Achse darstellen: Mit **zunehmendem Entscheidungsspielraum** (Partizipation) der Mitarbeitenden nähert sich die Führungskraft dem kooperativen Führungsstil an. Diese Betrachtungsweise «leidet», wie viele andere Theorien im Führungsbereich, natürlich unter der **Einschränkung auf einen einzigen Einflussfaktor,** nämlich auf den Führungsstil. In der Praxis werden Sie kaum feststellen, dass der Führungsstil ausschliesslich durch die Partizipation der Mitarbeitenden an den Entscheidungsprozessen geprägt wird.

Es ist in den bisherigen empirischen Untersuchungen nicht gelungen, einen von der kooperativen bzw. autoritären Führung abhängigen, signifikanten [1] Unterschied bei der Arbeitsleistung und Arbeitszufriedenheit festzustellen. Das liegt daran, dass die Wirkungen von Führungsstilen je nach den besonderen **Situationsbedingungen** unterschiedlich ausfallen. Einen situationsübergreifenden optimalen Führungsstil gibt es somit nicht.

---

[1] «Signifikant» im Zusammenhang mit Untersuchungsergebnissen bedeutet «zu deutlich, um als zufällig zu gelten».

3.3 Zweidimensionaler Führungsstil

Eindimensionale Führungsstilkonzepte genügten nicht, um die Problemstellungen der Führung in der betrieblichen Praxis zu erklären. Dies führte – zuerst in den USA – zu einer intensiveren Auseinandersetzung mit Fragen des Führungsverhaltens. Zu diesem Zweck untersuchte man in mehreren Studien mittels **Mitarbeiterbefragungen**, welche grundlegenden Ausprägungen das Führungsverhalten in der Praxis aufweist. Dabei stellte man sich zwei Hauptfragen:

- Was soll die Führung erreichen, welche Ziele stehen im Vordergrund?
- Ist für den Vorgesetzten eine hohe Leistung oder das Wohlergehen der Mitarbeitenden wichtig?

Wie es der Begriff schon andeutet, charakterisieren zwei **Einflussgrössen** die zweidimensionalen Führungsstilkonzepte: die Aufgaben- und die Mitarbeiterorientierung. Der Führungsstil wurde also im Vergleich mit dem eindimensionalen Führungsstil um ein entscheidendes Merkmal erweitert.

3.3.1 Managerial Grid nach Blake/Mouton

Das wohl bekannteste Führungsstil-Modell stammt von den beiden amerikanischen Psychologen **Robert R.** Blake und Jane S. Mouton. Sie entwickelten das **Verhaltensgitter** (Managerial Grid) mit den beiden Dimensionen der Mitarbeiter- und der Aufgabenorientierung.

Abb. [3-5]

Dimensionen des Managerial Grid

Beziehungs- bzw. Mitarbeiter- orientierung	• Die Person steht im Mittelpunkt des Interesses. • Die Führungskraft richtet sich an den persönlichen Wünschen, Anliegen, Sorgen usw. der Mitarbeitenden aus und bemüht sich um ein gutes Verhältnis. • Ergebnisse werden auf den Grundlagen von gegenseitigem Vertrauen, Respekt, Verständnis, Mitgefühl, Unterstützung und Förderung erzielt.
Sach- bzw. Aufgaben- orientierung	• Die Sachebene der Zusammenarbeit im Mittelpunkt des Interesses, nämlich die Leistung bzw. die quantitative und qualitative Zielerreichung. • Die Mitarbeitenden werden demnach mehr oder weniger stark als «Mittel» zur Leistungserbringung gesehen. • Die Führungsperson legt besonderen Wert auf die Aufgabenerfüllung und orientiert sich dementsprechend an der Leistungsfähigkeit der einzelnen Mitarbeitenden.

Auf der einen Achse wird in **neun Abstufungen** die Intensität der Mitarbeiterorientierung (engl.: «concern for people») aufgetragen, auf der anderen ebenfalls neunstufig die Intensität der Aufgabenorientierung (engl.: «concern for production») angezeigt.

Aus den insgesamt 81 Kombinationsmöglichkeiten von Führungsstilen, die gemäss dem Verhaltensgitter möglich sind, haben Blake und Mouton **fünf Haupt-Führungsstile** besonders hervorgehoben und nach deren Platzierung im Verhaltensgitter benannt: 1.1, 1.9, 5.5, 9.1 und 9.9.

Abb. [3-6]   Managerial Grid nach Blake/Mouton

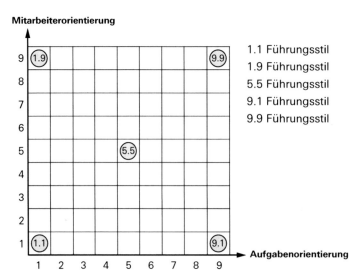

1.1 Führungsstil
1.9 Führungsstil
5.5 Führungsstil
9.1 Führungsstil
9.9 Führungsstil

Abb. [3-7]   Haupt-Führungsstile nach Blake/Mouton

1.1-Führungsstil	Diese Führungsperson ist **in keiner Weise engagiert.** Ihr Verhalten entspricht dem «**Laisser-faire**»-**Führungsstil,** d. h., sie harrt in erster Linie aus und lässt den Dingen ihren Lauf. Wer nach dem 1.1-Führungsstil führt, den interessieren weder die Arbeitsleistung noch die zwischenmenschlichen bzw. persönlichen Belange der Mitarbeitenden. Konflikte werden vermieden, kaum Entscheidungen gefällt. Die Führungsperson geht davon aus, dass die Mitarbeitenden schon wissen werden, was sie zu tun haben.
9.1-Führungsstil	Bezüglich Aufgabenorientierung ist die 9.1-Führungsperson das Gegenteil von 1.1. Sie legt grössten Wert auf die **Erreichung der Leistungsziele** und erwartet, dass die Mitarbeitenden persönliche Interessen und Bedürfnisse zurückstellen. Diese Führungsperson **herrscht und kontrolliert;** sie ist bestrebt, optimale Bedingungen für sachliche Höchstleistungen zu schaffen, und vermag sich durchzusetzen.
1.9-Führungsstil	Die 1.9-Führungsperson stellt insofern den Gegenpol zu 9.1 dar, als sie die **Mitarbeiterbedürfnisse** und die zwischenmenschlichen Beziehungen im Team vor die Aufgabenorientierung stellt. Diese Führungsperson sucht nach **Zuneigung und Zustimmung** und achtet auf eine freundliche und entspannte Atmosphäre; sie unterstützt die Mitarbeitenden und hilft überall mit.
5.5-Führungsstil	Die Führungsperson, die einen 5.5-Führungsstil pflegt, ist auf die **Wahrung eines Gleichgewichts** zwischen zufrieden stellender Arbeitsleistung und befriedigendem Betriebsklima bedacht. Ihr Motto könnte lauten: «Alles mit Mass». Mit ihrem Führungsstil, der auf **Kompromisse** ausgerichtet ist, will sie beliebt sein und «dazugehören».
9.9-Führungsstil	Die 9.9-Führungsperson legt grossen Wert sowohl auf **Vertrauen und Respekt** gegenüber den Mitarbeitenden als auch auf das **Erreichen der Leistungsziele.** Sie erwartet von ihren Mitarbeitenden ein hohes Mass an Engagement für die Arbeit wie für das Team. Dabei motiviert und unterstützt sie die Mitarbeitenden so, dass diese sich in ihren Aufgaben verwirklichen können und dadurch zu **Erfolgserlebnissen** kommen.

Blake und Mouton **empfehlen den 9.9-Führungsstil** als den bestmöglichen und somit erstrebenswerten, weil damit Aufgaben- und Mitarbeiterziele gleichzeitig verwirklicht werden können. Führungsstil 1.1 wird als unbrauchbar, 1.9 als zu idealistisch, 5.5 als unpraktisch und 9.1 als zu pessimistisch abgelehnt.

3.3.2 Kritische Anmerkungen zum Managerial Grid

Dass der 9.9-Führungsstil empfohlen wird, erscheint verständlich. Trotzdem sind ein paar kritische Anmerkungen dazu nötig:

- **Fehlender Situationsbezug:** Das Managerial Grid macht Aussagen zum Führungsstil, die von der Situation unabhängig gültig sein sollen. Die Praxis zeigt ein anderes Bild: Ausbildungsniveau, betriebliches Informationssystem, Organisationsstruktur, Wertvorstellungen und andere Einflussfaktoren können die Einsatzmöglichkeiten des 9.9-Führungsstils in der Praxis stark beeinträchtigen.
- **Mangelhafte Verdeutlichung der Aufgaben- und Mitarbeiterorientierung:** Aufgaben- und Mitarbeiterorientierung werden im Verhaltensgitter zwar durch einzelne Merkmale beschrieben, jedoch erfolgt keine Gewichtung einzelner Merkmale.
- **Begrenzte Unabhängigkeit zwischen Aufgaben- und Mitarbeiterorientierung:** Die aufgaben- und mitarbeiterorientierten Ziele können nicht in jeder Situation unabhängig voneinander angestrebt werden. Unter gewissen Umständen werden die einen dominieren.

Beispiel	Bei einem Rettungseinsatz (Feuerwehr, Polizei, Notarzt) sind oft rasche Entscheide durch die Führungskräfte notwendig. Eine hohe Aufgabenorientierung wird in solchen Fällen wichtiger sein als die gleichzeitige und gleichwertige Berücksichtigung der Mitarbeiterziele. Es braucht hier einen gegen 9.1 tendierenden Führungsstil.

Beim Managerial Grid handelt es sich nicht nur um ein Erklärungsmodell, sondern gleichzeitig um einen erfolgreichen Markenartikel. Es wird weltweit in Führungsseminaren als Analyseinstrument zur Führungsstilbeurteilung von Managern eingesetzt und vermarktet. Denn einerseits gibt es das Bedürfnis nach rezeptartigen, einfachen Verhaltensanweisungen zur Personalführung, andererseits führten **Marketingüberlegungen** der Autoren dazu, einen allgemein gültigen Führungsstil zu präsentieren, der beim Publikum ankommt.

Blake und Mouton wussten sehr wohl, dass die Wahl des Führungsstils von **verschiedenen Einflussfaktoren** abhängt. Sie nennen selbst

- die Organisation, in der eine Person tätig ist,
- die Situation,
- die vorhandenen Wertvorstellungen,
- die Persönlichkeitsmerkmale des Vorgesetzten und
- die Erfahrungen aus der Anwendung erlernter Verhaltensweisen auf konkrete Führungssituationen.

Die Überzeugung, es gebe einen besten Führungsstil, d. h. ein individuelles Führungsverhalten, das in seinen Grundzügen gleich bleibend ist und auf das die Führungssituation keinen Einfluss hat, kann deshalb nicht aufrechterhalten werden. Ähnlich wie die Einsicht, dass es keine Persönlichkeitsmerkmale gibt, die unter allen Umständen den Führungserfolg sicherstellen, gilt auch für das Führungsverhalten, dass es der **Situation anzupassen** ist. Denn Führen ist ein **dynamischer Prozess** in einer sich ändernden Umwelt.

Vorgesetzte beurteilen ihren Führungsstil oft anders als ihre Mitarbeitenden, und verschiedene Mitarbeitende erleben denselben Vorgesetzten und sein Verhalten oft unterschiedlich. Dies zeigt, wie sehr die Wirklichkeit von **subjektiven Einflussgrössen** und zahlreichen Wechselwirkungen bestimmt wird.

3.4 Situatives Führungsverhalten

Die Einsicht, dass die herkömmlichen Führungsstilkonzepte ungenügend sind, ist bereits einige Jahrzehnte alt. Die Erforschung der Frage, unter welchen Bedingungen ein bestimmtes Führungsverhalten gegenüber einem anderen vorzuziehen ist, hat verschiedene Erklärungsversuche hervorgebracht. Aus den wissenschaftlichen Untersuchungen zu diesem Thema lässt sich bisher nur eine gesicherte Erkenntnis ableiten: Unbestritten ist, dass die jeweilige Situation, in der geführt wird, sich auf das Führungsverhalten und den Führungserfolg auswirkt.

Damit ist aber immer noch nicht klar, welches Führungsverhalten in einer bestimmten Führungssituation am erfolgreichsten ist. Das Bestreben in der Führungsforschung der 1960er- und 1970er-Jahre lag darin, diese Lücke zu schliessen. Man wollte herausfinden, «auf was es ankommt». Daraus ergaben sich verschiedene mehr oder weniger umfassende Erklärungsmodelle für situatives Führungsverhalten.

3.4.1 Reifegradmodell nach Hersey/Blanchard

Den wohl bekanntesten Beitrag zum situativen Führungsverhalten lieferten die amerikanischen Unternehmer **Paul Hersey** und **Kenneth H. Blanchard**[1]. Im Gegensatz zu Blake/Mouton, die einen optimalen Führungsstil propagierten, machten Hersey und Blanchard die Effektivität des Führungsverhaltens von einer **Situationsvariablen** abhängig, nämlich vom Reifegrad der geführten Person. Je nach Reifegrad ist demnach ein anderer Führungsstil erforderlich. Dabei gehen auch Hersey/Blanchard davon aus, dass das Führungsverhalten durch die Mitarbeiter- oder Beziehungsorientierung und durch die Aufgabenorientierung bestimmt wird.

Der **Reifegrad** der Mitarbeitenden zeigt sich in zwei Dimensionen:

- **Psychological Maturity (Willingness)**, d. h. die Motivation oder Einsatzbereitschaft und das Selbstvertrauen, eine Aufgabe selbstständig zu erfüllen.
- **Job Maturity (Ability)**, d. h. die Kompetenz oder Fähigkeit, das Wissen und Können, eine Aufgabe selbstständig zu erfüllen.

Hinweis	Inzwischen verwenden die Autoren auch die Begriffe «Entwicklungsstufe» und «Entwicklungsstand» anstelle von «Reifegrad» und «Reife».

Hersey/Blanchard unterscheiden **vier Reifegrade oder Entwicklungsstufen** (RG/E):

1. Niedrig: wenig Kompetenz – wenig Selbstvertrauen
2. Niedrig bis mässig: einige Kompetenz – einiges Selbstvertrauen
3. Mässig bis hoch: hohe Kompetenz – schwankendes Selbstvertrauen
4. Hoch: hohe Kompetenz – viel Selbstvertrauen

Aufgrund von Tests oder Qualifikationen bestimmt die Führungskraft den individuellen Entwicklungsstand des Mitarbeitenden, und zwar nicht absolut, sondern **auf die jeweilige Aufgabe bezogen**. Dementsprechend kann derselbe Mitarbeiter bei einer Aufgabe eine niedrige, bei einer anderen jedoch eine hohe Entwicklungsstufe erreicht haben, sodass die Führungsperson ihn je nachdem mehr oder weniger stark aufgaben- oder mitarbeiterbezogen führen sollte.

[1] Blanchard, Kenneth; Zigarmi, Patricia; Zigarmi, Drea: Führungsstile, Rowohlt Verlag, Reinbek bei Hamburg, 2002.

Nach dem Reifegradmodell ist – je nach Reife bzw. Entwicklungsstand der Mitarbeitenden – einer dieser vier Führungsstile anzuwenden: Anleiten (telling), Überzeugen (selling), Unterstützen (participating) und Delegieren (delegating).

Abb. [3-8]   Reifegradmodell nach Hersey/Blanchard

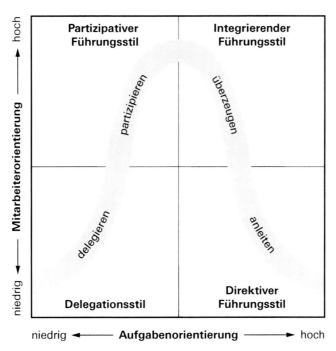

Abb. [3-9]   Angemessener Führungsstil nach Hersey/Blanchard

Anleiten (telling)	Direktiver Führungsstil
	Mitarbeitende mit geringer Reife (RG/E 1) sollen direktiv geführt werden. Die Führungskraft lenkt stark aufgabenbezogen durch Anweisungen, strukturierende Vorgaben und durch eine gewissenhafte Kontrolle der Umsetzung.
Überzeugen (selling)	Integrierender Führungsstil
	Mitarbeitende mit geringer bis mässiger Reife (RG/E 2) verfügen, brauchen sie Lenkung und Überwachung, jedoch auch Unterstützung und Lob, um an Selbstvertrauen und Motivation zu gewinnen. Sie müssen demnach stark aufgaben- und stark mitarbeiterorientiert, d.h. integrativ geführt werden.
Unterstützen (participating)	Partizipativer Führungsstil
	Mitarbeitende mit mässiger bis hoher Reife (RG/E 3) können Aufgaben selbstständig erfüllen, fühlen sich jedoch zeitweilig überfordert und haben Motivationsprobleme. Die Führungskraft ist dann erfolgreich, wenn sie dank eines betont mitarbeiterorientierten, partizipativen Führungsstils das Selbstvertrauen und die Motivation stärkt.
Delegieren (delegating)	Delegationsstil
	Mitarbeitende mit einer hohen Reife (RG/E 4) sind kompetent und selbstsicher genug, eine Aufgabe weitgehend selbstständig zu bearbeiten. Die Führungskraft delegiert sowohl die Entscheidungs- als auch die Durchführungsverantwortung.

3.4.2   Kritische Anmerkungen zum Modell von Hersey/Blanchard

Das situative Führen nimmt Bezug auf Erkenntnisse aus der **Motivationspsychologie** (s. Kap. 4.1, S. 48), wonach die Leistung ein Produkt aus Fähigkeiten und Motivation ist. Ausserdem berücksichtigt es, im Gegensatz zu den anderen beiden vorgestellten Modellen, die **aktuelle Situation**. Allerdings bezieht sich die situative Komponente des Führungsstils nur auf den Reifegrad bzw. die Entwicklungsstufe der geführten Person, was einer zu **einseitigen Betrachtung** gleichkommt.

Kritische Stimmen wenden auch ein, dass Vorgesetzte weniger flexibel in der Wahl des Führungsstils seien als im Modell beschrieben. Je nach persönlicher Einstellung, Menschenbild und weiteren Bedingungen, wie z. B. der Unternehmenskultur oder der Branche, herrsche bei jeder Führungskraft **ein bestimmter Führungsstil** vor, den sie folglich bevorzugt einsetzt.

Das Modell von Hersey/Blanchard geht davon aus, dass die Mitarbeitenden sich ständig weiterentwickeln wollen. Kritiker halten diesem Ansatz entgegen, dass sich viele Mitarbeitende durchaus wohl fühlen, wenn sie von der Führungskraft **klare Vorgaben** erhalten und genau wissen, was sie zu tun haben (also den direktiven Führungsstil schätzen). Dies bedeute nicht zwingend, dass sie deshalb weniger motiviert wären, wie es das Modell von Hersey/Blanchard beschreibt.

Zusammenfassung	Das Führungsverhalten und der Führungsstil lassen sich wie folgt unterscheiden:

- **Führungsstil:** Wie führt jemand grundsätzlich?
- **Führungsverhalten:** Wie führt jemand in einer konkreten Situation?

Douglas McGregor entwickelte die Theorie der **Menschenbilder** mit den folgenden beiden idealtypischen Ausprägungen:

- **Theorie X** geht davon aus, dass der Mensch eine angeborene Abneigung gegen die Arbeit hat und daher kontrolliert und geführt werden muss.
- **Theorie Y** beruht auf der Annahme, dass der Mensch sich in seiner Arbeit verwirklichen will und deshalb von der Führungsperson vor allem in seiner Eigeninitiative und Verantwortungsbereitschaft gefördert werden muss.

Die drei bekanntesten **Führungsstil-Modelle** sind:

Modell, Verfasser	Grundlagen und Ausprägungen des Modells
Eindimensionaler Führungsstil (Tannenbaum/ Schmidt)	Als Merkmal für den Führungsstil gilt der **Beteiligungsgrad der Mitarbeitenden an Entscheidungsprozessen**. Der Führungsstil kann zwischen autoritär und kooperativ schwanken. Es werden insgesamt sieben Führungsstile unterschieden: • Autoritär • Partizipativ • Patriarchalisch • Delegativ • Beratend • Delegativ-koordinierend • Konsultativ
Managerial Grid (zweidimensionaler Führungsstil) (Blake/Mouton)	Die beiden Dimensionen des Verhaltensgitters sind **die Aufgaben- und die Mitarbeiterorientierung**. Dabei werden bei beiden Dimensionen je neun Ausprägungen unterschieden, sodass total 81 Führungsstile resultieren. Fünf Haupt-Führungsstile werden genauer beschrieben, wobei sich die Bezeichnung auf die Position im Verhaltensgitter bezieht: • 1.1: wenig aufgaben-, wenig mitarbeiterbezogen • 9.1: stark aufgaben-, wenig mitarbeiterbezogen • 1.9: wenig aufgaben-, stark mitarbeiterbezogen • 5.5: ausgleichend aufgaben- und mitarbeiterbezogen • 9.9: stark aufgaben-, stark mitarbeiterbezogen

Modell, Verfasser	Grundlagen und Ausprägungen des Modells
Reifegradmodell (situatives Führungs-verhalten) (Hersey/Blanchard)	Das Reifegradmodell geht von der individuellen Reife – bzw. dem Ent-wicklungsstand – der geführten Person aus, die sich aus der **Kompe-tenz** und der **Motivation zur selbstständigen Aufgabenerfüllung** ergibt.
	Das Modell benennt vier Reifegrade/Entwicklungsstufen und den pas-senden Führungsstil:
	• RG/E 1 (geringe Reife) verlangt nach einer direktiven Führung (Anlei-ten bzw. telling).
	• RG/E 2 (geringe bis mässige Reife) verlangt nach einer integrativen Führung (Überzeugen bzw. selling).
	• RG/E 3 (mässige bis hohe Reife) verlangt nach einer partizipativen Führung (Unterstützen bzw. participating).
	• RG/E 4 (hohe Reife) verlangt nach einer stark delegierenden Führung (Delegieren bzw. delegating).

Repetitionsfragen

8   Hersey/Blanchard richten ihr Modell auf den Reifegrad der geführten Person aus.

A] Weshalb empfehlen Hersey/Blanchard beim Reifegrad 2 den integrativen Führungsstil?

B] Nehmen Sie anhand der Ausführungen von Hersey/Blanchard Stellung zur folgenden Aus-sage einer Führungskraft: «Es hat noch niemandem geschadet, hie und da ins kalte Wasser geworfen zu werden!»

9   In einem Unternehmen herrscht Uneinigkeit: Die einen sind für die vorgeschlagene Neurege-lung der Arbeitszeiten, die anderen lehnen ein solches Arbeitszeitmodell ab, und auch die Führungskräfte gehen mit dieser kontroversen Frage unterschiedlich um. Ordnen Sie die vier Beispiele einem der von Blake/Mouton näher beschriebenen Führungsstile zu.

A] Fabienne Maurer will nicht über die Köpfe ihrer Mitarbeitenden hinweg ein Arbeitszeitmodell auswählen. Dafür scheint ihr das Thema zu heikel zu sein. In der Teamsitzung diskutiert sie mit den Mitarbeitenden die Vor- und Nachteile der neuen Regelung gegenüber der alten. Sämtliche Einwände werden sorgfältig geprüft, bevor es zur gemeinsamen Entscheidung kommt.

B] Gregory Perrin findet ein gutes Einvernehmen unter den Mitarbeitenden am wichtigsten. Auf keinen Fall will er wegen eines Arbeitszeitmodells Spannungen im Team riskieren.

C] Monika Dubach kann dem Hin und Her in solchen Diskussionen wenig abgewinnen. Sie ist überzeugt, dass das neue Arbeitszeitmodell die bessere Lösung ist. Daher beschliesst sie als Chefin eine entsprechende Neuregelung in ihrem Führungsbereich.

D] Richard Schuler will nicht über das neue Arbeitszeitmodell befinden. Lieber überlässt er es seinem Team, sich für oder gegen die Neuregelung der Arbeitszeiten zu entscheiden.

10   Welches Menschenbild zeigen die folgenden Ergebnisse einer Führungskräftebefragung?

A] Ist zutiefst überzeugt davon, dass der Mensch sein Leben lang dazulernen und sich mit sei-ner Tätigkeit identifizieren will.

B] Hat die Erfahrung gemacht, dass Vertrauen zwar gut, Kontrolle jedoch besser ist.

C] Führt mit Zuckerbrot und Peitsche.

11 Der eindimensionale Führungsstil orientiert sich an den Entscheidungsprozessen einer Führungskraft. Von welchem Führungsstil ist hier die Rede?

A] «Es ist wichtig, die Mitarbeitenden in die Problemlösung mit einzubeziehen und sie nach Lösungsvorschlägen zu fragen. Gemeinsam diskutieren wir solche Vorschläge; ich höre mir sämtliche Meinungen an, die definitive Entscheidung muss aber bei mir bleiben.»

B] «Ich werde unter anderem dafür bezahlt, dass ich klar und umsichtig entscheiden kann. Dabei versteht es sich von selbst, dass ich meine Entscheidungen den Mitarbeitenden erläutere.»

C] «Ich verstehe mich als Koordinatorin meines Teams.»

3 Persönlicher Führungsstil

Teil B Führungsaufgaben umsetzen

4   Motivieren

«Wie oft verglimmen die gewaltigsten Kräfte, weil kein Wind sie anbläst!»
(Jeremias Gotthelf, 1797–1854)

Wenn es Ihnen gelingt, dafür zu sorgen, dass Ihr Team Feuer und Flamme für eine Sache ist, wenn Sie es schaffen, seine Kräfte zu mobilisieren, ihm Flügel zu verleihen und es zu besonderen Leistungen anzuspornen, erfüllen Sie eine Schlüsselkompetenz von Führungspersonen: Sie können motivieren.

Zwei zentrale Fragestellungen prägen die Motivationsforschung:

- **Warum** verhält sich jemand so? Die Motivation beschreibt die **Antriebskräfte,** die einen Menschen zu einem bestimmten Handeln bewegen. Mit der Frage nach der Motivation stellt sich demnach die Frage nach den Beweggründen menschlichen Verhaltens.
- **Wie** können wir die Mitarbeitenden zu mehr Leistung motivieren? In den Mittelpunkt des Führungsprozesses rückt somit die Frage, ob und wie das **Leistungsverhalten von Mitarbeitenden beeinflusst** werden kann.

Die zweite Fragestellung deutet eine kontroverse Auseinandersetzung an: Einige Stimmen behaupten, dass es für eine Führungsperson kaum möglich sei, durch gezielte Massnahmen sozusagen «von aussen» die Motivation der Mitarbeitenden zu steigern. Unbestritten ist hingegen, dass die Fähigkeit einer Führungsperson zu motivieren mit ihrer Einstellung den Mitarbeitenden gegenüber und damit mit ihrem Menschenbild zu tun hat.

4.1   Motivationstheorien

Unter der Motivation wird das **Zusammenspiel persönlicher Motive** in konkreten Situationen verstanden, wie z. B. in Arbeitssituationen. Der Begriff «Motivation» ist vom lateinischen Verb «movere» abgeleitet, das «bewegen» bedeutet. Motive sind einzelne Beweggründe für ein bestimmtes Verhalten, die wiederum aufgrund persönlicher Bedürfnisse entstehen.

Kann man mit **Anreizsystemen** die Leistungsbereitschaft gezielt beeinflussen? Über diese Frage wurden in den letzten Jahrzehnten unzählige Untersuchungen durchgeführt, Bücher und Zeitungsartikel geschrieben und Debatten geführt.

Die **Motivationspsychologie** des 20. Jahrhunderts hat eine Vielzahl von **Motivationstheorien** aufgestellt, die sich in drei Hauptgruppen unterteilen lassen:

- Die **Inhaltstheorien** beschreiben die Motivation des Menschen auf der Grundlage seiner **Bedürfnisse.** Untersucht wird, was den Menschen zum Ausüben bestimmter Verhaltensweisen veranlasst.
- Die **Prozesstheorien** erklären die Motivation des Menschen aus den **Motiven und Wirkungszusammenhängen** heraus, die zu einem bestimmten Verhalten führen. Sie beschäftigen sich also mit der Frage, wie es zu einem bestimmten Verhalten kommt.

- Die **Attributionstheorien** gehen explizit vom **Organismus** aus, indem sie Verhalten mehr durch die «inneren Zustände» als durch äussere Anreize erklären. Die Wahrnehmung hängt davon ab, was die Person als relevant empfindet und in welche Klassen sie ihre Umwelt einteilt. Diese Einteilung erfolgt **subjektiv** und muss daher objektiv nicht richtig sein. Somit bewirken gleiche objektive Tatbestände bei verschiedenen Personen ein unterschiedliches Verhalten.

Motivationstheorien bieten **Erklärungen** für die Beweggründe menschlichen Verhaltens in Arbeitssituationen und gleichzeitig **Schlussfolgerungen** auf Verhaltensbeeinflussungsmöglichkeiten im Führungsprozess an. Wir führen hier kurz die beiden bekanntesten Motivationstheorien auf, die den Inhaltstheorien zugeordnet werden:

4.1.1 Motivationsmodell nach Maslow

Abraham H. Maslow entwickelte die Bedürfnispyramide als Motivationsmodell. Er gliedert die menschlichen Bedürfnisse in fünf Stufen:

- **Physiologische oder Grundbedürfnisse**, wie z. B. jene nach Nahrung, Flüssigkeit, Sauerstoff, Wärme, Ruhe, Sexualität usw.
- **Sicherheitsbedürfnisse**, wie z. B. nach Schutz, Geborgenheit, Gesetzen, Ordnung, Arbeitsplatzsicherheit, stabilem Einkommen und gesicherter Altersvorsorge usw.
- **Kontakt- oder soziale Bedürfnisse**, wie z. B. nach Zuneigung, Geborgenheit, Akzeptiertwerden, sozialer Nähe, Zugehörigkeit usw.
- **Bedürfnisse nach Achtung und Anerkennung**, d. h. nach Selbstachtung (in Form von eigenem Entscheidungsspielraum, Unabhängigkeit usw.), aber auch nach Achtung durch andere (in Form von Prestige, Status, einflussreicher Stellung usw.)
- **Bedürfnis nach Selbstverwirklichung**, wie z. B. danach, sich persönlich entwickeln und entfalten zu können, sein Wissen zu erweitern, bereichernde Aufgaben zu übernehmen und ein sinnvolles Leben zu führen

Abb. [4-1]   Bedürfnispyramide

Nach Maslow bauen diese Bedürfnisse hierarchisch aufeinander auf, d. h., eine höhere Bedürfnisstufe wird erst dann verhaltensbestimmend, wenn die darunterliegenden Bedürfnisse befriedigt sind.

4.1.2 Zweifaktoren-Theorie nach Herzberg

Frederik Herzberg wollte herausfinden, in welchen Situationen Mitarbeitende besonders zufrieden oder unzufrieden waren, und führte dazu Befragungen durch. Dabei unterschied er die verschiedenen Anreize in **Motivatoren** (Satisfiers) und in **Hygienefaktoren** (Dissatisfiers), die einen unterschiedlichen Einfluss auf die Arbeitszufriedenheit bzw. -unzufriedenheit haben.

- **Motivatoren** wirken sich positiv auf die **Arbeitszufriedenheit** und den **Leistungswillen** aus. Sie entscheiden also darüber, ob jemand mit seiner Arbeit zufrieden ist oder nicht, und gelten als motivations- und leistungssteigernd.
  Wichtige Motivatoren betreffen die **Arbeit selber,** nämlich die erkennbare eigene Leistung, die Anerkennung für das Erreichte, interessante und verantwortungsvolle Arbeitsinhalte, Aufstiegs- und Entwicklungsmöglichkeiten.
- **Hygienefaktoren** verursachen **Unzufriedenheit,** haben aber **keine** nennenswerten langfristigen **Wirkungen auf die Leistungsbereitschaft.** Eine Verbesserung dieser Faktoren führt somit vor allem dazu, die Unzufriedenheit abzubauen.
  Die Hygienefaktoren sind im **Arbeitsumfeld** zu suchen, also im Führungsstil, in der Unternehmenspolitik, in der Beziehung zu den Kollegen und in den äusseren Arbeitsbedingungen, wie z. B. Entlöhnung, Arbeitszeitregelungen, Arbeitsplatzsicherheit usw.

Abb. 4-2 fasst Herzbergs Erkenntnisse zusammen.

Abb. [4-2]   Zweifaktoren-Theorie nach Herzberg

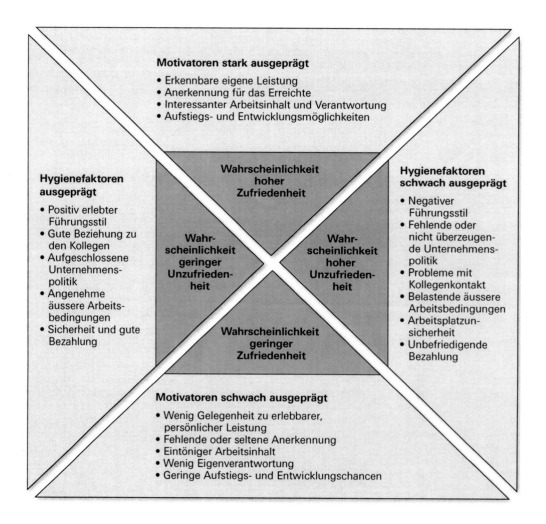

Unseren beruflichen Erfolg und Misserfolg schreiben wir unterschiedlichen Ursachen zu: Einmal erachten wir die äusseren Umstände (d. h. extrinsische Faktoren) als treibende Kraft für eine geglückte oder missglückte Leistung, ein anderes Mal sehen wir uns selbst als die Ursache an (d. h. intrinsische Faktoren).

4.2 Motivationszyklus

Im Zusammenhang mit dem Menschenbild bzw. mit den Theorien X und Y von McGregor (s. Kap. 3.1, S. 34) haben wir bereits von der Dynamik der sich selbst erfüllenden Prophezeiung gesprochen, die auch unter dem Begriff «Pygmalion-Effekt» bekannt ist.

Hinweis	In der griechischen Mythologie war Pygmalion ein Bildhauer, der die Göttin Aphrodite anflehte, einer von ihm geschnitzten Frauenfigur Leben einzuhauchen, und der sich daraufhin in diese Frau verliebte. – George Bernard Shaw schrieb ein gleichnamiges weltberühmtes Bühnenstück, in dem ein Professor, Henry Higgins, darauf wettet, aus der Blumenverkäuferin Eliza Doolittle eine vermeintliche Herzogin der Londoner Gesellschaft zu machen, einzig dadurch, dass er ihr die noble Sprache der höheren Gesellschaft beibringe. Tatsächlich gelingt ihm dieses Experiment.

Verschiedene Untersuchungen zeigen, dass die Erwartungshaltung von Führungskräften einen grossen Einfluss auf die Entwicklung der Mitarbeiterleistungen hat. Eine wichtige Rolle spielen dabei die vermuteten Erwartungen an die Mitarbeitenden. Die Auswirkungen einer positiven und einer negativen Erwartungshaltung sehen Sie in den beiden nachfolgenden Grafiken dargestellt.[1]

Den positiven Verlauf stellt der Motivationszyklus dar. Die wertschätzende und vertrauensvolle Haltung der Führungsperson erzeugt eine positivere Grundstimmung der Mitarbeitenden, die wiederum zu einer erfolgreicheren, motivierten Bewältigung der anfallenden Aufgaben führt. Folglich sieht sich die Führungsperson darin bestätigt, dass sie ihren Mitarbeitenden Wertschätzung und Vertrauen entgegenbringt.

Abb. [4-3]   Positive Dynamik: Motivationszyklus

Bei einer negativen Erwartungshaltung der Führungsperson gegenüber ihren Mitarbeitenden entwickelt sich dieselbe Dynamik zu einem Teufelskreis, der für alle Beteiligten demotivierend wirkt und zu unbefriedigenden Ergebnissen führt. Auch hier sieht sich die Führungsperson bestätigt: Offenbar sind ihre negative Einschätzung und ihr Misstrauen gegenüber den Mitarbeitenden berechtigt.

[1] Haberleitner, Elisabeth; Deistler, Elisabeth und Ungvari, Robert: Führen, Fördern, Coachen, Piper Verlag, München, 2005.

Abb. [4-4]

Negative Dynamik: Teufelskreis der Demotivierung

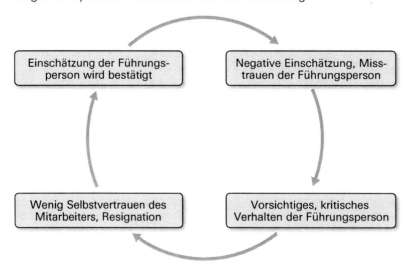

Als Führungsperson haben Sie es in der Hand, Ihre Einschätzung zu verändern und die negative Dynamik zu durchbrechen. Dass man seine grundlegenden Einstellungen nicht einfach von heute auf morgen umkrempelt, versteht sich von selbst. Dies bedingt einen längeren, persönlichen Entwicklungsprozess. Einen entscheidenden ersten Schritt machen Sie, wenn Sie sich mit den Erwartungen an Ihre Mitarbeitenden bewusst auseinandersetzen, und einen nächsten, wenn Sie diese Erwartungen auch offen legen.

4.3 Erwartungen kommunizieren

Sowohl im Berufs- als auch im Privatleben haben Menschen laufend Erwartungen an sich und an Mitmenschen. Nicht erfüllte Erwartungen führen oft zu Enttäuschungen, zu Konflikten und zu anderen negativen Gefühlen, die sowohl die Leistungsmotivation der einzelnen Mitarbeitenden als auch das Arbeitsklima im Team empfindlich stören oder gar blockieren können. Bei genauerer Betrachtung spielen vier Arten von Erwartungen in der Zusammenarbeit zwischen Vorgesetzten und Mitarbeitenden eine wesentliche Rolle: kommunizierte, unausgesprochene, uneingestandene und unbewusste Erwartungen.

Abb. [4-5]   Erwartungen

Kommunizierte Erwartungen	Sind den Beteiligten bekannt.
	Im Führungsprozess handelt es sich dabei z. B. um Vorgaben, Zielvereinbarungen, Verhaltensregeln oder Qualitätsansprüche.
Unausgesprochene Erwartungen	Werden als selbstverständlich vorausgesetzt, ohne dass sie den Betreffenden je kommuniziert wurden.
	Viele Führungskräfte gehen davon aus, dass ihre Mitarbeitenden schon wüssten, was sie von ihnen erwarten, und zeigen sich enttäuscht, wenn die Mitarbeitenden nicht ihren Vorstellungen entsprechen. Sie übersehen dabei, dass sie ihre Erwartungen nicht oder zu wenig klar geäussert haben.
Uneingestandene Erwartungen	Sind uns bewusst, bestimmen die eigene Befindlichkeit und unser Verhalten, sind uns jedoch unangenehm oder peinlich.
	Viele Mitarbeitende streiten vehement ab, dass sie von ihrem Vorgesetzten regelmässig ein Lob erwarten: «Ich weiss selber, dass ich gut bin!» Dennoch ist die Enttäuschung über mangelndes Lob für einen Aussenstehenden anhand vieler kleiner Bemerkungen erkennbar.
Unbewusste Erwartungen	Bestimmen unser Denken, Handeln und Fühlen, ohne dass wir sie erfassen können.
	Viele dieser unbewussten Erwartungen sind bereits in der frühen Kindheit entstanden. Im Führungsprozess helfen vor allem die Feedbacks, unbewusste Erwartungshaltungen klarer zu erkennen.

Für den Aufbau und die Pflege tragfähiger Beziehungen ist es daher unerlässlich, die gegenseitigen Erwartungen auszutauschen. Nur so kann im Team eine konstruktive Auseinandersetzung über die Bedingungen und Möglichkeiten stattfinden, um die gemeinsam gesteckten Ziele zu erreichen. Es ist Teil Ihrer Führungsaufgabe, Ihre Mitarbeitenden auf die Erwartungen an sich selber, an das Team und auch an Sie als Führungskraft anzusprechen und durch die Möglichkeit zu einem offenen Austausch ein konstruktives Arbeitsklima in Ihrem Team zu fördern.

4.4 Motivationsinstrumente nutzen

Aus der Zweifaktoren-Theorie von Herzberg kennen Sie die wichtigsten Motivationsinstrumente bereits, die zu einer grösseren Arbeitszufriedenheit und Leistungsbereitschaft führen: Es geht um die typischen Motivatoren.

Abb. [4-6]   Motivationsinstrumente der direkten Führung

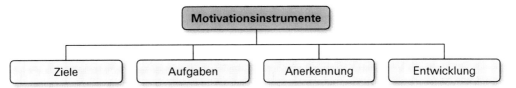

Als Führungsperson gestalten Sie vor allem die folgenden Motivationsinstrumente:

- Ziele setzen, mit denen die eigene Leistung erkennbar wird
- Verantwortungsvolle Aufgaben übertragen
- Anerkennung für das Erreichte durch regelmässige Beurteilung
- Persönliche Entwicklungsmöglichkeiten bieten

4.4.1 Ziele setzen

Zahlreiche Untersuchungen haben die Wirkungen von Zielsetzungen auf das Verhalten von Mitarbeitenden nachgewiesen. Wenn wir folglich von Zielsetzungen als einem der wichtigsten Motivationsinstrumente sprechen, dann beruht diese Aussage auf zwei grundlegenden Annahmen:[1]

- Schwierige, herausfordernde Ziele führen zu besseren Leistungen als mittlere oder leicht zu erreichende Ziele.
- Präzis formulierte und spezifisch ausgerichtete Ziele führen zu höheren Leistungen als allgemeine, vage Ziele.

Ob und in welchem Mass bestimmte Ziele leistungssteigernd wirken, hängt unter anderem von den folgenden Voraussetzungen ab:

- Grad der Herausforderung: Die Ziele müssen anspruchsvoll und schwierig zu erreichen sein, dürfen die betreffende Person jedoch nicht komplett überfordern.
- Anforderungsgerechtigkeit: Die persönliche Fähigkeit, den Anforderungen gerecht zu werden, hängt vom bereits genannten Grad der Herausforderung ab, von den verfügbaren zeitlichen und finanziellen Ressourcen, die jemand für die Zielerreichung einsetzen kann, aber auch von persönlichen Stärken, wie z. B. von der Belastbarkeit, Frustrationstoleranz, vom Selbstbewusstsein usw.

[1]   von Rosenstiel, Lutz: Grundlagen der Organisationspsychologie, Schäffer-Poeschel Verlag, Stuttgart, 2003, S. 416.

- **Akzeptanz der Ziele:** Nur wenn die betreffende Person mit den Zielen einverstanden ist, wird sie sich darum bemühen, sie zu erreichen. Angeordnete Ziele erzeugen hingegen eher Widerstand als Leistungswillen.
- **Rückmeldungen:** Regelmässige anerkennende oder kritische Feedbacks auf Arbeitsfortschritte und auf Zielerreichungen wirken sich motivierend aus.

Die zu erreichenden Ziele können entweder durch Vorgesetzte oder andere Instanzen von aussen bestimmt, zwischen Vorgesetzten und Mitarbeitenden gemeinsam abgestimmt oder von den Mitarbeitenden selbst gesetzt werden. Im Zusammenhang mit der Führungstechnik **MbO** (Management by Objectives oder Führen durch Zielvereinbarung) gehen wir im Kap. 5, S. 59, vertieft auf die Anforderungen an die Zielformulierung und auf den Zielvereinbarungsprozess ein.

4.4.2   Verantwortungsvolle Aufgaben delegieren

Delegieren bedeutet, den Mitarbeitenden Aufgaben mit den dafür notwendigen Kompetenzen und Verantwortlichkeiten zur selbstständigen Erledigung zu übertragen.

Verschiedene **Argumente** sprechen dafür, dass Sie delegierbare Aufgaben wenn immer möglich an Mitarbeitende übertragen:

- Sie **entlasten** sich von Aufgaben, die nicht unbedingt Sie zu erledigen brauchen.
- Sie **gewinnen** Zeit für Ihre Führungsaufgabe.
- Sie **motivieren** Ihre Mitarbeitenden; wenn Sie interessante Aufgaben übertragen, fördern Sie deren Kompetenz zur selbstständigen Problemlösung.
- Sie **nutzen** das Können und die Erfahrungen Ihrer Mitarbeitenden.

Damit der Delegationsprozess gelingt und motivierend wirkt, müssen Sie Vertrauen in die Fähigkeiten Ihrer Mitarbeitenden haben und an deren Erfolg glauben, Möglichkeiten zur Delegation von interessanten, motivierenden und anspruchsvollen Aufgaben schaffen, bei Schwierigkeiten Ihre Mitarbeitenden nicht «im Regen stehen lassen», sondern sie unterstützen und ihnen regelmässig Feedbacks geben.

Die Entscheidung, **welche** Aufgaben, Kompetenzen und Verantwortung delegiert werden sollen und wer sie übernehmen soll, ist eine Führungsentscheidung. Als Führungskraft müssen Sie sicherstellen, dass die betreffenden Mitarbeitenden bereit und in der Lage sind, die delegierten Aufgaben zielgerichtet und kompetent zu erfüllen und dafür die Verantwortung zu tragen. Deshalb sind Sie von der Verantwortung für eine Aufgabe und auch von der Kontrolle der Aufgabenerfüllung keineswegs enthoben, wenn Sie eine Aufgabe delegieren.

Um richtig zu delegieren, müssen Sie diese sechs «W-Fragen» befolgen, die für jede Auftragserteilung gelten (s. Kap. 2.3.1, S. 28):

1. **Was:** Um welche Aufgabe oder Teilaufgabe geht es; was ist zu tun?
2. **Wer:** Wer soll die Aufgabe übernehmen?
3. **Warum:** Welchem Zweck dient die Aufgabe; warum muss sie erledigt werden?
4. **Wann:** Welche Termine müssen eingehalten werden; wann muss die Aufgabe begonnen werden, wann abgeschlossen sein?
5. **Wie:** Welche Vorgaben sind einzuhalten; wie soll bei der Ausführung vorgegangen werden?
6. **Womit:** Welche Ressourcen, Hilfsmittel oder Methoden sollen angewendet werden; welche Informationen sind zusätzlich zu beschaffen?

Um Aufgaben an Ihre Mitarbeitenden erfolgreich zu delegieren, sollten Sie die in Abb. 4-7 zusammengestellten Kriterien berücksichtigen.

Abb. [4-7]   Delegationskriterien

Kriterium	Erklärung
Aufgabentyp	Immer delegieren: • Routinearbeiten • Detailfragen • Vorbereitende Arbeiten
	Nicht delegieren: • Direkte Führungsaufgaben • Risikoreiche oder heikle Aufgaben • Streng vertrauliche Aufgaben • Aufgaben von grosser Tragweite • Sehr dringende, akut anfallende Aufgaben
Adressaten	• Grundsätzlich nur an die direkt unterstellten Mitarbeitenden, nicht über weitere Führungsstufen hinweg • Niemals dieselbe Aufgabe aus Sicherheitsgründen an zwei Mitarbeitende gleichzeitig und unabhängig voneinander delegieren • Fordern Sie die Mitarbeitenden, überfordern Sie sie aber nicht: Berücksichtigen Sie die Fähigkeiten und Kapazitäten
Zeitpunkt	• Immer so frühzeitig wie möglich • Nicht nur kurz-, sondern auch ausgewählte mittel- oder langfristige Aufgaben • Vollständige Aufgaben, wenn möglich nicht isolierte Teilaufgaben
Verbindlichkeit	• Zweck und Ziel der Aufgabe erklären • Präzise und vollständige Aufgabenstellung und Information • Besonders bei komplexeren oder wichtigen Aufgaben nicht nur mündlich, sondern zusätzlich auch schriftlich • Kompetenzen und Verantwortung ebenfalls übertragen
Kontrolle	• Keine Einmischung in die delegierte Aufgabe, jedoch Bereitschaft zur Hilfeleistung bei Problemen oder Schwierigkeiten • Bei umfangreicheren Aufgaben den Fortschritt der Arbeit prüfen • Endergebnis prüfen und Feedback an die Mitarbeiterin

Hinweis   Das «Management by Delegation» (MbD) vermittelt Gestaltungsregeln für den Delegationsprozess, s. Kap. 5.4, S. 64.

4.4.3   Regelmässige Beurteilungen

Die Bewertung des persönlichen Einsatzes und der erzielten Ergebnisse wirkt sich stark auf die Motivation der Mitarbeitenden aus. Regelmässige Beurteilungen erhöhen die Arbeitszufriedenheit und die Leistungsbereitschaft.

Dabei sind jedoch die individuell unterschiedlichen Motivationsstrukturen der Mitarbeitenden zu beachten. Nicht nur die Beurteilung selber, sondern auch die «Belohnung» der erbrachten Leistungen ist von entscheidender Bedeutung für die Motivation.

Beispiel   • Charles Hendriks weiss, dass er mit seinem überdurchschnittlichen Einsatz einiges zur Zielerreichung des Teams beigetragen hat. Er wird über eine sehr gute Beurteilung durch seine Vorgesetzte zwar erfreut sein, viel wichtiger sind ihm jedoch die «Früchte» seines Engagements: Charles Hendriks erwartet die Ausbezahlung eines ausserordentlichen Mitarbeiterbonus.
• Auch Monika Stettler hat einen überdurchschnittlichen Beitrag zur Zielerreichung des Teams geleistet. Die positive Beurteilung ihrer Vorgesetzten bestärkt sie darin, und besonders freut sich Monika Stettler darüber, dass sie dank ihres Engagements bald in das Nachwuchsförderungsprogramm des Unternehmens aufgenommen wird.

Bei der Beurteilung der Mitarbeitenden spielt also nicht nur die objektive Beurteilung der Ergebnisse und des Verhaltens eine Rolle, obwohl diese Aufgabe für sich allein schon anspruchsvoll ist. Vielmehr geht es auch darum, die Beurteilung als **Motivationsinstrument** gezielt einzusetzen, um mithilfe von Anerkennung, Kritik und Belohnungen, die einzelnen Mitarbeitenden nachhaltig zu motivieren. Damit Anerkennung und Kritik sich positiv auf die Motivation der Mitarbeitenden auswirken, müssen sie **rechtzeitig** und **in angemessener Form** erfolgen. Die Mitarbeiterbeurteilung verlangt überdies den Mut zu einer **vorurteilslosen, möglichst objektiven Bewertung** der erbrachten Leistungen. Insbesondere dann, wenn die Beurteilung mit Kritik verbunden ist.

4.4.4 Entwicklungsmöglichkeiten bieten

Damit ein Unternehmen die Herausforderungen des Wettbewerbs erfolgreich nutzen kann, braucht es dazu bestmöglich qualifizierte, innovative und flexible Mitarbeitende, die am «Ball bleiben». Je stärker und rascher sich die Umweltbedingungen verändern, desto wichtiger wird für das Unternehmen als Ganzes wie für die einzelnen Mitarbeitenden die ständige Weiterentwicklung oder das «lebenslange Lernen». Engagierte, leistungsfähige Mitarbeitende brauchen **Perspektiven** für die persönliche und berufliche Weiterentwicklung. In der direkten Führung müssen Sie gezielte Entwicklungsmöglichkeiten bieten können, wenn Sie ein hoch motiviertes Team behalten wollen.

Die **Personalentwicklung** umfasst alle Massnahmen, mit denen die Qualifizierung der Mitarbeitenden und somit auch des Unternehmens verbessert werden sollen. Abb. 4-8 gibt eine Übersicht über Personalentwicklungsansätze, die mit der direkten Führung zusammenhängen.

Abb. [4-8]   Personalentwicklungskonzepte

	Beschreibung	Beispiele
On the job	Qualifizierungsmassnahmen am Arbeitsplatz	• **Jobenlargement**: Aufgabenerweiterung durch zusätzliche Teilaufgaben • **Jobenrichment**: Aufgabenbereicherung durch grösseren Entscheidungs- und Kontrollspielraum wie Führungsaufgaben, Projektarbeit • **Jobrotation**: Arbeitsplatz- und Aufgabenwechsel für eine bestimmte Zeitspanne
Into the job	Vorbereitung auf die Übernahme einer neuen Tätigkeit	• Einführung von neuen Mitarbeitenden • Praktikum in anderen Abteilungen, im Ausland usw.
Near the job	Arbeitsplatznahes Training	• Qualitätszirkel, Erfahrungsgruppen zur Verbesserung von Abläufen, Produkten usw.
Parallel to the job	Beratung der Mitarbeitenden	• Coaching • Mentoring
Along the job	Karrierebezogene Entwicklungsmassnahmen	• Nachwuchsplanung • Management Development
Off the job	Firmeninterne oder -externe Weiterbildung	• Fach- und Führungsseminare, Persönlichkeitstrainings usw.

Vor allem in den **Mitarbeiterbeurteilungsgesprächen** erfahren Sie mehr über den Weiterbildungsbedarf, aber auch über ungenutzte Potenziale und Entwicklungswünsche. Daraus resultieren konkrete Entwicklungsmassnahmen: Im einen Fall genügt eine gezielte Schulungsmassnahme, um eine bestimmte Kompetenzlücke zu füllen, in einem anderen sind neue Perspektiven in Form einer Laufbahnplanung gefragt.

Zusammenfassung | **Motivieren** ist eine Führungsaufgabe und bezweckt, die Mitarbeitenden durch Massnahmen und Anreize zu einer grösseren Leistungsbereitschaft anzuspornen.

Die beiden zentralen Fragestellungen der Motivation lauten:

- **Beweggründe** menschlichen Verhaltens: Warum verhält sich jemand so?
- **Beeinflussungsmöglichkeiten:** Wie können wir Mitarbeitende zu mehr Leistung motivieren?

Wichtige Erklärungsansätze für die Leistungsmotivation haben die aus der Motivationspsychologie hervorgegangenen **Motivationstheorien** geliefert. Im Zusammenhang mit der Leistungsmotivation in Arbeitsprozessen am bekanntesten sind:

Bedürfnispyramide A. H. Maslow	Menschliche Bedürfnisse lassen sich in **fünf Stufen** einteilen: • Physiologische oder Grundbedürfnisse • Sicherheitsbedürfnisse • Kontakt- oder soziale Bedürfnisse • Bedürfnisse nach Achtung und Anerkennung • Bedürfnisse nach Selbstverwirklichung
Zweifaktoren-Theorie F. Herzberg	• Arbeitszufriedenheit entsteht vor allem durch sog. **Motivatoren**, wie z. B. durch die Anerkennung der eigenen Leistung, interessante Arbeitsinhalte oder Entwicklungsmöglichkeiten. • Unzufriedenheit hängt mit den **Hygienefaktoren** zusammen, die im Arbeitsumfeld liegen, wie z. B. die Entlöhnung, die Sicherheit des Arbeitsplatzes oder der Führungsstil.

Die **sich selbsterfüllende Prophezeiung** drückt die Dynamik von Erwartungen aus, die zu einem motivierenden bzw. zu einem demotivierenden Arbeitsklima führen können:

- **Positive Dynamik:** Es entsteht ein **Motivationszyklus** aus der positiven Erwartungshaltung der Führungsperson, die auf die Mitarbeitenden motivierend wirkt und zu besseren Leistungen führt, worauf sich die Führungsperson in ihrer positiven Erwartungshaltung bestätigt sieht.
- **Negative Dynamik:** Es entsteht ein **Teufelskreis** aus der negativen Erwartungshaltung der Führungsperson, die auf die Mitarbeitenden demotivierend wirkt und zu schlechteren Leistungen führt, worauf sich die Führungsperson in ihrer negativen Erwartungshaltung bestätigt sieht.

Aus diesem Grund ist es besonders wichtig, die Erwartungen sowie die Bedingungen und Möglichkeiten der Erwartungserfüllung offen zu kommunizieren.

Als wichtigste **Motivationsinstrumente** im Führungsprozess gelten die typischen Motivatoren gemäss der Zweifaktoren-Theorie von F. Herzberg:

- Ziele setzen, mit denen die eigene Leistung erkennbar wird
- Verantwortungsvolle Aufgaben übertragen
- Anerkennung für das Erreichte durch regelmässige Beurteilung
- Entwicklungsmöglichkeiten bieten

Man unterscheidet sieben **Personalentwicklungskonzepte:**

- **On the job** als direkte Massnahme am Arbeitsplatz
- **Into the job** als Hinführung zu einer neuen Tätigkeit
- **Near the job** als arbeitsplatznahes Training
- **Parallel to the job** als qualifizierte Beratung zur Aufgabenerfüllung
- **Along the job** als karrierebezogene Entwicklungsmassnahmen
- **Off the job** als Weiterbildung
- **Out off the job** als Vorbereitung auf den Ausstieg

| 12 | Wählen Sie zwei der drei folgenden Zitate aus, und nehmen Sie in ein paar Sätzen Stellung zu den beiden Fragen: |

- Welche Motivationsinstrumente der direkten Führung werden angesprochen?
- Inwiefern entspricht oder widerspricht das Zitat den in diesem Kapitel behandelten Erkenntnissen zur Mitarbeitermotivation?

A] «Wenn man die Mitarbeiter am Profit teilhaben lässt, sind sie motivierter, gute Arbeit zu leisten.» (Lee Iacocca, amerikanischer Topmanager, *1924)

B] «Was wir am nötigsten brauchen, ist ein Mensch, der uns zwingt, das zu tun, was wir können.» (François de la Rochefoucauld, französischer Schriftsteller, 1613–1680)

C] «Das Arbeiten ist meinem Gefühl nach so gut ein Bedürfnis als Essen und Schlafen.» (Wilhelm von Humboldt, deutscher Gelehrter und Staatsmann, 1767–1835)

| 13 | Erklären Sie den Unterschied zwischen einem Motivationszyklus und einem Teufelskreis der Demotivierung. Machen Sie dazu ein konkretes Beispiel aus Ihrer Berufspraxis. |

| 14 | Walter Müller war im Unternehmen bisher in der Verpackungsabteilung beschäftigt. Nach sorgfältiger Einarbeitung übernimmt er nun planmässig neue Aufgaben im Ersatzteillager. |

Handelt es sich dabei um Jobenlargement, Jobrotation oder Jobenrichment?

| 15 | Bestimmt haben Sie auch schon die Klage von Führungskräften gehört oder selber vorgebracht: «Wenn man nicht alles selber macht ...» |

Widerlegen Sie diese Aussage mit stichhaltigen Argumenten.

5 Führen durch Zielvereinbarung (MbO)

Lernziele	Nach der Bearbeitung dieses Kapitels können Sie ...

- die wichtigsten Management-by-Konzeptionen beschreiben.
- die wesentlichen Anforderungen an das Führen durch Zielvereinbarung (MbO) beschreiben.

Schlüsselbegriffe	Management-by-Konzeptionen, MbO, Mitarbeiterziele, SMART, Unternemensziele, Zielerreichung, Zielformulierung, Zielvereinbarungsprozess

Aus der Managementlehre sind immer wieder Führungstechniken hervorgegangen, auch darum, weil eine gesicherte und umfassende Führungstheorie nach wie vor fehlt. Man will damit die Erkenntnisse aus der **theoretischen Führungsforschung** möglichst gewinnbringend in die konkrete Führungspraxis einbringen. Die Führungstechniken beziehen sich in der Regel nicht auf umfassende **Gestaltungsregeln**, sondern auf einen besonderen Führungsaspekt. Viele stammen ursprünglich aus den USA und wurden als «**Management-by-Konzeptionen**» populär.

Zu den bekanntesten der fast hundert «Management-by-Konzeptionen» zählen:

- Management by Objectives (Führung durch Zielvereinbarung)
- Management by Exception (Führung durch Ausnahmeregelung)
- Management by Delegation (Führung durch Delegation)
- Management by Results (Führung durch Ergebnisorientierung)
- Management by Motivation (Führung durch Motivation)

Die wohl bekannteste Führungstechnik ist das «Management by Objectives» (MbO), das sich weltweit durchgesetzt hat. Die Grundideen dazu wurden in den 1950er-Jahren vom Amerikaner Peter Drucker entwickelt. «MbO» wird am besten mit «Führen durch Zielvereinbarung» übersetzt.

5.1 Führungsprozess gemäss MbO

Das MbO geht von zwei unabdingbaren Voraussetzungen für eine gute individuelle Leistung aus:

- **Ziele:** Ohne Ziele fehlen wichtige Informationen, es wird nicht optimal geplant, entschieden, kommuniziert, ausgeführt und kontrolliert. Eindeutige Ziele führen somit zu einer besseren Leistung.
- **Zufriedenheit der Mitarbeitenden:** Es braucht eine Identifikation mit den eigenen Aufgaben im Unternehmen und mit den Zielen, um sich dafür einzusetzen und eine gute Leistung zu erbringen. Diese Identifikation ist nur möglich, wenn die Bedürfnisse der Mitarbeitenden in der Zielvereinbarung mitberücksichtigt bzw. die Ziele aufeinander abgestimmt werden.

Entscheidend für die positiven Wirkungen auf Motivation und Zusammenarbeit ist, dass die Ziele und Aufgaben gemeinsam erarbeitet werden. Man legt in der Zielvereinbarung gemeinsam fest, was erreicht werden soll, wie das Arbeitsergebnis aussehen und mit welchen Mitteln und in welchem Zeitraum es erarbeitet werden soll.

5.1.1 Rahmenbedingungen im Unternehmen

Um das MbO als Führungstechnik in einem Unternehmen erfolgreich einzuführen und nachhaltig umzusetzen, müssen die folgenden Rahmenbedingungen vorhanden sein:

- Analyse des Ist-Zustands und Offenlegung der Stärken und Schwächen, aber auch der Entwicklungsmöglichkeiten der Mitarbeitenden aller Führungsstufen
- Stufengerechte Integration der Unternehmensziele in ein hierarchisches Mitarbeiter-Zielsystem
- Klare Zuweisung der Delegations- und Verantwortungsbereiche auf allen Führungsstufen
- Gut organisierte und leistungsfähige Planungs-, Informations- und Kontrollsysteme
- Objektive, zielgerichtete und transparente Beurteilungsprozesse
- Leistungsorientierte Entlöhnungsmodelle
- Führungsgrundsätze, die eine gemeinsame Erarbeitung der Ziele zwischen Vorgesetzten und Mitarbeitenden vorsehen

5.1.2 Zielvereinbarungsprozess

«Was wollen wir erreichen?» – Diese Kernfrage jedes Führungsprozesses bestimmt auch das MbO. Unternehmensziele können nur durch die Leistung aller Mitarbeitenden erreicht werden. Dazu muss man auf allen Stufen des Unternehmens genau wissen, welche Ziele man verfolgen will und wer welchen Beitrag dazu leisten kann.

Im MbO geht es darum, die **Ziele immer weiter aufzuschlüsseln** – von den Unternehmenszielen bis zu den einzelnen Mitarbeiterzielen. Nur wenn jede Person im Unternehmen weiss, was von ihr erwartet wird, kann sie ihren **individuellen Beitrag** an die Zielerreichung leisten. Diesen **kontinuierlichen Prozess** der Zielvereinbarung – von den Unternehmenszielen bis zu den einzelnen Mitarbeiterzielen – soll das Kreislaufschema in Abb. 5-1 veranschaulichen.

Abb. [5-1] Zielvereinbarungsprozess gemäss MbO

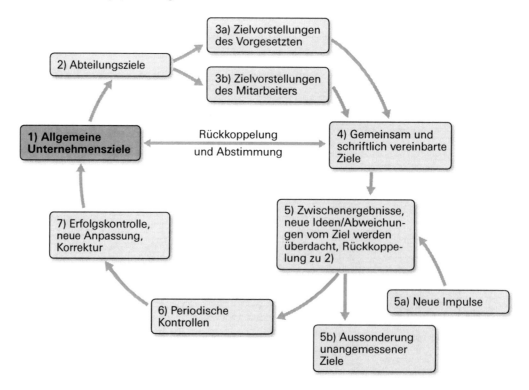

Der Zielvereinbarungsprozess durchläuft insgesamt sieben Schritte in einem Kreislauf:

1)	Die allgemeinen **Unternehmensziele**, die beispielsweise jährlich neu definiert werden, geben die Richtung für das unternehmerische Handeln vor.
2)	Aus den Unternehmenszielen werden die **Abteilungs- oder Gruppenziele** für die Planungsperiode abgeleitet. Sie bilden die Grundlage für den Zielvereinbarungsprozess mit dem einzelnen Mitarbeiter.
3)	Für die Identifikation mit den Zielen ist es wichtig, dass der Vorgesetzte nicht einfach Zielvorgaben an jeden einzelnen Mitarbeiter definiert, sondern dass man **gemeinsam die zu erreichenden Ziele vereinbart**. Dazu sind zwei Teilschritte notwendig: 3a) Der **Vorgesetzte** bricht die Abteilungs- oder Gruppenziele auf die Stufe des einzelnen Mitarbeiters hinunter. Für die Planungsperiode formuliert er die **Zielvorstellungen** bezogen auf jeden einzelnen Mitarbeiter seines Teams. 3b) Ebenso hat jeder **Mitarbeiter** mehr oder weniger genaue **Zielvorstellungen**, die er mit seiner Tätigkeit verbindet. Indem er diese formuliert, gibt er seine Erwartungen für die Planungsperiode bekannt.
4)	Im **Zielvereinbarungsgespräch** präsentieren der Vorgesetzte und der Mitarbeiter ihre Zielvorstellungen. Man stellt Gemeinsamkeiten fest, diskutiert die Abweichungen und einigt sich schliesslich auf die definitiv vereinbarten Ziele, die schriftlich festgehalten werden. Selbstverständlich kommen nur solche gemeinsam vereinbarten Ziele in Frage, die im Einklang mit den Unternehmenszielen sind.
5)	Sind die Ziele vereinbart, ist der Mitarbeiter zum selbstständigen Handeln aufgefordert. Mit dem Vorgesetzten bespricht er regelmässig **Zwischenergebnisse** auf dem Weg der Zielerreichung. Vielleicht kommen neue Ideen hinzu, Abweichungen werden festgestellt und deren Ursachen müssen genauer analysiert werden. 5a) Unternehmen, genauso wie Menschen, bewegen sich in einem dynamischen System. Aufgrund **neuer Impulse** oder Ereignisse wird ein Ziel womöglich hinfällig und muss angepasst werden. 5b) Unter Umständen wurden unrealistische oder nicht erfüllbare Ziele vereinbart. Solche **unangemessenen Ziele** werden in der Zielvereinbarung gestrichen.
6)	Zum Führungsprozess gehört, dass der Vorgesetzte den Grad der Zielerreichung ebenfalls überprüft, um auch allfällige Fehlentwicklungen korrigieren zu können. Periodische **Kontrollen** stellen dies sicher.
7)	Die **Erfolgskontrolle** der ursprünglich vereinbarten Ziele schliesst erneute Anpassungen oder Korrekturen der Zielsetzungen für die nächste Planungsperiode mit ein.

5.2 Ziele formulieren

Nach dem Prinzip der Zielvereinbarung bestimmen die Vorgesetzten und Mitarbeitenden gemeinsam die zu erfüllenden Ziele. Beide Seiten bringen ihre Zielvorstellungen ein und handeln die verbindlich geltenden Ziele aus. Diese werden mit den Unternehmenszielen abgestimmt, damit sie möglichst widerspruchsfrei zu den Gesamtzielen des Unternehmens stehen.

Abb. [5-2]   Abstimmungsprozess Mitarbeiterziele – Unternehmensziele

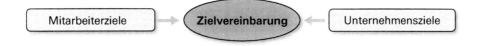

5.2.1 Anforderungen an die Mitarbeiterziele

Für die Mitarbeiterziele gelten im MbO verschiedene Anforderungen:

- Die Ziele müssen realisierbar, erreichbar und gleichzeitig herausfordernd sein.
- Die Ziele müssen quantitativ fassbar, also messbar sein.
- Der Zeitpunkt oder Zeitraum der Zielerreichung muss festgelegt sein.
- Bei mehreren Zielen werden gemeinsam die Prioritäten gesetzt.
- Die Ziele sollten nach Möglichkeit schriftlich vereinbart werden.

Beispiel	Ein Ziel in der Zielvereinbarung des Produktionsbereichsleiters Florian Schindler lautet:
	«Dank Rationalisierungsmassnahmen erhöhen Sie in den ersten sechs Monaten dieses Jahres die Ausstossmenge der Produktegruppe X um durchschnittlich 8 Prozent gegenüber dem Vorjahr.»

5.2.2 Klare, eindeutige Ziele formulieren

Wie werden Ziele unmissverständlich und klar formuliert? Welches sind die formalen Anforderungen an Zielvorgaben? – Die **SMART-Formel** dient hierfür als Richtlinie.

Abb. [5-3]   SMART-Formel zur Zielformulierung

SMART A GOOD TARGET IS SMART

S pecific (konkret)	Eindeutiger Schwerpunkt Kein Missverständnis über Inhalte / was zu tun ist
M easurable (messbar)	Möglichst quantitativ Nicht nur blosse Richtung
A chievable (erreichbar)	Realistische Herausforderung Fordernd, aber durchführbar
R esult-oriented (ergebnisorientiert)	Ergebnis/Situation/Output beschreibend Keine Aktivitäten
T ime-related (termingebunden)	Eindeutige Fristen und/oder Zeitraum angeben

Damit die Ziele «SMART» sind, müssen sie:

- **Konkret (= specific) sein (S):** Dies ist der Fall, wenn der Gegenstand bzw. Schwerpunkt eindeutig ist. Nur so ist ein Ziel unmissverständlich und damit messbar.
- **Messbar (= measurable) sein (M):** Wenn immer möglich, sollte man einen eindeutigen Massstab oder Leistungsstandard für die Ziele finden. Beispiele dafür sind: Absatzmengen, Umsatz-, Produktivitätszahlen, Zeiteinheiten, Qualitätsgrade.
- **Realistischerweise erreichbar (= achievable) sein (A):** Nur Ziele, die aufgrund der Eignung und Leistungsfähigkeit des jeweiligen Mitarbeiters und mit den verfügbaren Mitteln erreicht werden können, stellen eine motivierende Herausforderung dar. Sowohl unter- als auch überfordernde Ziele wirken kontraproduktiv.
- **Ergebnisorientiert (= result-oriented) sein (R):** Nicht das WIE, also der Weg in Form von einzelnen Tätigkeiten, wird formuliert, sondern das WAS in Form eines Ergebnisses, einer künftigen Situation oder eines konkreten Endprodukts.
- **Termingebunden (= time-related) sein (T):** Es ist ein genauer Zeitpunkt oder ein Zeitraum für die Zielerfüllung zu vereinbaren, damit die Zielerreichung kontrolliert werden kann.

Beispiel	Das Ziel darf nicht heissen: «Sie steigern den Umsatz.»
	Nach der SMART-Formel könnte es wie folgt lauten: «Sie erreichen in den **nächsten 9 Monaten** (= t) eine **Umsatzsteigerung** (= r) des **Produkts X** (= s) um **10 Prozent gegenüber dem Vorjahr** (= m und a).»

Nicht immer ist es möglich, einen quantifizierbaren Leistungsstandard festzulegen; bei **qualitätsbezogenen Zielen,** wie z. B. Teamorientierung, Zuverlässigkeit oder Kundenorientierung, müssen Sie daher auf Hilfsmassstäbe ausweichen oder aber qualitative Leistungsstandards vereinbaren.

Beispiel
- Hilfsmassstab für eine verbesserte Kundenorientierung: «Alle Kundenanfragen beantworten Sie innerhalb von maximal 36 Stunden.»
- Qualitativer Leistungsstandard für einen verbesserten Internetauftritt: «Sie entwickeln bis 31. März 20xx ein Kontaktformular, das die Kriterien einer benutzerfreundlichen und sicheren Übermittlung von Kundenanfragedaten bestmöglich erfüllt.»

5.3 Ziele umsetzen und Zielerreichung beurteilen

Aus der SMART-Formel wissen Sie: Bei der Zielvereinbarung geht es nicht darum, das WIE festzulegen, sondern das WAS als konkretes Ergebnis, das es zu erreichen gilt.

5.3.1 Handlungsspielräume gewähren

Die Mitarbeitenden sind zum **selbstständigen Handeln** herausgefordert. Deshalb gilt beim MbO das Prinzip, dass sie bei der Erfüllung ihrer Ziele grundsätzlich **frei in der Mittelwahl** sind. Sie können folglich – unter Wahrung der unternehmerischen Vorgaben (z. B. des Zeit- oder Kostenbudgets) – frei entscheiden, wie sie ihre Ziele erreichen wollen. Dies setzt natürlich voraus, dass die Führungsperson den entsprechenden **Handlungsspielraum** in Form eines eigenen Verantwortungsbereichs gewährt.

Beispiel
Damit Florian Schindler das vereinbarte Ziel für die Produktegruppe X erreichen kann, muss er über den entsprechenden Handlungsspielraum selbstständig verfügen können. Beispielsweise, wenn es darum geht, Rationalisierungsmassnahmen zu planen, zu beschliessen und umzusetzen.

Als Führungskraft greifen Sie lediglich ein, wenn Sie um Unterstützung gebeten werden oder wenn die Zielerreichung massgeblich gefährdet ist. Es gehört zu den Aufgaben einer Führungskraft, in regelmässigen **Zwischenbesprechungen** mit den Mitarbeitenden gemeinsam den Fortschritt und den Grad der Zielerfüllung zu beurteilen und Ursachen für die Abweichungen zu analysieren. In welchem Ausmass solche Zwischenbesprechungen angebracht sind, hängt vor allem vom betreffenden Ziel ab.

5.3.2 Zielvereinbarungen kontrollieren

Nebst der Zielvereinbarung setzt das MbO auch auf ein definiertes **Kontrollsystem**, das von der Führungsperson und den Mitarbeitenden gleichermassen verstanden wird. Dessen Ergebnisse werden verwendet für

- die Einhaltung der Zielvorgaben,
- zukünftige Zielformulierungen,
- Zielanpassungen bei Abweichungen und
- die aus der Beurteilung abgeleiteten Massnahmen.

Im Kontrollsystem wird neben der Fremdkontrolle durch Vorgesetzte auch die **Selbstkontrolle** angemessen berücksichtigt.

Beispiel
Steigt aufgrund der Rationalisierungsmassnahmen in der Produktion der Produktegruppe X beispielsweise die Ausschussquote an und gefährdet so die Erreichung der Mengenziele, so wird Florian Schindler aufgrund der eigenen Kontrolle und aus eigener Initiative die notwendigen Korrekturmassnahmen ergreifen oder diese zusammen mit seiner Vorgesetzten besprechen.

Bei der **Beurteilung der Zielerreichung** gemäss MbO geht es um einen Soll/Ist-Vergleich während der Beurteilungsperiode. Um auf die künftige Leistung, Motivation und Zusammenarbeit einzuwirken, müssen Sie mit Ihren Mitarbeitenden in aller Offenheit über die erreichten Ergebnisse sprechen. Ein sauber ausgefülltes Beurteilungsformular bewirkt alleine noch nichts.

5.4 Weitere «Management-by-Konzeptionen»

Management by Delegation (MbD)

Mit der Aufgabendelegation werden drei **Ziele** verfolgt:

- Die Qualität der Aufgabenerfüllung verbessern.
- Die Führungsspitze entlasten.
- Motivation und Eigeninitiative fördern.

Management by Delegation besteht darin, Befugnisse und Verantwortung für eine Aufgabe an denjenigen Mitarbeiter zu delegieren, der diese Aufgabe sachlich wahrnimmt. Die **Voraussetzungen** sind folgende:

- Es müssen Stellenbeschreibungen vorhanden sein.
- Die Ziele müssen transparent und verständlich sein.
- Die für den Mitarbeiter bestimmten Informationen müssen klar sein.
- Die Qualifikationssysteme müssen vorhanden sein.

Management by Exception (MbE)

Das Management by Exception beruht auf der Führung nach dem Prinzip der Ausnahme. Vorgesetzte greifen nur dann in die Aufgabenerfüllung ihrer Mitarbeitenden ein, wenn Entscheide zu fällen sind, die ausserhalb des festgelegten Entscheidungsspielraums des Mitarbeiters liegen. Die **Voraussetzungen** sind folgende:

- Ziele und Sollwerte werden festgelegt.
- Richtlinien von Normal- und Ausnahmefälle werden definiert.
- Die Zuständigkeiten für Aufgaben, Verantwortung und Kompetenzen sind klar.

Abb. [5-4]   **MbD und MbE: Vorteile und Kritik**

	MbD	MbE
Vorteile des Konzepts	• Der Vorgesetzte kann sich entlasten. • Die Eigeninitiative und die Leistungsmotivation der Mitarbeitenden werden gefördert.	• Die Mitarbeitenden arbeiten selbstständig und entlasten den Vorgesetzten. • Der Vorgesetzte greift nur ein, wenn ausserordentliche Probleme auftauchen.
Kritik am Konzept	• MbD sagt nichts über die Inhalte der Delegation aus. • Ein Vorgesetzter kann auch nur die uninteressanten Aufgaben delegieren. • Mitsprache und Mitentscheidungen der Mitarbeitenden werden nicht unbedingt berücksichtigt.	• Es werden nur die Ausnahmefälle beachtet. • Die Kreativität und Initiative sind dem Vorgesetzten vorbehalten, da er die schwierigen Fälle löst. • Die positiven Ziele werden zu wenig in die Kriterien einbezogen.

Zusammenfassung

Die meisten **Führungstechniken** stellen nicht umfassende **Gestaltungsregeln** dar, sondern gehen auf einen bestimmten Führungsaspekt ein. Aus der Vielzahl der «Management-by-Konzeptionen» hat sich vor allem das **Management by Objectives (MbO)** durchgesetzt, das Führen durch Zielvereinbarung.

Der vollständige **Zielvereinbarungsprozess** gemäss MbO durchläuft die folgenden Teilschritte:

1. **Unternehmensziele** dienen als Richtschnur für die weiteren Zielebenen.
2. **Abteilungs- oder Gruppenziele** werden abgeleitet und als Grundlage für die Zielvereinbarung mit dem einzelnen Mitarbeitenden verwendet.
3. Der Vorgesetzte und die Mitarbeitenden formulieren ihre **Zielvorstellungen**.
4. Im **Zielvereinbarungsgespräch** werden die Ziele gemeinsam festgelegt und schriftlich festgehalten.
5. Regelmässige Besprechungen der **Zwischenergebnisse** dienen als Standortbestimmung auf dem Weg zur selbstständigen Zielerreichung der Mitarbeitenden.
6. Zum Führungsprozess gehört eine periodische **Kontrolle** des Zielerreichungsgrads durch den Vorgesetzten.
7. Die **Erfolgkontrolle** der ursprünglich vereinbarten Ziele schliesst den Prozess ab.

Bei der **Zielformulierung** kommt die SMART-Formel zur Anwendung:

- S (specific): ein eindeutiger Gegenstand bzw. Schwerpunkt
- M (measurable): ein klarer Massstab oder Leistungsstandard
- A (achievable): eine realistische Herausforderung
- R (result-oriented): ein definiertes Ergebnis oder Endprodukt
- T (time-related): ein eindeutiger Zeitraum oder eine definierte Frist

Repetitionsfragen

16	Wie gut erfüllt der folgende Vorschlag für ein Leistungsziel die Kriterien der SMART-Formel? Begründen Sie Ihre Einschätzung in Stichworten, und verbessern Sie nötigenfalls die Zielformulierung.

«In den nächsten zwölf Monaten kümmern Sie sich intensiver um die beiden Lehrlinge.»

17	Erklären Sie einem Kollegen in ein paar Sätzen, weshalb es im Zielvereinbarungsprozess regelmässige Abgleiche zwischen den vereinbarten Zielen und den erreichten Zwischenergebnissen braucht.

18	Beantworten Sie die folgenden Fragen von Führungskräften zum Einsatz von MbO.

A] «Weshalb ist es wichtig, dass die Mitarbeitenden bei der Zielerfüllung frei in der Mittelwahl sind?»

B] «Kann ich mit meinem Mitarbeiter auch qualitative Ziele vereinbaren?»

C] «Warum wird im MbO empfohlen, dass die Vorgesetzte und der Mitarbeiter die Zielvorstellungen separat formulieren, bevor sie sich für das Zielvereinbarungsgespräch zusammensetzen?»

6 Mitarbeitende beurteilen

Lernziele

Nach der Bearbeitung dieses Kapitels können Sie ...

- aufzeigen, wie man ein konstruktives Mitarbeiterbeurteilungsgespräch führt.

Schlüsselbegriffe

360-Grad-Beurteilung, Anerkennung, Arbeitsergebnis, Arbeitsverhalten, Beurteilungsgespräch, Kollegenbeurteilung, Kritik, Leistungsbeurteilung, Mitarbeiterbeurteilung, Potenzialbeurteilung, Selbstbeurteilung, Vorgesetztenbeurteilung

Menschen beurteilen sich gegenseitig, seitdem es Menschen gibt – allerdings mehr oder weniger bewusst und mehr oder weniger systematisch. In unserer arbeitsteiligen, hoch spezialisierten Arbeitswelt hat der Einzelne nur mehr sehr beschränkte Möglichkeiten, seinen Einfluss auf den Erfolg einer Sache unmittelbar zu erleben; ein grosser Teil der berufsmässigen Kommunikation beschränkt sich auf Fachliches.

Umso wichtiger für die Arbeitszufriedenheit und für die **Leistungsmotivation** sind regelmässige persönliche Feedbacks und Beurteilungsgespräche. Sie stellen einen hohen Anspruch an jede Führungskraft:

- Auf der **sachlichen Ebene** müssen Sie individuelle Leistungen angemessen beurteilen und gleichzeitig Perspektiven für die weitere Entwicklung aufzeigen.
- Auf der **persönlichen Ebene** sollten Sie die Dialogbereitschaft fördern und ein Vertrauensklima schaffen, damit Feedbacks und Beurteilungen fruchten.

6.1 Weshalb beurteilen?

Beurteilungen wirken sich in vielerlei Hinsicht positiv auf die Zusammenarbeit und damit auf das Teamklima aus.

Abb. [6-1]

Positive Wirkungen von Beurteilungen

6.1.1 Führungserfolg

Regelmässige Beurteilungen unterstützen den **gesamten Führungsprozess**. Je besser Sie die Stärken und Schwächen Ihres Teams kennen, desto besser wird es Ihnen gelingen,

- die Ziele für Ihren Führungsbereich realistischer zu setzen,
- die zu erledigenden Aufgaben konkreter zu planen,
- rascher und besser über die Prioritäten und die Verantwortungsverteilung zu entscheiden,
- Aufgaben an die richtige Person zu delegieren,
- die Ausführung von Aufgaben gezielter zu unterstützen und
- klarer festzulegen, was und wie Sie kontrollieren werden.

6.1.2 Kooperationsbereitschaft

In einem kooperativ geführten Unternehmen werden die Bedürfnisse der Mitarbeitenden beim Festlegen der Ziele und bei der Planung der Arbeit mit berücksichtigt. Die Mitarbeiterbeurteilung stellt sicher, dass

- eine Auseinandersetzung über die Leistungen, die noch brachliegenden Leistungsre-serven und Potenziale stattfindet,
- die Vorstellungen und Wünsche der Mitarbeitenden als Diskussionsgrundlage für die weitere Planung eingebracht werden und
- die Vorgesetzten eine Rückmeldung zu ihrem Führungsverhalten bekommen.

6.1.3 Dialogbereitschaft

Ein gut geführtes Beurteilungsgespräch ist ein persönlicher Gedankenaustausch über die Leistung, die berufliche Zukunft, die Zusammenarbeit mit dem Vorgesetzten und innerhalb des Teams, über mögliche Unzufriedenheiten, Störungen oder Probleme sowie über Verbesserungsansätze. Als Führungskraft prägen Sie das Kommunikationsklima und damit auch die Dialogbereitschaft Ihrer Mitarbeitenden. Wie Sie diesen Dialog pflegen, wirkt sich auf die Arbeitsmotivation und die Zusammenarbeit im Team aus.

In einem Klima sensibler und wacher zwischenmenschlicher Wahrnehmung werden soziale Konflikte früher erkannt. Diese gefährden die Zusammenarbeit in weitaus geringerem Mass, weil man rechtzeitig und gemeinsam nach Lösungen sucht und die Teamzusammenarbeit konstruktiver gestaltet. Führung bedeutet in diesem Zusammenhang nicht nur, Verbesserungen im Leistungsbereich anzustreben, sondern auch im Sozialklima eines Teams. Als Führungskraft übernehmen Sie dabei eine Vorbildfunktion. Mit Ihrem eigenen Verhalten setzen Sie ein Beispiel – durch Ihre eigene Offenheit, Ihre Entscheidungsfreudigkeit, Ihr Mitgefühl und Ihre Kontaktfähigkeit.

6.1.4 Persönliche Wertschätzung

Unser Selbstwertgefühl und unsere persönliche Entwicklung hängen auch vom Feedback anderer Menschen ab. Das Beurteilungsgespräch erreicht auf menschlicher Ebene

- eine Würdigung der eigenen Person: Die Vorgesetzte setzt sich mit der Leistung des einzelnen Mitarbeiters objektiv auseinander.
- Sicherheit durch eine klare Standortbestimmung.
- eine berufliche Perspektive: Die Fremdeinschätzung gibt Aufschluss über das Bild, das jemand nach aussen abgibt, und verhilft zu einer objektiveren Selbsteinschätzung.
- ein Gefühl der Gleichberechtigung aufgrund des transparenten Vorgehens: Man weiss, dass alle Mitarbeitenden auf dieselbe Weise und nach denselben Grundsätzen beurteilt werden.

6.2 Was beurteilen?

Im Zentrum der Mitarbeiterbeurteilung steht die Frage, wie umfassend eine Person ihre psychischen, physischen und geistigen Kräfte, ihr Potenzial, einsetzt bzw. einsetzen kann, um für das Unternehmen optimale Leistungen zu erbringen und für sich selbst ein Höchstmass an Arbeitszufriedenheit zu erreichen.

Abb. 6-2 zeigt die drei Ebenen der Mitarbeiterbeurteilung mit den zugehörigen Beurteilungs-kriterien und Beurteilungszielen.

Abb. [6-2]   Mitarbeiterbeurteilung

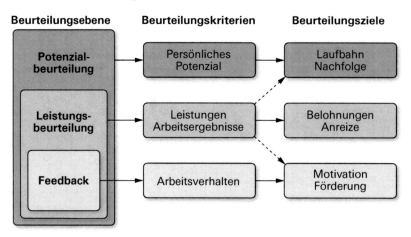

6.2.1   Arbeitsverhalten beurteilen

Das **Feedback** erfolgt aufgrund von Beobachtungen des Arbeitsverhaltens und einzelner Vor-kommnisse. Das Feedback als **laufende Beurteilung** ist ein zentraler Bestandteil des direkten Führungsprozesses.

Beispiel

Mit wachsender Besorgnis stellt Jean Moret fest, dass seine Mitarbeiterin Linda Wagner allmählich die Übersicht über die zu erledigenden Pendenzen zu verlieren scheint. Sie wirkt in letzter Zeit unge-wöhnlich angespannt, und offensichtlich schleichen sich bei ihr immer wieder kleinere Fehler und Ver-säumnisse ein. – Jean Moret entschliesst sich, im Feedbackgespräch mit seiner Mitarbeiterin nach den Gründen für die derzeitigen Probleme und nach möglichen Lösungen zu suchen.

Wie bereits im Kap. 4.4.3, S. 55 erwähnt, dient das laufende Feedback der unmittelbaren **Motivation und Förderung** der Mitarbeitenden. Gleichzeitig ermöglicht es der Führungsper-son, ihre **Führungsfunktion** wahrzunehmen, indem sie auf Fehlleistungen oder Fehlverhalten unmittelbar und korrigierend einwirken kann.

6.2.2   Leistungen und Arbeitsergebnisse beurteilen

Die **Leistungsbeurteilung** basiert auf vergangenen Leistungen und Arbeitsergebnissen eines bestimmten Zeitraums (meist des vergangenen Jahres), die nachträglich beurteilt werden. Dabei rückt die Beurteilung des Mitarbeiterverhaltens bewusst in den Hintergrund; es spielt nur insofern eine Rolle, als es die erbrachte Leistung massgeblich beeinflusst hat.

Beispiel

Patrizia Ott vereinbart mit ihrem Mitarbeiter Etienne Heller einen Termin für das jährliche Leistungs-beurteilungsgespräch. Sie bittet ihn, sich darauf vorzubereiten und eine Einschätzung der eigenen Zielerreichung mitzubringen. Ausserdem wünscht sie sich anlässlich des Beurteilungsgesprächs von Etienne Heller auch eine Stellungnahme zur Zusammenarbeit im Team und eine Rückmeldung auf die Wirkung ihrer Führungstätigkeit.

Mit der Leistungsbeurteilung werden in erster Linie **Belohnungen und Anreize** in Form von Erfolgsvergütungen oder Beförderungen verbunden. Zusätzlich fördert sie die **Arbeitszufrie-denheit** und die **Leistungsmotivation** der Mitarbeitenden. Ausserdem liefert eine regelmä-ssige Leistungsbeurteilung wichtige Hinweise für die individuelle **Laufbahnplanung**.

In vielen Unternehmen bildet die Zielvereinbarung gemäss MbO (s. Kap. 5, S. 59) die Grundlage für die Leistungsbeurteilung. Im **Beurteilungsgespräch** wird die Erreichung der vereinbarten Ziele von den Vorgesetzten und Mitarbeitenden gemeinsam eingeschätzt und bewertet. Vielerorts kommen dabei systematische Beurteilungsinstrumente zur Anwendung; die Personalabteilung liefert sie in der Regel als Vorlagen und wertet die Beurteilungsergebnisse aus.

6.2.3 Persönliches Potenzial beurteilen

Die **Potenzialbeurteilung** richtet ihren Betrachtungsschwerpunkt auf die Zukunft aus. Man will eine möglichst sichere **Prognose** des persönlichen Potenzials und der Leistungsfähigkeit der zu beurteilenden Mitarbeitenden erhalten. Persönliche Eigenschaften, Kompetenzen und Qualifikationen bilden die wichtigste Grundlage für die Potenzialeinschätzung, aber auch die Ergebnisse der Leistungsbeurteilung fliessen darin ein.

Beispiel

Stella Varini ist aufgrund verschiedener Beobachtungen, Gespräche und des Leistungsausweises davon überzeugt, dass ihr Mitarbeiter Jonas Cavelti sein persönliches Potenzial in der jetzigen Position nicht voll ausschöpfen kann. Sie ermuntert ihn, einen nächsten Karriereschritt vorzubereiten, und meldet ihn zu einer Potenzialbeurteilung durch die dafür zuständige Personalentwicklungsverantwortliche an.

Das Ziel der Potenzialbeurteilung ist es, die notwendigen Voraussetzungen für eine individuelle **Laufbahnplanung** der Mitarbeitenden und für eine **Nachfolgeplanung** im Unternehmen zu schaffen. Nur wenn es gelingt, rechtzeitig das Mitarbeiterpotenzial zu erkennen und die notwendigen Entwicklungsmassnahmen einzuleiten, gelingt es dem Unternehmen auch, «die besten Leute» aus den eigenen Reihen zu gewinnen.

Für die Potenzialbeurteilung zeichnet in der Regel die Personalabteilung – in enger Zusammenarbeit mit den Linienvorgesetzten – verantwortlich.

Hinweis

Um Ihnen die verschiedenen Beurteilungsebenen aufzuzeigen, werden in Abb. 6-2, S. 68 die Leistungs- und die Potenzialbeurteilung separat dargestellt. In der Praxis werden für das jährliche Beurteilungsgespräch jedoch häufig Personalbeurteilungssysteme eingesetzt, die eine Kombination der Leistungs- und der Potenzialbeurteilung beinhalten.

6.3 Wie beurteilen?

Das Feedback ist ein **unerlässliches Führungsinstrument**, weil es positive Leistungen und Verhaltensweisen durch Lob und Motivation verstärkt, negative Leistungen und Verhaltensweisen korrigiert und dadurch einen Lern- und Entwicklungsprozess auslöst. Das Aussprechen von Anerkennung und Kritik ist dabei von zentraler Bedeutung. **Anerkennung** schafft Nähe, während Kritik möglicherweise zu Abneigung und zu Distanz führt. Viele Führungskräfte scheuen sich deshalb, ihre Kritik offen anzubringen. Konstruktiv zu kritisieren ist jedoch eine wichtige Führungsaufgabe: **Kritik** braucht es, um mangelhafte Leistungen und Einstellungen zur Arbeit sachlich zu beanstanden und zu korrigieren. Entscheidend ist, **in welcher Form** die Kritik mitgeteilt wird. So führt scharfe, ironische Kritik vor anderen Mitarbeitenden in der Regel nicht zu einer Leistungsverbesserung, sondern – im Gegenteil – zu einer Leistungsverschlechterung, wie mehrere Untersuchungen zeigen.

Abb. [6-3]   Auswirkung der Kritikform auf die Leistung

Veränderung der Leistung	Form der Kritik		
	Ruhig, sachlich, unter vier Augen	Ruhig, sachlich, vor anderen	Scharf, ironisch, vor anderen
Leistung verbessert bei	83 %	40 %	7 %
Leistung gleich bleibend bei	10 %	14 %	24 %
Leistung verschlechtert bei	7 %	46 %	69 %

Quelle: Olfert, K. und Steinbuch, P.: Personalwirtschaft, Ludwigshafen (Rhein) 1990, S. 208.

6.3.1   Anerkennung aussprechen

Drücken Sie **Anerkennung** sofort, ausdrücklich und sachbezogen aus:

- **Sofort,** wenn die gute Leistung erbracht oder eine gewünschte Verhaltensänderung zum ersten Mal gezeigt wird.
- **Ausdrücklich:** Halten Sie nicht mit Lob zurück. Anerkennung ist ein wichtiges Mittel zur Orientierung, zum Ansporn und zur guten Zusammenarbeit. Also immer loben, wenn es Grund dazu gibt!
- **Sachbezogen:** Loben Sie konkrete Leistungen, und loben Sie nicht schematisch. Standardformeln wie «Schön, schön», «Weiter so» sind zu undifferenziert. Sagen Sie so konkret wie möglich, was Sie als gut beurteilen. Sachbezogen ist ein Lob auch, wenn es in Bezug zu den Anforderungen steht. Ein Lob für zu leichte Arbeit empfinden die Mitarbeitenden bald einmal als «billig».

6.3.2   Kritik aussprechen

Wie gut es Ihnen gelingt, offen und fair zu kritisieren und dennoch das Vertrauen aufrechtzuerhalten, schätzen die Mitarbeitenden als wichtige Führungsqualität. Die folgenden Hinweise helfen Ihnen, konstruktive **Kritik** anzubringen:

- Stellen Sie eine **offene Gesprächsbasis** her: Kritische Rückmeldungen setzen eine entspannte und offene Atmosphäre voraus, die Respekt für das Gegenüber und Interesse an seiner Situation einschliesst.
- Kritisieren Sie immer **sachbezogen:** Zunächst bedeutet dies, dass Sie die Vorfälle, die Anlass zur Kritik geben, mit dem Mitarbeiter klären müssen. Erst wenn Sie diese gemeinsame Basis erreicht haben, können Sie sachlich über Fehler und Schwächen sprechen.
- Machen Sie **klare Aussagen:** Bringen Sie Ihre Kritik in angemessenem Ton und klar vor. Mehrdeutige und verschwommene Formulierungen nützen den Mitarbeitenden nichts und geben keine Anhaltspunkte für Verhaltensänderungen.
- Kritisieren Sie **unter vier Augen:** Jeder Mensch möchte bei seinen Mitmenschen angesehen sein. Öffentliche Kritik stellt ihn bloss und veranlasst ihn mit Sicherheit zur Verteidigung.
- Finden Sie immer einen **positiven Abschluss:** Führen Sie das Gespräch so, dass das Vertrauen gewahrt bleibt und die Zusammenarbeit von nun an gleich gut oder noch besser funktioniert. Das gelingt, wenn Sie Mut machen, an den vereinbarten Verbesserungen zu arbeiten, und Ihre Zuversicht am Gelingen ehrlich ausdrücken.

6.3.3 Beurteilungsgespräche führen

Die Mitarbeiterbeurteilung zeigt ihre Wirkungen nur dann, wenn Sie sich als Führungskraft mit Ihren Mitarbeitenden in aller **Offenheit** darüber austauschen und Ihre Beurteilung mitteilen. Ausgeklügelte Beurteilungssysteme und -massstäbe, sauber ausgefüllte Beurteilungsbogen und detaillierte Beobachtungen nützen nichts, wenn sie mit den betreffenden Personen nicht ausgiebig besprochen und die notwendigen Schlussfolgerungen daraus gezogen werden.

Als Führungsperson sind Sie in Ihrer Fähigkeit gefordert, ein fruchtbares, partnerschaftliches Beurteilungsgespräch aufzubauen. Abb. 6-4 listet Kriterien für ein konstruktives Beurteilungsgespräch auf.

Abb. [6-4]

Checkliste für ein konstruktives Beurteilungsgespräch

Gesprächs-vorbereitung	• Gesprächstermin vorzeitig vereinbaren, damit sich die Mitarbeitenden in aller Ruhe auf das Gespräch vorbereiten können. • Selbstbeurteilung zu der jetzigen Tätigkeit, zur eigenen Leistungsfähigkeit und -entwicklung sowie zu den Zukunftsvorstellungen fordern.
Gesprächs-rahmen	• Das Gespräch muss an einem ruhigen Ort stattfinden, z. B. im Büro des Vorgesetzten oder im Sitzungszimmer. • Störungen durch Telefonate usw. sind unbedingt auszuschalten. • Zeitrahmen: Ein Beurteilungsgespräch dauert in der Regel 1 bis $1^1/_2$ Stunden.
Gesprächs-ziele	• Anerkennung und Wertschätzung zeigen. • Konkrete Anhaltspunkte für Leistungsverbesserungen oder Verhaltensänderungen definieren. • Die Mitarbeitenden nachhaltig motivieren.
Gesprächs-atmosphäre	Die Qualität eines Beurteilungsgesprächs zeigt sich u. a. an folgenden Merkmalen: • Die Gesprächsbeteiligung zwischen Führungsperson und Mitarbeitenden ist ausgeglichen; es findet ein Austausch statt. • Die Führungsperson vergleicht ihre Sichtweise mit jener der Mitarbeitenden. Wo nötig, korrigiert sie ihre Beurteilung. • Das Beurteilungsgespräch bedeutet keinen isolierten Sonderakt. Eine offene Gesprächsatmosphäre entsteht nur, wenn die Kommunikation zwischen der Führungsperson und den Mitarbeitenden auch im Alltag funktioniert. • Es herrscht ein Vertrauensverhältnis, sodass die Mitarbeitenden zu einer kritischen Selbstbeurteilung bereit sind.

6.3.4 Beurteilungsbogen

Ein einheitlicher Beurteilungsbogen dient als Grundlage für die Mitarbeiterbeurteilung und als Leitfaden für das Beurteilungsgespräch. Es empfiehlt sich, **vordefinierte Beurteilungskriterien** zu verwenden und diese nach einem **einheitlichen Beurteilungsraster** (z. B. mithilfe einer Skala) zu bewerten. Viele Unternehmen setzen heute kompetenzorientierte Beurteilungsbogen mit vergleichsweise wenigen (3–12) Kriterien ein.

Es empfiehlt sich, nicht nur die Beurteilung schriftlich festzuhalten, sondern auch die besprochenen **Schlussfolgerungen**, vor allem die vereinbarten Massnahmen zur Leistungsverbesserung und zur beruflichen Weiterentwicklung, genauso wie die von der Mitarbeiterin geäusserten **Anregungen** oder **Einwände**.

Abb. [6-5]   Beurteilungsbogen (Beispiel)

Kompetenzbereich	Kompetenzen (Beurteilungskriterien)	Beurteilungsstufe				Bemerkungen
		4	3	2	1	
Fachkompetenz	Funktionsbezogene Fachkenntnisse und Fähigkeiten					
	Funktionsübergreifende Fachkenntnisse und Fähigkeiten					
	Arbeitstechniken, -methoden, -mittel					
	...					
Sozialkompetenz	Team- und Kooperationsfähigkeit					
	Kommunikationsfähigkeit					
	Kritik- und Konfliktfähigkeit					
	...					
Selbstkompetenz	Leistungsorientierung, Belastbarkeit					
	Lern- und Entwicklungsfähigkeit					
	Sicherheitsverhalten					
	...					
Unternehmerische Kompetenz	Markt- und Kundenorientierung					
	Kosten- und Qualitätsorientierung					
	Innovationsorientierung					
	...					
Führungskompetenz	Ziel-, Resultatorientierung					
	Rollenmodell, Vorbildlichkeit					
	Team- und Mitarbeiterorientierung					
	...					
Gesamtbewertung						

Bewertungssystem		
4	Sehr gut	Fähigkeiten, Fertigkeiten, Leistungen und Verhalten liegen deutlich über den Anforderungen und Erwartungen; klare Vorbildfunktion und Leistungsträger/-in.
3	Gut	Fähigkeiten, Fertigkeiten, Leistungen und Verhalten entsprechen den Anforderungen und Erwartungen; Erwartungen werden zuverlässig zu 100% erfüllt.
2	Nicht ganz genügend	Fähigkeiten, Fertigkeiten, Leistungen und Verhalten entsprechen den Anforderungen und Erwartungen nicht vollumfänglich; Erwartungen werden mit Schwankungen zu ca. 80–90% erfüllt.
1	Ungenügend	Fähigkeiten, Fertigkeiten, Leistungen und Verhalten entsprechen den Anforderungen und Erwartungen deutlich nicht; markante Verbesserung notwendig; Aufgaben-/Funktionswechsel prüfen.

Quelle: Verband Schweizer Holzbau-Unternehmungen, Beurteilungsbogen für Mitarbeitende, www.holzbau-schweiz.ch.

6.4   Beurteilungsformen

Traditionellerweise wird in Unternehmen hierarchisch beurteilt, d. h., die Führungsperson beurteilt ihre Mitarbeitenden und wird selber von ihrem Vorgesetzten beurteilt. Inzwischen haben sich jedoch auch noch weitere Formen durchgesetzt, die für eine ausgewogenere Beurteilung im Unternehmen sorgen:

- **Vorgesetztenbeurteilung:** Nach dem «Bottom-up»-Ansatz beurteilen die Mitarbeitenden ihre Vorgesetzten in Bezug auf ihr Führungsverhalten, wie z. B. Kommunikations- und Informationsverhalten, Delegationsbereitschaft, Entscheidungs- und Problemlösungsverhalten, Mitarbeiterförderung, Zusammenarbeitsklima usw.

- Kollegenbeurteilung: Mitarbeitende gleicher Ebene beurteilen einander, und die Auswertung wird gemeinsam besprochen. Diese Beurteilungsform kommt vor allem in kleineren Teams vor oder auch in Projektteams, wo beim Erreichen von Etappenzielen oder beim Projektabschluss eine gemeinsame Rückschau und das gegenseitige Feedback zur Zusammenarbeit üblich sind.
- Selbstbeurteilung: Neben den verschiedenen Formen der Fremdbeurteilung ist die Selbsteinschätzung von Mitarbeitenden eine wichtige Motivationsquelle. Die regelmässige Auseinandersetzung mit sich selber und die Reflexion des eigenen Verhaltens fördern das Selbstbewusstsein und die Lernbereitschaft.
- 360-Grad-Beurteilung: Mit dieser Beurteilungsform wird eine möglichst objektive, ganzheitliche Beurteilung angestrebt, indem nicht nur der direkte Vorgesetzte, sondern weitere wichtige Anspruchsgruppen (andere Führungskräfte, Teammitglieder, Arbeitskolleginnen, interne oder externe Kunden usw.) ihre Beurteilung anhand vorgegebener Kriterien abgeben.

6.5 Vorgesetztenbeurteilung

Führungskräfte wissen oft nicht, wie sie ihre Rolle am besten wahrnehmen sollen, denn sie stehen im Spannungsfeld unterschiedlichster Ansprüche:

Einerseits steigen die **Erwartungen** der Mitarbeitenden bezüglich Selbstständigkeit und Selbstverantwortung, und wichtige Signale «von oben» lauten ebenfalls: «Delegieren, Verantwortung abgeben, Ziele vereinbaren!» Anderseits erleben Führungskräfte, dass sich ihre Mitarbeitenden klare Anweisungen und Spielregeln wünschen, an denen sie sich orientieren können. Hinzu kommt der permanente **Kosten- und Erfolgsdruck**, unter dem viele Führungspersonen stehen. Wenn nicht alles wunschgemäss läuft, ist die eigene Position schnell in Gefahr. Sie nehmen von ihren Vorgesetzten als Botschaft wahr: «Dein Job ist es, den Laden in Schwung zu bringen und zu halten. Wir machen dich verantwortlich, wenn dies nicht innert nützlicher Zeit gelingt!» Die Mitarbeitenden hingegen führen Stresssituationen, einen erhöhten Leistungsdruck, das schlechte Betriebsklima oder innere Kündigungen in erster Linie auf ein unangemessenes Führungsverhalten ihres Vorgesetzten zurück.

Schon aus diesem Grund macht es Sinn, dass Sie von Ihren Mitarbeitenden regelmässig **Feedbacks** zu Ihrem Führungsverhalten einholen.

Mittlerweile hat sich in vielen Unternehmen ein **systematisches Verfahren** für die Vorgesetztenbeurteilung durchgesetzt, das folgendermassen abläuft:

1. Vorgesetzte und Mitarbeitende werden über das Beurteilungsverfahren und die Beurteilungskriterien **informiert**.
2. Alle Beteiligten erhalten einen **Fragebogen** zu verschiedenen Führungskriterien, den die Führungskraft und die Mitarbeitenden ausfüllen (Selbst- und Fremdbeurteilung).
3. Der ausgefüllte Fragebogen wird einer **neutralen Auswertungsstelle** eingereicht, um die Anonymität der Befragten zu gewährleisten.
4. Die Führungsperson erhält eine **Gesamtauswertung** der Beurteilung durch die Mitarbeitenden.

In diesem Zusammenhang stellt sich natürlich die Frage, ob es sinnvoll ist, eine standardisierte Vorgesetztenbeurteilung nebst dem Mitarbeiterbeurteilungssystem einzuführen. In den Unternehmen, die eine Vorgesetztenbeurteilung kennen, gibt es zwei Praktiken:

- **Freiwillig:** Die Entscheidung, daran teilzunehmen, liegt bei der einzelnen Führungskraft.
- **Obligatorisch:** Alle Führungskräfte des Unternehmens sind verpflichtet, sich der Vorgesetztenbeurteilung zu unterziehen.

Feedbacks und Beurteilungen erhöhen die **Arbeitszufriedenheit** und **Leistungsmotivation**. Von der Führungsperson wird gefordert,

- auf der **sachlichen Ebene** die individuellen Leistungen angemessen zu beurteilen und gleichzeitig Perspektiven für die weitere Entwicklung aufzuzeigen sowie
- auf der **persönlichen Ebene** die Dialogbereitschaft zu fördern und ein Vertrauensklima zu schaffen.

Es werden dabei **drei Beurteilungsebenen** unterschieden:

Beurteilungsebene	Beurteilungsziele
Feedback	Es gehört zu den Führungsaufgaben, laufend Rückmeldungen auf das Arbeitsverhalten zu geben. Sie dienen der Motivation und Förderung.
Leistungsbeurteilung	Die Basis für die Bewertung der Arbeitsergebnisse und Leistungen bilden die vereinbarten Ziele. Das Ziel der Leistungsbeurteilung ist, über Belohnungen Leistungsanreize zu schaffen.
Potenzialbeurteilung	Mit der Bewertung der Mitarbeiterpotenziale soll die Laufbahn- und Nachfolgeplanung im Unternehmen sichergestellt werden.

Das **Feedback** ist ein unerlässliches Führungsinstrument. Es geht darum, Anerkennung und Kritik zum Arbeitsverhalten auszusprechen. Dabei gilt es zu beachten:

- **Anerkennung** sofort, ausdrücklich und sachbezogen aussprechen.
- **Kritik** konstruktiv üben, d. h. in entspannter und offener Atmosphäre, sachbezogen, mit klaren Aussagen und einem positiven Gesprächsabschluss.

Konstruktive Mitarbeiterbeurteilungsgespräche zeichnen sich durch folgende Merkmale aus:

- Sorgfältige **Gesprächsvorbereitung** der Führungsperson und des Mitarbeitenden
- Angenehmer, ungestörter und zeitlich gut bemessener **Gesprächsrahmen**
- Einhalten der **Gesprächsziele**: Anerkennung und Wertschätzung, Anhaltspunkte für Verbesserungen und Veränderungen definieren und nachhaltig motivieren
- Vertrauensvolle **Gesprächsatmosphäre** durch ausgeglichene Redeanteile, Vergleich beider Sichtweisen, laufende Gespräche und Vertrauensverhältnis zwischen Führungsperson und Mitarbeitenden

In Unternehmen kommen noch weitere Beurteilungsformen zum Einsatz, wie die Kollegen-, die Selbst-, die 360-Grad-Beurteilung. Am meisten verbreitet ist die **systematische Vorgesetztenbeurteilung,** an der die Führungskräfte entweder **freiwillig oder obligatorisch** teilnehmen. Eine systematische Vorgesetztenbeurteilung läuft wie folgt ab:

1. Information über das Verfahren und die Kriterien
2. Ausfüllen des Fragebogens
3. Einreichen der Beurteilung bei einer neutralen Auswertungsstelle
4. Abgabe der anonymisierten Gesamtauswertung an den Vorgesetzten

Repetitionsfragen

19	Erklären Sie anhand eines Praxisbeispiels den Zusammenhang zwischen der Potenzialbeurteilung und der Nachfolgeplanung im Unternehmen.
20	«Wenn man einen Menschen richtig beurteilen will, so frage man sich immer: Möchtest du den zum Vorgesetzten haben?» (Kurt Tucholsky, 1890–1935, deutscher Satiriker und Zeitkritiker) Nehmen Sie in einigen Sätzen Stellung zu Tucholskys Ausspruch.
21	Erklären Sie einem Aussenstehenden, weshalb das Arbeitsverhalten bei der Leistungsbeurteilung nicht im Vordergrund steht.
22	Wie beurteilen Sie in den folgenden Beispielen die Art, Anerkennung bzw. Kritik auszusprechen? A] «Herzlichen Dank für Ihr umfassendes Grobkonzept, das mir eine ausgezeichnete Grundlage für die Weiterarbeit liefert ...» B] «Du hättest dein Anliegen klarer vorbringen müssen, aber im Grossen und Ganzen finde ich deine Präsentation recht gut gelungen ...» C] «Ich hätte mir nie gedacht, dass es Ihnen in so kurzer Zeit gelingen würde, diese Aufgabe zu meistern! Andere würden dafür bestimmt doppelt so lange brauchen ...» D] «Sei mir bitte nicht böse, aber was du hier abgeliefert hast, ist schlicht unbrauchbar ...»

7 Zeitmanagement

Lernziele

Nach der Bearbeitung dieses Kapitels können Sie ...

- aufzeigen, worauf bei der Zeitplanung besonders zu achten ist.
- die drei wichtigsten Prinzipien der Prioritätenbildung (Pareto-Prinzip, ABC-Analyse und Eisenhower-Prinzip) beschreiben und anwenden.
- die wichtigsten Anforderungen der rationellen Kommunikation, des Delegierens und der persönlichen Organisation erklären.

Schlüsselbegriffe

ABC-Analyse, ALPEN-Methode, Delegieren, Eisenhower-Prinzip, Entscheiden, Ergebnisanalyse, Gesprächsmanagement, Informationsmanagement, Kommunizieren, Kontrolle, Leistungsfähigkeit, Management-Regelkreis, Organisation, Pareto-Prinzip, Planen, Planungshorizont, Prioritätenbildung, Pufferzeiten, Sitzungsmanagement, Smart-Formel, störungsfreie Zeit, Termine, Zeitanalyse, Zeiterfassungsbogen, Zeitfallen, Zeitgewinn, Ziele

Die Bewältigung der zu erledigenden Aufgaben und die Lenkung der Termine sind Managementaufgaben. Entsprechend lässt sich das Zeitmanagement in Anlehnung an den **Management-Regelkreis** (s. Abb. 2-1, S. 19) beschreiben und in vier Hauptaufgaben gliedern.

- **Planen:** Ziele und die dafür notwendigen Massnahmen, Aufgaben oder Aktivitäten definieren.
- **Entscheiden:** Prioritäten in der Aufgabenerledigung setzen.
- **Umsetzen:** Getroffene Entscheidungen an Dritte kommunizieren, Aufgaben delegieren, die anfallenden Aufgaben zielgerichtet erledigen.
- **Kontrollieren:** Tätigkeiten und Ergebnisse im Hinblick auf die Zielerreichung prüfen; bei delegierten Aufgaben ein Feedback an den betreffenden Mitarbeiter geben.

Abb. [7-1]   Management-Regelkreis

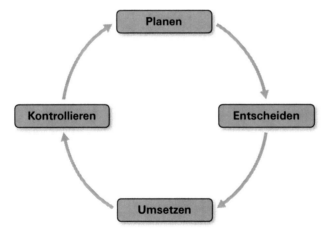

Falls der Zeitmanagementprozess alle Schritte nacheinander durchläuft, kommt dies einem Idealfall gleich. Natürlich bietet sich in der täglichen Arbeit oftmals ein anderes Bild, wie es das folgende Beispiel aufzeigt.

Beispiel

Michael von Allmen hat in seinem Tagesplan insgesamt vier Stunden reserviert, um die Spezialofferten für zwei Schlüsselkunden auszuarbeiten, die am Abend zur Post gebracht werden müssen. Kaum hat er mit der ersten Offerte begonnen, klopft seine Vorgesetzte bei ihm an, um mit ihm eine Kundenreklamation zu besprechen, die äusserst heikel ist und sehr dringend behandelt werden muss, um grösseren Schaden zu verhindern. – Ungeachtet seiner Tagesplanung sieht sich Michael von Allmen nun dazu gezwungen, die nötige Zeit für diese Aufgabe aufzuwenden.

7.1 Planen

Vom römischen Philosophen und Politiker Seneca (4 v. Chr. – 65 n. Chr.) ist der folgende Satz überliefert: «Wer den Hafen nicht kennt, in den er segeln will, für den ist kein Wind ein günstiger!»

Es ist eine alte Erkenntnis, dass es schwierig ist, auf Kurs zu kommen, wenn man ohne eigentliche Ziele vor sich hintreibt und sich nicht im Voraus schon Gedanken darüber gemacht hat, welches Vorgehen dabei zweckdienlich sein könnte. Die besten Techniken, Methoden und Tipps nützen bekanntlich nichts, wenn man nicht weiss, wozu man sie einsetzen soll.

Mit einer sorgfältigen Planung schaffen Sie sich eine entscheidende Grundlage für ein optimaleres Zeit- und Selbstmanagement. Dabei steht die Auseinandersetzung mit den Zielen und mit den Anforderungen an eine strukturierte und umsichtige Zeitplanung im Vordergrund.

7.1.1 Ziele definieren

Ziele festzulegen, gehört zu den wichtigsten Aufgaben jeder Form des Managements. Ziele werfen einen Blick in die Zukunft, sie zeigen einen bestimmten Soll-Zustand, den man anstrebt. Sie bilden den Ausgangspunkt für die Planung der notwendigen Handlungen und Massnahmen.

Bei der täglichen Arbeit denken wir oft in Einzelaufgaben, was dazu verleiten kann, sich in Einzelheiten zu verlieren. Das Denken in Zielen bewirkt, dass man sich mehr um das Wesentliche bemüht: das Erreichen eines bestimmten Zieles. Ihr Zeitmanagement funktioniert nur dann, wenn Sie sich im Vorfeld Rechenschaft darüber ablegen, was Ihnen wichtig ist. Ohne Ziele nützt auch die beste Arbeitsmethode nichts, wenn Sie nicht vorher eindeutig festgelegt haben, was Sie erreichen bzw. wohin Sie gelangen wollen.

Ziele motivieren uns: Wir setzen unser Können und unsere Kräfte dafür ein, sie zu erreichen. Ziele sind mehr als blosse Vorsätze. Ziel- und folglich zukunftsgerichtetes Denken und Handeln bedeuten:

- Ihre Kräfte richtig einsetzen, indem Sie Prioritäten setzen und Ihre Aktivitäten auf die wirklich wichtigen Ziele ausrichten
- Ihren Bedürfnissen, Vorstellungen und Wünschen Ausdruck verleihen
- Ihre Vorhaben klar formulieren

A] Zielebenen bestimmen

Sobald ein Soll-Zustand nicht in einem Wurf erreichbar ist, ist es sinnvoll, dieses Gesamtziel in einzelne Etappenziele hinunterzubrechen. Wir sprechen dann von einem Zielsystem, das in Oberziele, Zwischenziele und Unter- oder Teilziele gegliedert ist. Je weiter unten im Zielsystem, d. h. je kurzfristiger, desto grösser ist gewöhnlich die Anzahl der Ziele.

Auch im persönlichen Zeitmanagement ist es wichtig, dass Sie Ihre Ziele auf verschiedenen Ebenen definieren.

Abb. [7-2]   Zielmanagement-Ebenen im persönlichen Zeitmanagement

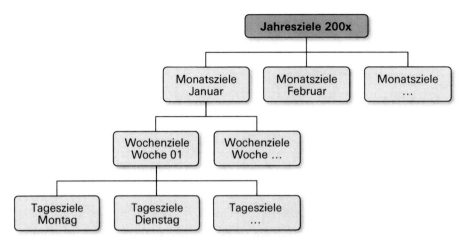

Je nach Planungshorizont werden Sie einige **Jahresziele** als Oberziele selber definieren oder als Vorgabe erhalten. Auf diese Oberziele richten Sie die Jahresplanung aus. In einem nächsten Schritt konkretisieren Sie die Oberziele, indem Sie daraus Zwischenziele in Form von **Monatszielen** ableiten. Die Monatsziele sind die Richtschnur für die Planung Ihrer Monatsaktivitäten, sodass Sie am Ende des jeweiligen Monats sagen können: «Das Teilziel X habe ich erreicht!». Auf einer nächsten Stufe brechen Sie die Ziele weiter hinunter in die **Wochenziele,** auf die sich Ihre Wochenaktivitäten ausrichten. Die eigentliche Umsetzung der Ziele geschieht Tag für Tag – in Form von Massnahmen, die Sie durchführen, Aufgaben, die Sie lösen, oder Aktivitäten, die Sie ausüben. Sie brauchen für das persönliche Zeitmanagement entsprechende **Tagesziele** als Leitlinien für Ihr tägliches Tun.

B] Ziele formulieren

Um zu einem späteren Zeitpunkt prüfen zu können, ob gesteckte Ziele erreicht wurden, ist es wichtig, dass Sie klare Ziele formulieren. Die **SMART-Formel,** die Sie auch aus Kap. 5.2.2, S. 62 kennen, dient als Richtlinie dafür.

Nachfolgend finden Sie je ein gutes und ein schlechtes Beispiel einer Zielformulierung und die entsprechende Erklärung gemäss der SMART-Formel:

	Beispiel und Analyse gemäss der SMART-Formel
Gut	Das Manuskript für den Kurzvortrag beim Branchenverband XY ist am 20.01.20xx um 14 Uhr druckreif vorhanden.
	Analyse anhand der Elemente gemäss der SMART-Formel: • S: «Das Manuskript für den Kurzvortrag ...» ist ein eindeutiger Gegenstand, • M: «druckreif» bedeutet, dass es inhaltlich vollständig und sprachlich korrekt sein muss, • A: Aus der Formulierung geht dies explizit nicht hervor, jedoch scheint das Ziel in einem Zeitraum bis zum 20.01.20xx realistisch erreichbar zu sein, • R: «druckreif vorhanden» drückt einen Endzustand aus und • T: «am 20.01.20xx um 14 Uhr» ist ein genauer Zeitpunkt.
Schlecht	Ich verbessere ab sofort mein persönliches Zeitmanagement.
	Analyse anhand der Elemente gemäss der SMART-Formel: • S: «mein persönliches Zeitmanagement» ist zwar ein Gegenstand, doch ist zu präzisieren, um welche konkreten Elemente des Zeitmanagements es geht, • M: ein eindeutiger Massstab fehlt, • A: weil weder der Gegenstand noch der Massstab genau definiert sind, kann die Erreichbarkeit dieses Ziels nicht beurteilt werden, • R: «Ich verbessere» drückt keinen Endzustand aus, sondern eine Tätigkeit, und • T: «ab sofort» ist ein zwar ein klarer Zeitpunkt, jedoch weniger eindeutig als eine entsprechende Datumsangabe, wie z. B. «ab 1.3.20xx».

7.1.2 Zielgerichtet planen

Wenn Sie die Ziele festgelegt haben, müssen Sie sich in einem nächsten Schritt darüber klar werden, wie sie diese erreichen wollen. Mit der Planung bestimmen Sie den Weg, der zum Ziel führt: Sie definieren die notwendigen Aktivitäten, Aufgaben oder Massnahmen. Damit bereiten Sie die Zielerreichung vor.

Bei der Planung gilt es den jeweiligen **Planungshorizont** zu berücksichtigen, der sich nach den definierten Zielen richtet. Sämtliche Pläne, besonders aber die laufenden Pläne, sind so zu gestalten, dass man kurzfristige Änderungen verkraften kann. Wir beschränken uns in diesem Kapitel auf die **laufende Planung** und die dafür geeigneten Planungsinstrumente. Als wesentlichen Anhaltspunkt für die Verbesserung Ihres künftigen Zeitmanagements sollten Sie sich zudem der typischen **Zeitfallen** bewusst sein, die sich Ihnen stellen. Zunächst betrachten wir in diesem Kapitel den **Nutzen** eines konsequenten Planungsmanagements.

A] Zeitgewinn durch Planung?

Vielleicht fragen Sie sich nun: Sind die Aufgaben nicht automatisch definiert, wenn ich bereits detaillierte Ziele formuliert habe? Verschwende ich mit der weiteren Planung nicht wertvolle Zeit? Die Antwort ist ein klares Nein! Erst bei der Planung wird ein Vorhaben vollständig durchdacht, und erst dann zeigen sich die Hindernisse (oder zumindest einige davon), die auf dem Weg zum Ziel überwunden werden müssen. Eine sorgfältige Planung vergrössert den gesamten Zeitaufwand also nicht, sondern verringert ihn in den meisten Fällen.

Abb. 7-3 veranschaulicht, dass der zeitliche Mehraufwand der Planung eine effizientere Ausführung bewirkt und sich dadurch insgesamt Zeit gewinnen lässt.

Abb. [7-3]   Zeitgewinn durch Planung

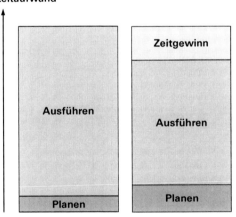

In der Regel brauchen Sie für die **Planung** nicht viel Zeit einzusetzen: Etwa **ein Prozent des zu planenden Zeitraums** (Jahr, Monat, Woche oder Tag) sollte genügen. Für die Tagesplanung heisst dies: rund 10 Minuten.

Bei der Zeitplanung kommt das **ökonomische Prinzip** zum Tragen, das jeder Form des Wirtschaftens zugrunde liegt und Folgendes besagt:

- Mit vorhandenen Mitteln (d. h. Zeit) soll ein maximales Ergebnis erzielt werden. Man nennt dies das **Maximumprinzip.**
- Ein gewünschtes Ergebnis soll mit einem minimalen Einsatz an Mitteln (d. h. Zeit) erreicht werden. In diesem Zusammenhang spricht man vom **Minimumprinzip.**

Betrachten wir das ökonomische Prinzip an einem konkreten Beispiel der Zeitplanung.

Daniel Gwerder hat von der Unternehmensleitung den Auftrag erhalten, ein Grobkonzept für die firmeninterne Anwenderschulung einer neuen Softwarelösung zu erstellen:

- Nach dem **Maximumprinzip** setzt Daniel Gwerder eine bestimmte Anzahl von Arbeitsstunden ein, in denen er ein möglichst ausgefeiltes Schulungs-Grobkonzept erstellen will, das alle relevanten organisatorischen, inhaltlichen und finanziellen Fragen beantwortet.
- Nach dem **Minimumprinzip** setzt Daniel Gwerder so wenig Zeit wie möglich ein, um ein Schulungs-Grobkonzept zu erstellen, das die Ansprüche des Auftraggebers befriedigt.

Ob Sie das Maximum- oder das Minimumprinzip bei Ihrer Zeitplanung einsetzen sollen, hängt vom Stellenwert der jeweiligen Aufgabe ab.

B] Planen statt Handeln?

Gründliche Planung braucht Zeit, und diese Zeit sollten Sie sich auch nehmen. Aber die Planung darf nicht zur Entschuldigung dafür werden, dass man die selbst gestellten Aufgaben nicht angeht. Vor lauter Planen das Handeln zu vernachlässigen, hat vor allem zwei Ursachen: **Widerstand** gegen das Anpacken oder die **Ablehnung** des betreffenden Ziels.

Wer zu einer übergründlichen Planung neigt, schiebt dadurch die Aufgaben vor sich her, statt sie anzugehen. Dies bedeutet genauso eine **Zeitverschwendung,** wie wenn man zu wenig plant.

Wenn man nicht wirklich hinter dem angestrebten Ziel steht, tendiert man ebenfalls zu einer «Überplanung». Hier sind selbstkritische Fragen angebrachter: Will ich dieses Ziel wirklich erreichen? Welchen Nutzen habe ich, wenn ich dieses Ziel erreiche? – Oft vermag die Nutzenfrage von neuem zu motivieren; falls nicht, sollte man ehrlich zu sich selber sein, das Ziel **aus dem Zielkatalog streichen** und gegebenenfalls die Konsequenzen daraus tragen. Wenn ein Ziel nur pro forma existiert und letztlich nie erreicht wird, sind Konflikte sowieso vorprogrammiert. Erschwerend kommt hinzu, dass ein nicht erreichtes Ziel demotiviert. Deshalb: Trennen Sie sich frühzeitig von «falschen» Zielen.

C] Planungshorizont berücksichtigen

Für die Planung gilt derselbe Grundsatz wie für Zielsetzungen: Einen kleinen Schritt sofort zu machen, bringt oft mehr, als sich grosse Schritte für die Zukunft vorzunehmen!

Die Zeitplanung orientiert sich an den **Zielmanagement-Ebenen.** Genauso wie bei den Zielen geht es darum, eine Gesamtaufgabe schrittweise in Teilaufgaben zu gliedern und deren Umsetzung in den dafür angemessenen Zeiträumen vorzusehen. Mittel- und langfristige Ziele brauchen demzufolge eine mittel- und langfristige Planung über ein Jahr bis mehrere Jahre hinweg, während für kurzfristige Ziele ein Planungshorizont von einigen Wochen bis Monaten nicht überschritten werden darf. Die konkrete Umsetzung der laufenden Ziele erfordert Tages- oder Wochenpläne.

Alle diese Pläne beruhen auf den für den entsprechenden Zeitraum definierten Zielen und enthalten die entsprechenden Massnahmen, Aufgaben oder Aktivitäten. Dabei gilt: **Je näher** der Planungshorizont, **desto detaillierter** müssen die Aktivitäten geplant werden.

Während es für die langfristige und meist auch für die mittelfristige Planung sinnvoll ist, die Massnahmenpläne als **Listen** zu führen, ist es für die kurzfristige und die laufende Planung weit übersichtlicher, mit einem manuellen oder elektronischen **Planungsinstrument** zu arbeiten. Es zeigt die terminierten Aufgaben und Aktivitäten als Monats-, Wochen- oder Tagespläne an.

D] Termine setzen

Bei der Planung müssen Sie stets **verbindliche Termine** setzen. Halten Sie fest, bis wann eine bestimmte Aufgabe erledigt sein muss, oder fragen Sie bei Ihrem Auftraggeber den erforderlichen Erledigungstermin nach.

Verbannen Sie vage oder undefinierte Angaben, wie z. B. «möglichst schnell» oder «gelegentlich» aus Ihrem Planungswortschatz. Besonders, wenn Dritte davon betroffen sind, führen nicht genau definierte Termine oft zu Missverständnissen und unnötigem Ärger.

Beispiel	Patrick Stadelmann liefert den Quartalsbericht wie von ihm geplant am Freitagabend der Finanzchefin ab. Anstatt eines Lobes erhält er dafür eine Rüge: «Sagte ich Ihnen nicht: so schnell wie möglich? Ich habe Ihren Bericht eigentlich schon anfangs dieser Woche erwartet!»

E] Schriftlich planen

Die Planung erfüllt keinen Selbstzweck, sondern Sie legen darin die für die Zielerreichung notwendigen Massnahmen verbindlich fest. Verschiedene Argumente sprechen dafür, immer schriftlich zu planen:

- **Verbindlichkeit schaffen:** Was Sie schriftlich festhalten, ist eine Art «Vertrag mit sich selber». Pläne, die Sie bloss «im Kopf» haben, werden Sie leichter über Bord werfen oder Teile davon ausblenden bzw. vergessen.
- **Denkkapazitäten richtig nutzen:** Indem Sie die Planung schriftlich festhalten, «speichern» Sie Ihre Gedanken sozusagen auf Papier. Sie entlasten damit Ihr Gedächtnis und können sich auf das Wesentliche konzentrieren, nämlich auf die Erledigung der geplanten Aufgaben.
- **Selbstmotivation fördern:** Hinter die soeben erledigte Aufgabe ein Häkchen zu setzen, wirkt motivierend, denn mit jedem Häkchen nähern Sie sich dem angestrebten Ziel. Es ist ein Erfolgserlebnis, sich am Schluss des Tages die Liste der erledigten Aufgaben vor Augen zu führen.

7.1.3 Tagesplanung mit der ALPEN-Methode

Wenn man mit Zeitplänen zu arbeiten beginnt, empfiehlt sich die Planung jedes einzelnen Tages. Aus folgenden Gründen:

- Der Tag ist die kleinste und am besten überschaubare Einheit der Zeitplanung.
- Wer seine Tagesabläufe nicht im Griff hat, wird auch längere Perioden, wie Wochen- oder Monatspläne, nicht einhalten können.
- Man kann jeden Tag neu beginnen, wenn ein Tag nicht erfolgreich gelaufen ist.

Für die Tagesplanung ist die ALPEN-Methode bekannt geworden. Ihr Name rührt von den Anfangsbuchstaben der insgesamt fünf Elemente her, die zu berücksichtigen sind.

Abb. [7-4]   Die ALPEN-Methode

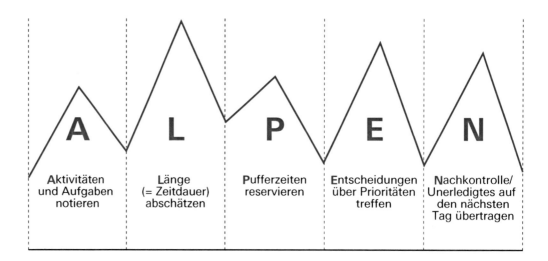

| Aktivitäten und Aufgaben notieren | Länge (= Zeitdauer) abschätzen | Pufferzeiten reservieren | Entscheidungen über Prioritäten treffen | Nachkontrolle/ Unerledigtes auf den nächsten Tag übertragen |

A] Aktivitäten und Aufgaben notieren

Listen Sie sämtliche Aktivitäten auf, die Sie heute erledigen müssen:

- Alle geplanten Aktivitäten oder Aufgaben sowie fixen Termine
- Unerledigtes vom Vortag oder neu hinzukommende Aufgaben
- Vorgesehene Telefonate, Besprechungen

Bei den meisten manuellen oder elektronischen Planungsinstrumenten ist im Formular für die Tagesplanung eine solche **Aufgaben- oder Aktivitätenliste** integriert.

B] Länge abschätzen

Erfahrungsgemäss wird die für die Erledigung von Aufgaben benötigte Gesamtzeit vielfach unterschätzt, was zu Frustrationen und einer Abneigung gegenüber einer sorgfältigen Tagesplanung führt. Andererseits arbeitet man bei ehrgeizigen zeitlichen Vorgaben in der Regel konzentrierter und konsequenter auf das Ziel gerichtet, als wenn man übermässig Zeit zur Verfügung hat.

Aus diesem Grund gilt es, die folgenden beiden Punkte bei der zeitlichen Aufwandschätzung zu beachten:

- Gehen Sie von eigenen Erfahrungswerten aus, und kalkulieren Sie realistische zeitliche Vorgaben.
- Halten Sie die geplanten zeitlichen Vorgaben konsequent ein.

C] Pufferzeiten reservieren

Ihre Planung kann noch so sorgfältig sein: Unvorhergesehene Ereignisse treffen ein und verändern die Zeitplanung. Als **Unvorhergesehenes** gelten zum einen die unerwarteten, nicht planbaren Aktivitäten und zum anderen alle spontanen sozialen Aktivitäten, wie z. B. eine kurze Besprechung mit einem Mitarbeiter, das verlängerte Mittagessen mit der Kollegin usw.

Damit solche unvermittelten Änderungen nicht dazu führen, dass der gesamte Zeitplan ins Wanken kommt, ist es sehr wichtig, im Voraus genügend Pufferzeiten einzuplanen.

Als **Faustregel** gilt: Nur 60 % der verfügbaren Zeit verplanen und 40 % für Unvorhergesehenes freihalten!

- Reservieren Sie genügend Pufferzeit für Unvorhergesehenes.
- Verplanen Sie bei einem Arbeitstag von total neun Stunden nicht mehr als ca. 5 1/2 Stunden.

Abb. [7-5] Tagesplan mit Pufferzeiten

D] Entscheidungen über Prioritäten treffen

Streichen Sie Ihren Aufgabenkatalog auf ein **realistisches Mass** zusammen:

- Setzen Sie innerhalb der heute anfallenden Aufgaben klare Prioritäten.
- Nehmen Sie sich nur das vor, was Sie heute auch tatsächlich erledigen können, und konzentrieren Sie sich dabei auf die prioritären Aufgaben.

E] Nachkontrolle / Unerledigtes auf den nächsten Tag übertragen

Trotz Pufferzeiten und eines konsequenten Zeitmanagements werden Sie nicht immer alle Tagesaktivitäten wie geplant durchführen können. Es bleiben einige **Pendenzen** übrig. Kontrollieren Sie deshalb Ihren Tagesplan jeweils am Tagesende, und legen Sie Rechenschaft über das Erreichte ab. Fragen Sie sich:

- Was blieb unerledigt und warum?
- Welche Konsequenzen ergeben sich für die Planung des nächsten Tages?

Falls Sie bei Tagesende feststellen, dass Sie eine geplante Aktivität bereits **zum wiederholten Mal verschoben** haben, wählen Sie für die weitere Planung zwischen den folgenden zwei Möglichkeiten:

- Sie erledigen diese Aufgabe ein für alle Mal am nächsten Tag, oder
- Sie streichen diese Aufgabe aus Ihrer Tagesplanung, da sie offenbar zu wenig wichtig ist.

7.1.4 Typische Zeitfallen

Einer der häufigsten Aussagen in Unternehmen, aber auch im Privatleben, lautet: «Ich habe keine Zeit!» Dieses Problem liegt oftmals nicht an der mangelnden Zeit, sondern an den davon betroffenen Personen selber: Sie steuern nicht ihre Zeit, sondern tappen immer wieder in dieselben Zeitfallen.

In den folgenden Abschnitten finden Sie einige solcher typischen Zeitfallen.

A] Zeitpläne vollpacken

Bereits bei der Tagesplanung mit der ALPEN-Methode wurde dies angesprochen: **Unvorhergesehene Ereignisse** treffen immer wieder ein und werfen unter Umständen die Zeitplanung über den Haufen.

Beispiel	Ralph Wagnière hat den morgigen Tag für die Vorbereitung der Zielvereinbarungsgespräche mit seinen Mitarbeitenden blockiert. Sein Chef teilt ihm nun mit, dass morgen um 10.30 Uhr eine ausserordentliche Sitzung stattfinde, an der die Integration der kürzlich übernommenen Firma besprochen würde. Anschliessend sei ein gemeinsames Mittagessen mit dem Delegierten des Verwaltungsrats geplant. – Ralph Wagnière muss an beiden Anlässen teilnehmen; ihm bleibt deshalb nichts anderes übrig, als einen Teil der für morgen vorgesehenen Aufgaben zu verschieben.

Wer nicht bereits im Voraus genügend Reserven in seine Planung einberechnet, gerät angesichts solch unvorhergesehener Ereignisse schnell unter Zeitdruck. Wie Sie wissen, gelten 40% **Pufferzeiten** als Faustregel für die umsichtige Tagesplanung.

Erachten Sie diesen Anteil als (zu) hoch? Dann erfassen Sie während einiger Tage alle Ihre Tätigkeiten. Sollte sich dabei herausstellen, dass Sie geringere Zeitreserven für Unvorhergesehenes benötigen, können Sie die zu berücksichtigenden Pufferzeiten selbstverständlich aufgrund Ihrer Erfahrungswerte anpassen.

B] Sich ablenken lassen

Ob durch einen unangemeldeten Besuch, durch Anrufe, durch ein Gespräch unter Kolleginnen über private Angelegenheiten oder weil das neueste Firmengerücht herumgeboten wird: Wer sich ablenken lässt, scheitert möglicherweise an der rechtzeitigen Erledigung seiner Aufgabe. Deshalb: Lehnen Sie **unnötige Störungen** entschlossen ab.

«Können wir das später besprechen? Ich rufe um 14 Uhr zurück, denn ich bin gerade sehr beschäftigt.» Das muss nicht unfreundlich wirken und wird vom Gegenüber in den allermeisten Fällen auch verstanden. Nach einer Ablenkung, die sich nicht vermeiden liess, kehren Sie wieder zu jener Tätigkeit zurück, mit der Sie zuvor noch beschäftigt waren. Schliessen Sie diese ab, bevor Sie sich einer neuen Pendenz zuwenden.

C] Pendenzen aufschieben

Manche Menschen neigen dazu, Aufgaben vor sich her zu schieben, statt sie anzugehen. Die «Aufschieberitis» ist ein weit verbreiteter Zeitdieb. Bloss: Den Kopf in den Sand zu stecken, ändert gar nichts an den unangenehmen und belastenden, jedoch notwendigen Aufgaben.

Wenn Sie z. B. eine schwierige Aufgabe vor sich haben und sich mental bewusst darauf einstellen, werden Sie weit weniger gestresst sein. Entscheiden Sie gleich, was mit neu anfallenden Pendenzen zu tun ist. Lassen Sie nicht erst einen grossen Papierberg mit ungeregelten Vorgängen anwachsen. Schieben Sie auch umfangreiche und zeitintensive Aufgaben nicht vor sich her, sondern beginnen Sie zügig mit deren Erledigung.

D] Nicht «nein» sagen

Vielen stressgeplagten Menschen fällt es schwer, «nein» zu sagen und die Erledigung einer Aufgabe oder eine Einladung abzulehnen. Entweder setzen sie **falsche Prioritäten,** oder sie wollen bestimmte Aufgaben **nicht delegieren.** Die Umwelt nutzt dies aus: Menschen, die nicht nein sagen können, arbeiten viel für andere, die besser nein sagen können!

Die Unfähigkeit, nein zu sagen, hat meist **persönliche Gründe**: Man fürchtet sich vor einer Ablehnung oder will sich bei anderen durch den Sondereinsatz beliebt machen u. Ä. Mit dem Ratschlag «Sagen Sie von nun an nein» werden deshalb die meisten nicht viel anfangen können. Vielmehr gilt es, solche störenden Verhaltensmuster selber zu erkennen, sie schrittweise zu durchbrechen und das Neinsagen zu erproben.

E] Mangelnde Organisation

Wer schlecht organisiert ist, viel Zeit damit verbringt, verlegte Gegenstände oder Unterlagen zu suchen, keine Ordnung hält und vor Arbeitsbeginn zunächst das Chaos glätten muss, hat schon unnötig sehr viel Zeit verloren.

Eine wesentliche Voraussetzung für mehr Übersicht ist **Ordnung am Arbeitsplatz** zu halten: Vom passenden Ablagesystem für Computerdateien und Dokumente über einen «leeren Tisch», sodass man sich jeweils nur mit einer Arbeit befasst, bis zum Einsatz eines Zeitplanungssystems gibt es eine Vielzahl ordnungsstiftender Massnahmen.

F] Zu viele Routineaufgaben

Ein grosses Problem stellen die Routineaufgaben dar, die in regelmässig wiederkehrenden Zeitabständen erledigt werden müssen und viel Zeit beanspruchen. Im Nachhinein stellt sich heraus, dass diese Arbeiten gar nicht nötig sind oder andere erledigen könnten.

G] Operative Hektik verursachen

Nicht selten geraten wir bei der Erledigung von Aufgaben und Pflichten in eine Zeitnot, die wir mit einer **unrealistischen Planung** selbst verursacht haben. Viele ansonsten gut organisierte Menschen verlieren besonders in solchen Stressmomenten den Überblick und nehmen dann wahllos verschiedene Aufgaben gleichzeitig in Angriff. In dieser operativen Hektik verschwenden wir unnötigerweise viel Zeit.

H] Unrealistische Erwartungen an die Veränderungsfähigkeit

Vielleicht denken Sie jetzt: «Wie man es richtig machen müsste, das wissen wir alle. – Gesagt ist aber noch lange nicht getan!» Tatsächlich stossen wir an **Grenzen**, wenn wir unser Verhalten und Denken zu verändern versuchen.

Angeborene und **erlernte «Muster»** steuern unsere Denkweise, unsere Emotionen und Verhaltensweisen, auch gegen unseren eigentlichen Willen, unsere Absicht und gegen unsere Interessen. Viele Zeitfallen sind solche Muster, denen wir unbeabsichtigt immer wieder folgen. Im Erwachsenenalter haben wir bestimmte Persönlichkeitseigenschaften, Bedürfnisse, Neigungen und Gesinnungen bereits so stark verankert, dass wir sie kaum mehr verändern können.

Weniger schwer fällt uns, unsere Überzeugungen und unserer Einstellung zu verändern. Und neues Wissen und bestimmte Fertigkeiten können wir uns während des ganzen Lebens aneignen, sofern wir dazu die nötige Einsicht und Selbsterkenntnis haben.

Im Umgang mit Zeitfallen ist es daher wichtig, dass Sie **realistische Erwartungen** an Ihre **Veränderungsfähigkeit** haben. Versuchen Sie nicht, grundlegende Eigenschaften Ihrer Persönlichkeit zu verändern und gegen Ihre eigene «Natur» anzukämpfen.

Beispiel

Nora Rosic ist eine spontane, begeisterungsfähige Person. Sie leistet sehr viel, doch fällt es ihr schwer, Prioritäten zu setzen und sich auf eine einzige Aufgabe zu konzentrieren. Auf andere wirkt ihre Arbeitsweise deshalb eher chaotisch.

Allen Bemühungen zum Trotz wird es Nora Rosic kaum schaffen, eine introvertiertere Person zu werden, die ihre Aufgaben künftig strukturiert anpackt. Sie kann jedoch ihre Arbeitsmethodik verbessern, indem sie z. B. eine bessere Tagesplanung einübt und die zu erledigenden Aufgaben konsequent nachführt.

7.2 Entscheiden = Prioritäten setzen

Eines der Hauptprobleme der heutigen Arbeitsprozesse ist der ständige Versuch, zu viel auf einmal zu tun. Wir laufen dadurch Gefahr, uns in einzelnen Aufgaben zu verzetteln, um abends frustriert zu erkennen, dass man zwar viel gearbeitet hat, aber wichtige Aufgaben trotzdem nicht erledigen konnte. Es bleibt nichts anderes übrig, als zusätzliche Überstunden zu leisten oder diese Pendenzen auf den nächsten Tag zu verschieben.

Beispiel

Vera Ruf glaubt, ihre Pendenzen im Griff zu haben, und zwar auf folgende Weise: «Eigentlich ist es ganz einfach: Im Voraus entscheide ich, welche Aufgabe welche Priorität haben soll; die einzelnen Aufgaben erledige ich dann konsequent nacheinander. Ich kümmere mich nicht um verschiedene Sachen gleichzeitig, sondern konzentriere mich wenn möglich nur um eine einzige.»

Der nächste Schritt im Management-Regelkreis ist das Entscheiden, denn häufig ist die Zeit, die tatsächlich zur Verfügung steht, geringer als die Zeit, die eigentlich zur Erledigung aller Aufgaben benötigt wird. **Prioritäten setzen** bedeutet die folgenden Entscheidungen zu fällen:

- Welcher **Perfektionsgrad** soll erreicht werden?
- **Welche** Aufgaben sollen verwirklicht werden?
- In welcher **Reihenfolge** sollen die Aufgaben angegangen werden?

Sie müssen diese Entscheidungen nicht «aus dem hohlen Bauch heraus» treffen. Es gibt Methoden, die die Entscheidungsfindung systematisieren und dadurch erleichtern. Das **Pareto-Prinzip** sensibilisiert für den Perfektionsanspruch. Bei der Frage, welche Aufgaben zu erledigen sind, hilft die **ABC-Analyse** weiter. Die Reihenfolge, in der die Aufgaben angegangen werden sollen, lässt sich mithilfe des **Eisenhower-Prinzips** festlegen.

7.2.1 Pareto-Prinzip

Das Pareto-Prinzip erleichtert die Prioritätensetzung. Es geht zurück auf den französisch-italienischen Volkswirtschaftler und Soziologen Vilfredo Pareto (1848 – 1923), der Ende des 19. Jahrhunderts herausfand, dass 20 Prozent der Bevölkerung Italiens 80 Prozent des Volksvermögens besassen.

Das **Verhältnis 20 : 80** taucht auch ausserhalb der Volkswirtschaftslehre in vielen Bereichen auf. So stellen beispielsweise Unternehmen fest, dass 20 Prozent ihrer Kunden 80 Prozent des Umsatzes machen oder dass auf 20 Prozent der Lagerartikel 80 Prozent des Lagerwerts entfallen. Bezogen auf das Zeitmanagement sagt das Pareto-Prinzip Folgendes aus: In 20 Prozent der aufgewandten Zeit werden 80 Prozent der Ergebnisse erreicht. Umgekehrt gilt: In den übrigen 80 Prozent der Zeit werden nur 20 Prozent der Ergebnisse erreicht. Abb. 7-6 verdeutlicht diese Relationen.

Abb. [7-6]   Pareto-Prinzip, bezogen auf die Zeit

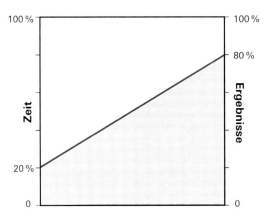

Das folgende Beispiel soll veranschaulichen, wie sich das Verhältnis 20 : 80 auf das Zeitmanagement im Arbeitsalltag auswirken kann.

Beispiel

Urs Ryffel schreibt ein Sitzungsprotokoll für den firmeninternen Gebrauch. Er sieht seine Notizen durch und verfasst ein knappes Protokoll, das die behandelten Themen, die gefällten Entscheidungen und Termine enthält. Dazu benötigt er rund eine halbe Stunde.

Nach dem Ausdrucken des Protokolls stellt Urs Ryffel fest, dass er alle inhaltlichen Punkte korrekt wiedergegeben hat, jedoch die Seitenaufteilung nicht optimal ist und dass er Kursiv- und Fettschrift sowie Abstände vor und nach Absätzen uneinheitlich verwendet hat. Zudem könnte man den einen oder anderen Satz noch umformulieren. – Die nächsten zwei Stunden verbringt Urs Ryffel damit, das Protokoll formal zu optimieren, ohne es inhaltlich zu verbessern.

Um seine Protokollaufgabe zu 100 % zu erfüllen, benötigt Urs Ryffel also insgesamt zweieinhalb Stunden. Nach einer halben Stunde, d. h. nach 20 % der Gesamtzeit, hatte er jedoch schon die wichtigsten 80 % der Aufgabe erledigt: Die wesentlichen Themen und Entscheidungen der Sitzung waren zusammengefasst. Bei Anwendung des Pareto-Prinzips hätte er an diesem Punkt aufgehört. Das Protokoll wäre zwar optisch und (möglicherweise) sprachlich nicht perfekt gewesen, hätte für den internen Gebrauch seinen Zweck jedoch vollkommen erfüllt. Urs Ryffel hätte sich während der zwei Stunden anderen Aufgaben zuwenden können.

Natürlich ist das ein konstruiertes Beispiel, aber hat der Drang nach Perfektion Sie nicht auch schon die eine oder andere Stunde Ihrer (Arbeits-) Zeit gekostet?

7.2.2   ABC-Analyse

Der ABC-Analyse liegt die Überlegung zugrunde, dass verschiedene Aufgaben einen unterschiedlichen Stellenwert haben: Um die jeweiligen Ziele zu erreichen, müssen einige Aufgaben unbedingt erfüllt werden; manche sollten erfüllt werden; andere können erfüllt werden, sind letztlich aber nicht entscheidend.

Um Prioritäten setzen zu können, brauchen wir vorerst Klarheit darüber, welche **Aufgaben wichtig** und welche **weniger wichtig** oder gar **unwichtig** sind. Die Buchstaben A, B und C bei der ABC-Analyse stehen für diese drei Wichtigkeitsstufen der verschiedenen Aufgaben. Die Erledigung der anfallenden Aufgaben richtet sich demnach nach deren Wichtigkeit.

Abb. [7-7]   ABC-Aufgaben

	Erklärung
A-Aufgabe	• Diese Aufgaben müssen **unbedingt** erfüllt werden. • **Nur Sie** können diese Aufgaben erledigen. • Diese Aufgaben müssen Sie **dringend** erledigen; eine Verschiebung ist nicht möglich oder hätte nachteilige Wirkungen. A-Aufgaben müssen Sie deshalb sofort in Angriff nehmen.
B-Aufgabe	• Diese Aufgaben sind **durchschnittlich wichtig.** • Sie können diese Aufgaben teilweise oder ganz **delegieren.** • Sie können diese Aufgaben für eine spätere Erledigung **terminieren.** B-Aufgaben müssen Sie deshalb terminieren oder delegieren.
C-Aufgabe	• Diese Aufgaben sind **nicht wichtig oder** zeitlich **nicht dringend**, führen jedoch zu einer Menge Arbeit: Routine- oder administrative Arbeiten, Papierkram, Ablegen usw. • Wenn Sie diese Aufgaben selber erledigen, sind **Terminverschiebungen** möglich. • Sie können diese Aufgaben **delegieren.** C-Aufgaben müssen Sie deshalb zuletzt erledigen oder delegieren.

Beispiel

Innerhalb von drei für heute terminierten Aufgaben entscheidet Rebekka Cohn folgendermassen:

• **A-Aufgabe:** Das Lohnkostenbudget für das kommende Quartal erstellen.
• **B-Aufgabe:** Einen Termin mit dem Personalchef vereinbaren, um das neue Mitarbeiterbeurteilungssystem und mögliche Verbesserungsmassnahmen zu besprechen.
• **C-Aufgabe:** Mit einem Lieferanten die Produktneuheiten besprechen.

Wenn klar ist, dass man in einem bestimmten Zeitraum nicht alle Aufgaben erfüllen bzw. nicht alle Termine wahrnehmen kann, sollte man also die **A-Aufgaben zuerst** erledigen, danach die B-Aufgaben angehen und sich **zuletzt die C-Aufgaben** vornehmen. Häufig lassen sich die C-Aufgaben jedoch auch delegieren, also Dritte mit der Erledigung dieser Aufgaben betrauen.

Nun ist die Einteilung in A-, B- und C-Aufgaben nicht immer so einfach wie in unserem Beispiel. Wenn Sie Zweifel haben, welchen Stellenwert eine Aufgabe hat, helfen die folgenden Fragen weiter:

• Welche Aufgaben tragen zum Erreichen meiner **wichtigsten Ziele** bei?
• Welche Aufgaben haben die **stärksten Auswirkungen** auf andere Aufgaben, müssen z. B. erledigt sein, bevor andere angegangen werden können?
• Was passiert, wenn ich diese Aufgabe nicht erledige? bzw.: Mit der **Nicht-Erledigung** welcher Aufgaben handle ich mir den meisten Ärger ein?
• Durch das Erledigen welcher Aufgaben erziele ich die **grösste Anerkennung** bzw. den grössten persönlichen Nutzen?

Auf der Basis dieser Fragen können Sie Ihre Aufgaben in eine **Rangfolge** bringen. Oben auf der Liste stehen die A-Aufgaben, es folgen die B-Aufgaben und am Schluss finden sich die C-Aufgaben. Erfahrungsgemäss sind 15 Prozent aller anstehenden Aufgaben A-Aufgaben, 20 Prozent sind B-Aufgaben und 65 Prozent sind C-Aufgaben. Allerdings ist der Beitrag der vergleichsweise wenigen A-Aufgaben zur Zielerreichung sehr viel grösser als jener der vielen C-Aufgaben.

Als **Faustregel für die Zeitplanung** gilt deshalb:

• für die A-Aufgaben rund 65 Prozent,
• für die B-Aufgaben rund 20 Prozent und
• für die C-Aufgaben rund 15 Prozent der Arbeitszeit einsetzen.

Überrascht es Sie, dass die C-Aufgaben einen so grossen Anteil haben, bzw. dass die wirklich entscheidenden Aufgaben (A-Aufgaben) nur 15 Prozent ausmachen? Analysieren Sie anhand Ihrer Zeitplanung, wie die Gewichtung Ihrer Aufgaben aussieht.

7.2.3 Eisenhower-Prinzip

Während bei der ABC-Analyse die Konsequenzen der Erledigung bzw. Nicht-Erledigung das Kriterium ist, nach dem Aufgaben eingeteilt werden, erfolgt die Prioritätensetzung beim Eisenhower-Prinzip nach den Kriterien **Wichtigkeit** und **Dringlichkeit**. Diese Kriterien werden zum Massstab gemacht, weil im Alltag häufig dringende Aufgaben grossen Druck verursachen, selbst wenn sie weniger wichtig sind. Um in der Flut der dringenden Aufgaben die wichtigen nicht zu vernachlässigen, wurde ein Koordinatenkreuz entwickelt, das nach dem amerikanischen General und späteren Präsidenten der Vereinigten Staaten Dwight D. Eisenhower (1890–1969) benannt ist.

Abb. [7-8]   Entscheidungsraster des Eisenhower-Prinzips

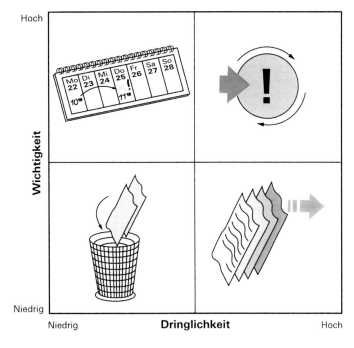

Je nach Dringlichkeit und Wichtigkeit einer Aufgabe gibt es **vier Möglichkeiten** der Bewertung und auch der Reihenfolge bei der Erledigung:

Aufgaben, die **wenig dringlich und wenig wichtig** sind, befinden sich im Quadranten **links unten.** Sie werden durch den **Papierkorb** symbolisiert, um klarzumachen: Ignorieren Sie solche (unnötigen) Aufgaben! Denn die Praxis zeigt ein anderes Bild: Besonders überlastete Mitarbeitende neigen dazu, sich mit solchen Aufgaben zu befassen, anstatt sich auf die übrigen zu konzentrieren.

Aufgaben, die **dringend, aber wenig wichtig** sind, sind im Quadranten **rechts unten** angesiedelt. Besonders bei diesen Aufgaben besteht die Gefahr, dass man sich dem Druck des Dringenden beugt und sie selber erledigt, weil sie so dringend sind. Meist lassen sich diese Aufgaben aber problemlos **delegieren,** d. h. anderen zur Erledigung übertragen.

Aufgaben, die **wichtig, aber (noch) nicht dringend** sind, befinden sich im Quadranten **links oben.** Sie werden terminiert, d. h., ihre Erledigung wird für einen **späteren Zeitpunkt** fest eingeplant. Prüfen Sie ebenfalls, ob Sie eine solche Aufgabe nicht besser ganz oder teilweise delegieren könnten.

Damit bleibt der Quadrant **rechts oben** übrig. Hier finden sich Aufgaben, die **wichtig und dringend** sind. Diese Aufgaben sollten Sie **sofort selbst erledigen.**

Beispiel

Vera Ruf hat die Aktivitäten von heute aufgelistet:

- MV (Mitarbeiter) zum 33. Geburtstag gratulieren
- Protokoll der letzten Projektsitzung kontrollieren, Feedback an TZ
- Protokoll an Projektteam verschicken
- Besprechung mit AK betr. Projektbudgeteinsparungen
- Allgemeiner Newsletter der XY AG lesen
- Flugzeiten und -preise für Businessflug nach London abklären
- Feedback an CG betr. Sitzungstraktanden
- Angebot des Computerherstellers A prüfen
- Recherche für ein Tschechisch-Übersetzungsbüro und Offerten prüfen
- Einladung «Tag der offenen Tür» des Lieferanten B

Sie teilt diese Aktivitäten nach dem Eisenhower-Prinzip folgendermassen ein:

	Nicht dringlich	Dringlich
Wichtig	Planen	Sofort erledigen
	Bespr. AK betr. Projektbudget-einsparungen	MV zum 33. Geburtstag gratulieren
	Feedback an CG betr. Sitzungs-traktanden	Protokoll der letzten Projektsitzung kontrollieren; Feedback und Versand-auftrag an TZ
	Recherche Übersetzungsbüro (= Erstabklärungen an TZ delegieren)	
Unwichtig	Sofort wegwerfen / Papierkorb	Delegieren oder später erledigen
	Allg. Newsletter XY AG	Protokoll an Projektteam verschicken (= an TZ delegieren)
	Angebot von A	Flugzeiten und -preise nach London abklären (= an Reisebüro delegieren)
	Einladung «Tag der offenen Tür» B	

7.3 Umsetzen

Nachdem Ziele gesetzt, Pläne erstellt und Prioritäten festgelegt sind, geht es im nächsten Schritt des Zeitmanagements an die Durchführung. In der Praxis zeigt sich an diesem Punkt, ob sich Ihre Vorhaben so umsetzen lassen, wie Sie es sich vorgestellt haben.

7.3.1 Kommunizieren

Viele Führungskräfte widmen ihre Arbeitszeit hauptsächlich der Kommunikation, ob in Form von Einzel- oder Teambesprechungen, von Sitzungen, Telefongesprächen, Brief- oder Mail-korrespondenz oder beim Lesen von Dokumenten. Ein erfolgreiches Zeitmanagement bedeutet für sie, den umfangreichen Aufgabenblock «Kommunikation» realistisch einzuschätzen, zu planen, effizient zu organisieren und wirkungsvoll umzusetzen.

Die Problematik des Kommunikations-Zeitmanagements verdeutlichen zwei gegensätzliche Sprichwörter:

- «Was ich nicht weiss, macht mich nicht heiss!»
- «Wissen ist Macht!»

Beide sprechen wichtige Aspekte an: Zum einen geht es oftmals nicht um zu wenige, sondern – im Gegenteil – um zu viele Informationen, die uns beschäftigen und somit unsere Zeit unnötig beanspruchen. Zum anderen muss jede verantwortungsvolle Führungskraft den Nutzen der einzelnen Informationen richtig einschätzen können: Welche Informationen brauche ich oder brauchen meine Mitarbeitenden unbedingt?

A] Informationsmanagement

Wir werden täglich von Informationen überschwemmt: von Fernseh-, Radio- und Zeitungsberichten, aus Briefen, Mails, Newsletters, Broschüren, durch Telefonanrufe, während Sitzungen, Besprechungen, Präsentationen usw. Eine entscheidende Rolle spielt dabei nicht nur die **Menge**, sondern auch die **Qualität** der angebotenen Informationen. Die Frage nach dem **Nutzen** der einzelnen Informationen ist zugleich eine Frage des Zeitmanagements: Inwiefern nützt mir diese Information, und wie viel Zeit kostet sie mich?

Das Ziel eines optimal funktionierenden Informationsmanagements im Unternehmen ist es, den einzelnen Mitarbeitenden die für die Erfüllung ihrer Aufgaben notwendigen Informationen in der geeigneten Form, am gewünschten Ort und zur richtigen Zeit zur Verfügung zu stellen. Informationen müssen folglich:

- richtig und genau sein,
- beim Empfänger wirksam sein – er bekommt, was er braucht,
- rationell gesammelt, gespeichert und übermittelt werden,
- rechtzeitig erfolgen – nicht zu früh und nicht zu spät,
- die richtigen Empfänger erreichen – nur jene, die sie brauchen,
- für den Empfänger verständlich und im richtigen Umfang aufbereitet sein.

B] Sitzungsmanagement

Ein oft gehörter Satz: «Also, ich möchte lieber nicht wissen, wie viele Stunden ich alleine in diesem Jahr schon an unnützen, unproduktiven Sitzungen verbracht habe!»

Geht es Ihnen auch so? Denn tatsächlich stellen viele Fach- und Führungskräfte fest, dass ihnen Teamsitzungen unnötig viel Zeit rauben. Dies liegt hauptsächlich an der ungenügenden Vorbereitung oder Leitung, d. h. an einem **schlechten Sitzungsmanagement**. Damit Ihnen das nicht passiert, beachten Sie die folgenden Punkte, wenn Sie einen solchen Anlass planen:

Abb. [7-9] Sitzungsplanung

Zu beachten	Erklärungen
Warum? Notwendigkeit prüfen	Die Schlüsselfrage jeder Vorbereitung lautet: «Braucht es diese Sitzung?» In vielen Fällen ist nämlich eine andere Kommunikationsform ebenso sinnvoll oder gar effizienter, wie z. B. der schriftliche, gegenseitige Austausch per Mail, die Mitteilung per Brief oder via Intranet, das Einberufen einer Telefonkonferenz usw.
Wozu? Ziel klären	Sie müssen wissen, ob in der Sitzung - informiert, - ein Problem gelöst oder - eine Entscheidung getroffen werden soll, und die Teilnehmenden über das Sitzungsziel informieren. Werden Sie zu einer Sitzung eingeladen, deren Ziel unklar ist, fragen Sie danach.
Wer? Teilnehmerkreis definieren	Überlegen Sie gründlich, wer teilnehmen soll. Grundsätzlich gelten zwei Regeln: - Direkt Betroffene zu Beteiligten machen, d. h. alle Schlüsselpersonen einladen - Die Teilnehmerzahl so gering wie möglich halten, denn mit jeder zusätzlichen Person erhöht sich der Zeitaufwand für die Sitzung Ebenso stellen Sie sich bei Sitzungen, zu denen Sie eingeladen werden, die Frage, ob Sie daran selber teilnehmen müssen oder die Teilnahme allenfalls an einen Mitarbeitenden delegieren können.
Was? Themen bekannt machen	Das Treffen muss inhaltlich vorbereitet sein, und alle Beteiligten sollten schon im Vorfeld und rechtzeitig die folgenden Unterlagen erhalten: - Einladung mit den Zielen, Ortsangaben und dem geplanten zeitlichen Ablauf (Start- und geplanter Endtermin) - Traktandenliste mit den Themen - Vorbereitungsaufträge - Alle benötigten Dokumentationen

Zum effizienten Zeitmanagement bei der Sitzungsleitung gehören unter anderem die folgenden Punkte:

- Halten Sie sich an die Start- und auch an die geplanten Endzeiten der Sitzung: Fangen Sie **pünktlich** an, und hören Sie pünktlich auf.
- Geben Sie zu Beginn noch einmal den **Ablauf** bekannt und legen Sie fest, wie viel Zeit für die einzelnen Traktanden zur Verfügung steht. Sie (oder ein damit betrauter Teilnehmender) überwachen die Zeit und weisen darauf hin, wenn die Zeit abläuft, die zur Behandlung eines Traktandums vorgesehen ist.
- Fassen Sie am Schluss das **Ergebnis** zusammen. Halten Sie noch einmal fest, was entschieden wurde bzw. worauf man sich geeinigt hat und welche Massnahmen daraus resultieren. Gegebenenfalls vergeben Sie bereits konkrete **Aufträge** an die Anwesenden und definieren den weiteren Verlauf, d. h. geplante Nachfolgesitzungen o. Ä.

C] Gesprächsmanagement

Zeitmanagement-Regeln können nicht nur auf Gruppensitzungen angewendet werden, sondern auch auf die viel häufigeren Zweiergespräche. Dabei ist es nebensächlich, ob diese Gespräche vor Ort, d. h. «face-to-face», oder telefonisch geführt werden.

Wenn Sie die **kontaktsuchende Person** sind, sollten Sie folgende Hinweise beachten:

- Überlegen Sie sich vorher, was der **Grund** für das Gespräch ist und was Sie erreichen wollen, also das **Ziel**.
- Studieren Sie vorgängig die bereits bestehenden **Unterlagen**, wie z. B. die Notizen des letzten Gesprächs, den letzten Briefwechsel usw.
- Versuchen Sie, eventuelle **Einwände und Fragen** des Gesprächspartners vorauszusehen, und überlegen Sie, was Sie darauf entgegnen können.
- Kommen Sie nach einem kurzen **persönlichen Einstieg** («Wie geht es Ihnen?», «Danke, dass Sie sich für dieses Anliegen engagieren!» o. Ä.) schnell zur **Sache,** also zu den eigentlichen Gesprächspunkten: Sagen Sie, warum Sie das Gespräch suchen und was Sie besprechen wollen.
- Wenn das Gesprächsziel erreicht ist: Wiederholen Sie, was **vereinbart** wurde und wie **weiter verfahren** wird. Wie bei Sitzungen ist gegebenenfalls festzulegen: Wer macht was bis wann und wie?
- Machen Sie sich **Notizen** über das Gespräch und die Gesprächsergebnisse zuhanden Ihrer Unterlagen. Sie brauchen sie für eine allfällige Nachkontrolle oder als Vorbereitung für ein weiteres Gespräch.

Wenn Sie die **kontaktempfangene Person** sind, also angerufen oder persönlich aufgesucht werden, können Sie das Gespräch zwar nicht vorbereiten, aber im übertragenen Sinn gelten dieselben Regeln:

- Erkundigen Sie sich nach dem **Zweck** des Anrufs bzw. des Besuchs.
- Wenn nötig, bitten Sie Ihr Gegenüber um etwas **Geduld,** bis Sie Ihre Unterlagen studiert haben und auf dem aktuellen Stand oder im Bild sind.
- Behalten Sie das **Ziel** des Gesprächs im Auge.
- Führen Sie das Gespräch nur dann, wenn es **rasch erledigt** werden kann, vereinbaren Sie sonst einen **anderen Termin** oder **beenden** Sie das Gespräch sofort. Dasselbe gilt, wenn es nicht möglich ist, die anstehenden Fragen auszudiskutieren, z. B. weil noch Informationen fehlen oder weil Sie Ihre Zeit anders verplant haben und verhindert sind.

7.3.2 Delegieren

Gemäss dem Eisenhower-Prinzip sollten Sie Aufgaben, die dringend, jedoch nicht wichtig sind, oder solche, die zwar wichtig, jedoch nicht dringend sind, wenn möglich an Mitarbeitende delegieren. Delegieren heisst in diesem Zusammenhang: Sie übertragen die fachliche Aufgabenerfüllung genauso wie die dafür notwendigen Kompetenzen und die entsprechende Verantwortung. Die Delegation kann sowohl dauerhaft als auch einmalig erfolgen, d. h. auf einzelne Aufgaben beschränkt sein.

Beispiel	Rebekka Cohn delegiert zwei Aufgaben an ihre Assistentin:

- **Dauerhaft**: Im Eingangsbereich und im Besprechungszimmer des Unternehmens werden regelmässig neue Bilder oder Skulpturen von jungen, lokalen Künstlern oder Künstlerinnen ausgestellt. Die Assistentin ist vollumfänglich zuständig für die Organisation (d. h. für die Auswahl, Montage und Verwaltung) der Leihgaben sowie für die Vernissage, dies im Rahmen eines vorgegebenen Jahresbudgets.
- **Einmalig**: Die Assistentin erhält die Aufgabe, das bisherige elektronische Ablagesystem nach selber definierten Beurteilungskriterien zu analysieren und erste Verbesserungsansätze zu entwerfen.

Gründe dafür, delegierbare Aufgaben wenn immer möglich an Mitarbeitende zu übertragen, finden Sie in den Kap. 2.2.2, S. 26 und 4.4.2, S. 54. Trotzdem leidet das Zeitmanagement vieler Führungskräfte darunter, dass sie zu wenig delegieren. Entweder fehlt es an ihrer Bereitschaft oder an ihrer Fähigkeit zu delegieren. Verschiedene Ausreden werden dazu ins Feld geführt:

- «Ich brauche mehr Zeit, um diese Aufgabe Herrn X zu erklären, als wenn ich sie selbst erledige.» Für bestimmte, einmalige und sehr kurze Aufgaben mag das zutreffen; dann ist eine Delegation auch nicht sinnvoll. Tatsächlich zeigt die Praxis aber, dass sich Führungskräfte oftmals täuschen: Sie unterschätzen die Zeit, die sie selber für die Erledigung der Aufgabe brauchen, und überschätzen jene, die jemand anders brauchen würde.
- «Ich bin oft so sehr beansprucht, dass ich beim besten Willen keine Zeit für lange Erklärungen und für Kontrollen finde.» Wer diesen Standpunkt vertritt, disqualifiziert sich selber. Diese Person hat entweder die Grundlagen des Zeitmanagements und insbesondere der Planung und Prioritätensetzung nicht begriffen, oder sie ist unfähig oder nicht bereit zu delegieren.
- «Solange ich selber unsicher bin, worum es geht, kann ich eine Aufgabe nicht delegieren.» Das Ziel einer bestimmten Aufgabe muss klar sein, unabhängig, ob man sie delegiert oder selber erledigt. Es gibt zwei Möglichkeiten: Durch Rückfrage beim Auftraggeber das Ziel klären oder in der Besprechung mit der betreffenden Mitarbeiterin das Ziel der Aufgabe gemeinsam festlegen.
- «Diese Aufgabe kann ich nicht delegieren; ich würde damit meine Mitarbeitenden überfordern.» Viele Führungskräfte misstrauen dem Können und der Leistungsbereitschaft ihrer Mitarbeitenden. Dies kann mehrere Gründe haben: eine fehlende Risikobereitschaft; die Angst, selber die Kontrolle über eine Arbeit aus den Händen zu geben; die Angst vor einem persönlichen Status- oder Machtverlust; die Angst vor Konkurrenz, weil die Mitarbeitenden die Aufgabe unter Umständen besser lösen könnten als sie selber usw.
- «Mir macht diese Aufgabe selber Spass, deshalb will ich sie nicht delegieren.» Angenehme Aufgaben gibt niemand gerne aus der Hand. Solange eine solche Aufgabe im eigenen Zeitmanagement untergebracht werden kann, ist die Weigerung zu delegieren verständlich. Sobald darunter jedoch wichtigere Pendenzen leiden, darf der persönliche «Spassfaktor» nicht mehr als Entschuldigung gelten.

Kommt Ihnen die eine oder andere Aussage bekannt vor? Haben Sie sich selber schon mit solchen Argumenten gegen das Delegieren gesträubt?

7.3.3 Persönliche Organisationsregeln

Damit Sie Ihre eigene Aufgabenliste möglichst reibungslos abarbeiten können, haben sich einige persönliche Organisationsregeln bewährt, die wir im Folgenden kurz vorstellen.

A] Den Tag «gut» beginnen

Kennen Sie auch solche «verflixten» Tage, an denen alles schief geht?

«Der heutige Tag verheisst nichts Gutes!» denkt Ralph auf dem morgendlichen Arbeitsweg. Er fühlt sich bereits ziemlich gestresst: Offenbar hatte er gestern Nacht den Wecker falsch gestellt, sodass er frühmorgens mit einem Schrecken erwachte und hastig aufstehen musste. Beim Ankleiden riss der Manschettenknopf der Anzugsjacke endgültig ab, den er eigentlich schon lange hätte wieder ordentlich annähen sollen, und beim viel zu raschen Kaffeetrinken verbrühte er sich die Zunge. Zum Zeitunglesen fehlte sowieso die Zeit, und zu allem Übel kam er zu spät zur Haltestelle und verpasste somit knapp den Bus.

Leider gibt es kein Patentrezept gegen derartige «Hindernisse», doch können Sie ihre Anzahl verringern, wenn Sie ein einfaches Prinzip berücksichtigen: Beginnen Sie den Tag «gut». Was für Sie persönlich «gut» ist, müssen Sie allerdings selber herausfinden. Manche Menschen bleiben bis zur letzten Minute im Bett und eilen ohne Frühstück aus dem Haus. Andere brauchen ein ausgiebiges Frühstück und lesen die Zeitung, bevor sie sich den Herausforderungen des Tages stellen. Mit welcher Routine Sie auch immer den Tag beginnen, Sie müssen sich dabei wohlfühlen.

Bevor Sie sich an die Erledigung der anstehenden Aufgaben machen, sollten Sie sich – ob zu Hause, auf dem Arbeitsweg oder am Arbeitsplatz – morgens **ein paar Minuten Zeit für sich selber** nehmen und sich auf den kommenden Arbeitstag gedanklich einstimmen. Sie werden so den Tag überlegter und weniger hektisch angehen.

B] Persönliche Leistungsfähigkeit berücksichtigen

Die Leistungsfähigkeit jedes Menschen schwankt zwischen Hochs und Tiefs. Für die Arbeitsplanung ist es wichtig, dass Sie Ihre **leistungsstärkeren und leistungsschwächeren Stunden** während des Tagesverlaufs kennen. – Sind Sie eher ein Morgen- oder ein Abend-/Nachtmensch? Zu welcher Tageszeit finden Sie, dass Ihnen die besten Ideen kommen oder Sie besonders effizient arbeiten und sich konzentrieren können? – Bestimmt haben Sie sich dazu schon Gedanken gemacht und spüren, wie Ihre **«innere Uhr»** am besten tickt.

Die **Tages-Leistungskurven** sind also individuell verschieden. Um dies zu verdeutlichen, stellen wir Ihnen nachfolgend zwei voneinander abweichende Beispiele von Tages-Leistungskurven vor. Beiden gemeinsam ist, dass ihre Leistungsfähigkeit während insgesamt rund sieben Stunden über der durchschnittlichen Leistungsfähigkeit von 100 % liegt.

Abb. [7-10]   Tages-Leistungskurve von Laura

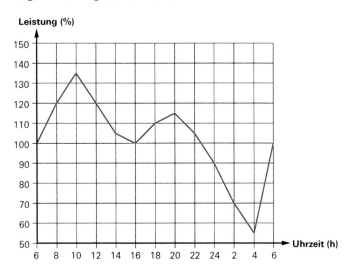

Laura ist frühmorgens leistungsfähig; sie steht entsprechend früh auf. Ihre Leistungskurve steigt ab 6 Uhr stark an. Den Leistungshöhepunkt erreicht sie am Vormittag um ca. 10 Uhr. Nach dem Mittagessen, zwischen 14 und 16 Uhr, hat Laura ein Leistungstief. Am frühen Abend steigt Lauras Leistungsfähigkeit noch einmal an; nach 20 Uhr nimmt sie jedoch stetig ab. Laura geht gerne zeitig ins Bett.

Abb. [7-11]   Tages-Leistungskurve von René

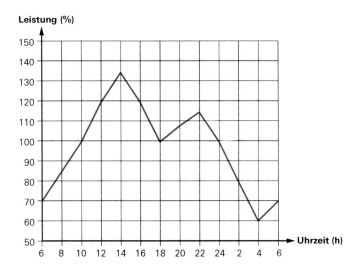

René hat Mühe aufzustehen und nennt sich selber einen ausgesprochenen «Morgenmuffel». Er braucht bis ca. 10 Uhr morgens, um eine Leistungsfähigkeit von 100 % zu erreichen. Danach steigt sie kontinuierlich an. Den Leistungshöhepunkt erreicht René nachmittags um ca. 14 Uhr. Nach einem zwischenzeitlichen Leistungsabfall zwischen 16 und 18 Uhr kann René abends noch einmal überdurchschnittlich leistungsfähig werden. Dementsprechend geht er lieber spät ins Bett.

An den Beispielen von Laura und René sehen Sie, dass die Leistungshöhe- und die Leistungstiefpunkte individuell verschieden ausfallen, beide jedoch auch tagsüber Schwankungen unterworfen sind. Auf Phasen hoher Leistungsfähigkeit folgen Erholungspausen. Durch aufputschende Zusatzstoffe, wie Kaffee, Tee, Nikotin und Tabletten, lässt sich die Leistungsbereitschaft des Körpers künstlich steigern oder verlängern, in Stressphasen ebenfalls. Nach solchen «unnatürlichen Hochs» sackt die Leistungsfähigkeit jedoch gewöhnlich auch stärker ab, da der Körper sich von der Überbeanspruchung erholen will.

Folglich werden Laura und René ihre Tagesaktivitäten ihrer persönlichen Leistungskurve entsprechend unterschiedlich planen: Während Laura als Frühaufsteherin den Vormittag sehr aktiv nutzt, ist René darum bemüht, beanspruchende Tätigkeiten am Mittag und frühen Nachmittag auszuführen.

Die Tages-Leistungskurve gibt also **wichtige Anhaltspunkte für die Tagesplanung:**

- Erledigen Sie Ihre wichtigsten Aufgaben möglichst in leistungsstarken Phasen
- Leistungsschwache Phasen überbrücken Sie am besten mit Routinearbeiten
- Behalten Sie in Ihrem Tagesablauf einen bestimmten Rhythmus bei, und sorgen Sie dafür, dass Sie jeweils etwa zur selben Zeit zu Bett gehen, aufstehen, essen usw.

C] Störungsfreie Zeit vereinbaren

Besonders gut vorankommen werden Sie mit Ihren Aufgaben, wenn Sie während Ihres Leistungshochs ungestört arbeiten können. Deshalb ist empfehlenswert, dass Sie mit den Mitarbeitenden Zeiten absprechen, in denen Sie nicht gestört werden wollen. Entweder vereinbart man im Team eine allgemeine «stille Stunde», d. h. einen festen Zeitraum pro Tag, während dem alle individuell arbeiten. Oder jeder Einzelne signalisiert, wann er bzw. sie nicht gestört werden möchte, z. B. durch das Schliessen der ansonsten offenen Bürotüre.

Beispiel	In Vera Rufs Team gilt die folgende Regelung: Vor 10.30 Uhr morgens finden keine ordentlichen Sitzungen oder Besprechungen statt. Wer früher im Büro erscheint, hat Zeit, seine individuellen Aufgaben ungestört zu erledigen.

Falls Sie jetzt skeptisch sind, was Ihr Team von einem solchen Vorschlag wohl halten mag: Sprechen Sie das Thema doch einfach einmal an. Vielleicht finden Sie mehr Zustimmung als erwartet.

D] Aktivitäten abschliessen

Häufig wird man nicht nur von aussen bei der Erledigung von Aufgaben gestört, sondern unterbricht sich selbst, indem man beispielsweise «nur schnell» einen Anruf tätigt, die Post durchschaut, ein Mail beantwortet usw. Weil jede Unterbrechung jedoch eine **«Aufwärmphase»** nach sich zieht, bis man den Faden wieder aufgenommen hat, ist es sinnvoll, sich selbst zu disziplinieren und angefangene Dinge zu Ende zu bringen. Wenn dies nicht möglich ist, z. B. weil die Aufgabe zu komplex ist, sollten Sie zumindest versuchen, an einer sinnvollen Stelle zu unterbrechen.

Unerwartete Dringlichkeitsfälle gibt es überall. Wie geht man damit um? Denken Sie daran, dass deren Bearbeitung das Verschieben von anderen geplanten oder bereits angefangenen wichtigen Aufgaben verlangt. Bevor Sie sich auf solche vermeintlich dringenden Aufgaben stürzen, fragen Sie sich deshalb selbstkritisch: Muss ich dieses Problem tatsächlich jetzt lösen? Braucht es mein Mitwirken, oder könnte die Aufgabe auch jemand anders erledigen? Wenn möglich, lehnen Sie solche unerwarteten dringlichen Aufgaben ab.

E] Kurzpausen einschalten

Die Konzentration und damit auch die Leistungsfähigkeit lässt nach einer bestimmten Zeit nach, und die Effizienz leidet darunter. Zu langes, intensives Arbeiten ohne Unterbrechung zahlt sich daher nicht aus. Regelmässige Pausen sind deshalb nicht eine Zeitverschwendung, sondern eine wohlverdiente Möglichkeit, sich zu erholen und neue Energie zu tanken.

Als Faustregel gilt dabei: Legen Sie **nach jeder Arbeitsstunde** eine Kurzpause von **fünf bis max. zehn Minuten** ein!

Dieselbe Regel gilt auch für Besprechungen oder Sitzungen. – Nutzen Sie diese Zeit am besten, um den Sitzungsraum gründlich zu durchlüften und um sich zu bewegen.

F] Am Vorabend den folgenden Tag planen

Die letzte Regel zur reibungslosen Erledigung anstehender Aufgaben lautet: Schon am Vorabend den nächsten Tag planen. Sie bewirken damit, dass Sie sich gedanklich auf die Aufgaben einstellen, die Sie am nächsten Tag erwarten. Wenn Sie einen schwierigen Arbeitstag vor sich haben und sich bewusst darauf vorbereiten, werden Sie zudem weniger gestresst sein.

Die Planung des nächsten Tags ergibt sich in der Praxis übrigens ganz automatisch, sofern Sie abends kontrollieren, ob Sie die Aufgaben erledigt haben, die Sie sich für diesen Tag vorgenommen hatten.

7.4   Kontrollieren

Die letzte Station des Zeitmanagements ist das Kontrollieren des Erreichten. Sie erfüllt die folgenden beiden Hauptzwecke:

*   Soll/Ist-Vergleich des Erreichten
*   Planungsgrundlage

7.4.1   Zweck der Kontrolle

Mit der Kontrolle beantworten Sie zum einen die Frage: Habe ich die Ziele erreicht, die ich mir gesteckt hatte? Damit stellen Sie einen **Vergleich** an zwischen dem **Soll** (d. h. der ursprünglichen Planung) und dem **Ist** (d. h. der effektiven Zielerreichung zum heutigen Zeitpunkt) her. Optimal ist natürlich, wenn Sie eine hundertprozentige Übereinstimmung zwischen dem Soll und dem Ist erhalten. Solche **Erfolgserlebnisse** wirken motivierend auf künftige Leistungen.

Oftmals werden Sie jedoch kleinere oder grössere Abweichungen feststellen müssen. Analysieren Sie in solchen Fällen genau, warum es zu den **Abweichungen** gekommen ist. Nicht umsonst heisst es: «Aus Fehlern lernt man.» Denn durch die Analyse der Abweichungen gewinnen Sie wertvolle Erfahrungen für Ihr künftiges Zeitmanagement. Versuchen Sie dabei, sich selbst gegenüber ehrlich zu sein, und hinterfragen Sie sich kritisch. Möglicherweise kommen Sie einem Zeitdieb auf die Spur, den Sie bislang ignorierten; vielleicht stellen Sie fest, dass Sie einfach zu optimistisch geplant oder auf einen negativen Einfluss von aussen nicht rechtzeitig reagiert haben.

Beispiel	Urs Ryffel hatte für die Kundenbesprechung von heute Morgen ursprünglich fünfzig Minuten eingeplant. Tatsächlich dauerte sie fast achtzig Minuten, weil der Kunde mit einigen entscheidenden Positionen in der Offerte nicht zufrieden war und in der Folge über weitere diskutieren wollte. Urs Ryffel muss sich im Nachhinein eingestehen, dass er sich auf diesen Kunden nicht gründlich genug vorbereitet hatte: Aus früheren Begegnungen hätte er die heiklen Besprechungspunkte erahnen und sich besser gegen mögliche Einwände wappnen müssen.

Die Kontrolle bildet ausserdem die **Grundlage der weiteren Planung**, denn Aufgaben, die Sie in einer Planungsperiode (z. B. an einem Tag oder in einer Woche) entweder gar nicht oder unvollständig erledigen konnten, müssen Sie auf die nächste Periode übertragen. Indem eine **Rückkoppelung** zu den definierten Zielen hergestellt wird, schliesst sich mit der Kontrolle der Management-Regelkreis.

7.4.2 Zeitanalyse

Kontrollieren Sie regelmässig Ihr Zeitmanagement, indem Sie eine **Tätigkeitsanalyse** vornehmen. Es lohnt sich, diese Selbstkontrolle in Form eines **Soll/Ist-Vergleichs** der Zeitbudgets, der tatsächlich aufgewendeten Zeiten und ebenso der Störungen oder Unterbrüche zu machen.

Ein nützliches, sehr einfaches Instrument hierzu ist der **Zeiterfassungsbogen,** auf dem Sie zunächst während der Kontrollperiode jede Tätigkeit und die dafür aufgewendete Zeit detailliert erfassen.

Abb. [7-12]   Zeiterfassungsbogen

Tag, Datum:			
Uhrzeit	**Tätigkeit**	**Priorität**	**Zeitaufwand**

Für die **Auswertung** Ihrer Zeiterfassungsbögen sind die folgenden Fragestellungen hilfreich:

- Wann (Uhrzeit) habe ich an den einzelnen Tagen mit der Arbeit an meiner jeweils wichtigsten Aufgabe begonnen?
- Hätte ich mit den wichtigsten Aufgaben früher anfangen können?
- Habe ich die Aufgaben erledigt, die ich mir für den jeweiligen Tag vorgenommen hatte? Falls nein: Wie gross ist der Anteil an erledigten Aufgaben?
- Welche Aufgaben habe ich selbst erfüllt, die ich besser delegiert hätte?
- Welche Störungen und Ablenkungen hätte ich vermeiden können?
- Wenn ich unterbrochen wurde: Waren die Angelegenheiten wichtiger als die Dinge, an denen ich zu diesem Zeitpunkt arbeitete?
- Habe ich Gespräche geführt, die es weder aus fachlichen noch aus persönlichen Gründen wert waren?
- Habe ich Aufgaben übereilt erledigt, die ich hätte gezielter angehen sollen?
- Habe ich unnötige Zeit mit der Suche nach Unterlagen verbracht?

Ihre Antworten liefern Hinweise darauf, wo Ihre Stärken und Schwächen im Zeitmanagement liegen, wo es «rund läuft» und wo es noch «harzt». Dadurch gelingt es Ihnen besser, konkrete Verbesserungsmassnahmen für die Zukunft zu entwickeln.

7.4.3 Ergebnisanalyse

Die definierten Ziele sind der erste Schritt im Management-Regelkreis und somit auch im Zeitmanagement. Die Ziele drücken einen Soll-Zustand aus, den Sie erreichen wollen. Mit dem Abschluss sämtlicher Massnahmen, Aufgaben und Aktivitäten im Hinblick auf das jeweilige Ziel sind Sie beim Ist-Zustand angelangt.

Es ist daher naheliegend, dass Sie nun den **Erreichungsgrad** des Ziels kontrollieren. Die folgenden Fragen dienen Ihnen für die Ergebnisanalyse:

- Wie schätze ich den Grad der Zielerreichung ein: z. B. vollständig, teilweise, schlecht, überhaupt nicht?
- Welche Aktivitäten, Aufgaben oder Massnahmen habe ich erledigt, welche nicht oder nur teilweise?
- Warum habe ich nicht alles erledigen können?
- Wo habe ich unnötig Zeit verschwendet?
- Welche Schlüsse ziehe ich für die nächste Planung?

Zusammenfassung

Zeitmanagement ist kein Selbstzweck, sondern soll helfen, persönliche und berufliche Ziele zu erreichen und dadurch die Lebensqualität zu erhöhen. Der Management-Regelkreis gilt auch für das Zeitmanagement und besteht aus vier Teilschritten:

Funktion	Aktivitäten
Planen	Ziele und die dafür notwendigen Massnahmen, Aufgaben oder Aktivitäten definieren.
Entscheiden	Prioritäten in der Aufgabenerledigung setzen, um handlungsfähig zu werden.
Umsetzen	Getroffene Entscheidungen an Dritte kommunizieren, Aufgaben delegieren, die anfallenden Aufgaben zielgerichtet erledigen.
Kontrollieren	Tätigkeiten und Ergebnisse im Hinblick auf die Zielerreichung prüfen; bei delegierten Aufgaben ein Feedback an den betreffenden Mitarbeiter geben.

Bei der **Zielformulierung** kommt die SMART-Formel zur Anwendung.

Mit einer **systematischen Planung** lässt sich wertvolle Zeit bei der Umsetzung gewinnen Die Planung ist äusserst wichtig, darf aber nicht zu einer Vernachlässigung des eigentlichen Handelns führen.

- Es ist sinnvoll, den **Planungshorizont** an die jeweiligen Zielsetzungen anzupassen (langfristige, mittelfristige, kurzfristige und laufende Planung).
- Der Einsatz der **ALPEN-Methode** hat sich bewährt. Sie ist nach den fünf entscheidenden Elementen einer erfolgreichen Tagesplanung benannt: Aktivitäten und Aufgaben notieren, Länge abschätzen, Pufferzeiten reservieren, Entscheidungen über Prioritäten treffen, Nachkontrolle/Unerledigtes auf den nächsten Tag übertragen.

Es gibt verschiedene Kriterien, nach denen die **Prioritätensetzung** erfolgen kann:

- In der **ABC-Analyse** ist es die Frage nach den Konsequenzen, die die Erfüllung bzw. die Nicht-Erfüllung einer Aufgabe hat.
- Das **Eisenhower-Prinzip** teilt Aufgaben ein nach Wichtigkeit und Dringlichkeit.
- Das **Pareto-Prinzip** macht deutlich, dass für die angemessene Erledigung einer Aufgabe meist deutlich weniger Zeit benötigt wird als für die perfekte Erledigung.

Eine der zeitlich umfangreichsten Aufgaben der meisten Fach- und Führungskräfte ist die **Kommunikation**. Im Zusammenhang mit dem persönlichen Zeitmanagement sind deshalb die folgenden Aspekte zu beachten:

- **Informationsmanagement:** Die Menge, aber auch die Qualität und besonders der Nutzen der einzelnen Informationen sind kritisch zu prüfen.
- **Sitzungsmanagement:** Zur Sitzungsplanung gehören die kritische Prüfung der Notwendigkeit, die Klärung der Ziele, eine sorgfältige Auswahl des Teilnehmerkreises und die vorzeitige Bekanntgabe der Traktanden und der Vorbereitungsaufträge.
- **Gesprächsmanagement:** Auch hier stehen die Abklärung des Gesprächszwecks, der Ziele, möglicher Einwände und Fragen und das Studium der bestehenden Unterlagen bei der Vorbereitung im Vordergrund.

Zur erfolgreichen Umsetzung tragen die persönlichen **Organisationsregeln** bei:

- den Tag mit einer morgendlichen Routine «gut» beginnen,
- anspruchsvolle und wichtige Aufgaben in Phasen des Leistungshochs erledigen,
- eine störungsfreie Zeit einplanen («stille Stunde»),
- angefangene Aktivitäten zu Ende führen,
- regelmässig Kurzpausen einschalten und
- am Vorabend den nächsten Tag planen.

Die **Kontrolle** als letzte Station des Zeitmanagements hat folgende Funktionen:

- **Soll/Ist-Vergleich** zwischen den gesetzten Zielen und den erreichten Ergebnissen ermöglichen.
- Ausgangslage für die **Planung** der nächsten Periode bilden.
- Die **Zeit- oder Tätigkeitsanalyse** prüft in erster Linie das Zeitmanagement, die **Ergebnisanalyse** den Erreichungsgrad des betreffenden Ziels.

Repetitionsfragen

23	Anna sagt: «Ich erreiche Ziele auf dieselbe Weise, wie man eine ganze Salami isst – Scheibe für Scheibe.» Birgit sagt: «Meine Ziele müssen ehrgeizig sein und mir das Gefühl geben: Jetzt erst recht!» Mit welcher Aussage stimmen Sie persönlich eher überein? Begründen Sie Ihre Haltung in ein paar Sätzen.
24	Ein Kollege wehrt sich gegen das schriftliche Zeitmanagement: «Ich mache mir morgens sehr wohl Gedanken zum Tagesverlauf: Meine Tagesplanung habe ich im Kopf, Termine vergesse ich auch nie.» Nennen Sie Ihrem Kollegen Argumente, die dennoch für die schriftliche Planung sprechen.
25	Prioritäten zu setzen, hat eindeutig Vorteile. A] Stellen Sie die Vorteile der Prioritätenbildung in einer Liste zusammen. B] Margot Meyer sagt: «Prioritäten setzen, schön und gut. Aber in meinem Fall funktioniert das nicht, weil alle meine Aufgaben gleich wichtig sind.» Was würden Sie ihr entgegnen?
26	Erklären Sie einer Kollegin die hauptsächlichen Unterschiede zwischen der ABC-Analyse und dem Eisenhower-Prinzip. Stichworte genügen.
27	Sie wollen Ihre Chefin von den Vorteilen einer «stillen Stunde» überzeugen. Nennen Sie mindestens zwei Argumente, die dafür sprechen.
28	Sebastian Kurmann bezeichnet sich als ausgesprochenen Morgenmensch. Er wirkt bereits um 6 Uhr früh voller Energie, während er wenn möglich Partys meidet, die bis spätnachts dauern. Geben Sie Sebastian Kurmann mindestens drei Tipps, die er für die Tagesplanung berücksichtigen sollte.

Teil C   Gruppenprozesse mitgestalten

8 Gruppen

Jeder Mensch ist Mitglied mehrerer Gruppen: Wir werden in eine Familie hineingeboren, die erste prägende Gruppe im Leben, und unter Umständen auch als Mitglied in eine religiöse Gemeinschaft aufgenommen. Im Vorschulalter gehören wir einer Spielgruppe und mit der Schulreife einer Lerngruppe an. In der Freizeit toben wir uns in Sport- oder Pfadfindergruppen aus und schliessen engere oder losere Freundschaften, die uns allenfalls ein Leben lang begleiten werden. Womöglich treten wir Vereinen, politischen Parteien oder einer anderen Gruppierung bei. Das Berufsleben bietet uns eine Vielfalt an neuen Gruppenaktivitäten, von der Bürogemeinschaft über die kurzfristig zusammengestellte Projektgruppe bis hin zum Unternehmen als Grossgruppe, der wir angehören. Wir gehen eine Paarbeziehung ein, gründen vielleicht selber eine Familie ...

8.1 Gruppenmerkmale und -begriffe

«Unter Gruppen und Teams werden zwei oder mehrere Personen verstanden, die über eine gewisse Zeit so zusammenwirken, dass jede Person die anderen Personen beeinflusst und von ihnen beeinflusst wird, die ein gemeinsames Ziel, eine Gruppenstruktur mit Rollen und Normen sowie ein Wir-Gefühl haben.»[1]

Aus der Definition einer Gruppe lassen sich einige typische Merkmale ableiten:

- Es handelt sich um eine **Mehrzahl** von Personen, die
- ein gemeinsames **Ziel** haben,
- einen gemeinsamen **Prozess** durchlaufen,
- bei dem sie gemeinsame **Normen** und **Wertvorstellungen** entwickeln,
- sich unterschiedliche **Rollen** innerhalb der Gruppe herausbilden,
- ein «**Wir-Gefühl**» entsteht, das den Zusammenhalt untereinander fördert.

Vor allem in eher theoretisch ausgerichteten Fachbüchern zur Gruppenpsychologie wird eine Gruppe nicht einfach als eine Gruppe bezeichnet, sondern es kommen verschiedene Gruppenbegriffe vor.

8.1.1 Arbeitsgruppe und Team

Als eine **Arbeitsgruppe** ist eine Gruppe zu verstehen, die in einer übergreifenden Organisation (Unternehmen, Schule, staatliche Verwaltung usw.) und damit in bestimmte strukturelle und technologische Rahmenbedingungen eingebettet ist.

---

[1] von Rosenstiel, Lutz: Grundlagen der Organisationspsychologie, Schäffer-Poeschel Verlag, Stuttgart, 2003.

Manchmal wird auch zwischen einer Gruppe und einem Team unterschieden:

- Als ein Unterscheidungsmerkmal gilt die Grösse. Demnach gilt ein Team als eine **kleine Arbeitsgruppe**, die ein gemeinsames Ziel verfolgt und entsprechend organisiert ist.
- Als ein weiteres Unterscheidungsmerkmal gilt die **Kooperationsfähigkeit**, durch die folgende Aussage auf den Punkt gebracht: «Auch ein Team ist eine Gruppe, jedoch nicht jede Gruppe ein Team.»[1] Demnach ist ein Team eine besonders gut eingespielte Gruppe, die geringe hierarchische Strukturen und einen grossen Zusammenhalt aufweist.

Hinweis	Der Einfachheit halber sehen wir in diesem Lehrmittel von einer Unterscheidung zwischen der Gruppe und dem Team ab und verwenden diese Bezeichnungen folglich synonym.

8.1.2   Informelle und formelle Gruppe

Die Mitglieder einer **informellen Gruppe** treffen sich spontan zu unterschiedlichen Zeiten an unterschiedlichen Orten. Somit entsteht die Gruppen aufgrund **gemeinsamer Interessen** und **Merkmale** oder **Sympathien**, die mit der Arbeit im eigentlichen Sinn nichts zu tun haben müssen. Mitglieder einer informellen Gruppe sind in verschiedenen Abteilungen einer Unternehmung tätig. Sie finden oft auch ausserhalb der Arbeitszeiten zusammen. Auch diese Gruppe ist durch Normen geprägt, die aber eher stillschweigend durch die Gemeinsamkeiten entstanden sind.

Informelle Gruppen haben eine wichtige Bedeutung in der Unternehmung, da durch die Beziehung die **Zusammengehörigkeit am Arbeitsplatz** geprägt wird.

Beispiel	Mitarbeitende aus verschiedenen Abteilungen treffen sich regelmässig nach Arbeitsschluss im Stammlokal, andere treiben gemeinsam Sport oder gehen miteinander zum Mittagessen.

Die **formelle Gruppe** unterscheidet sich von der informellen Gruppe vor allem dadurch, dass die Gruppenzusammensetzung nicht von selbst vollzogen, sondern von **aussen bestimmt** wird. Die Gruppe hat einen relativ geringen oder gar keinen Freiheitsspielraum, die Gruppengrösse, die Ziele, die Aufgabenverteilung und die Zuständigkeiten festzulegen, da die Strukturen und Prozesse durch Führungs- und Managemententscheidungen vorbestimmt werden. Auch die persönlichen und sozialen Beziehungen unterliegen einer mehr oder weniger ausgeprägten Kontrolle. Die formelle Gruppe bildet in diesem Sinn eine **Zweckgemeinschaft**.

Beispiel	Das Unternehmen besteht aus verschiedenen Abteilungen. Jede dieser Abteilungen besteht aus verschiedenen Arbeitsteams, die jeweils eine formelle Gruppe darstellen. Die Mitarbeitenden orientieren sich an ihrer Stellenbeschreibung, in der die Pflichten, Aufgaben, Zuständigkeiten und Kompetenzen klar definiert sind. Das Funktionendiagramm regelt die organisatorische Zusammenarbeit zwischen den Abteilungen. Die Leitung eines Teams obliegt einer Führungsperson, die alle dafür notwendigen Weisungsbefugnisse erhält.

[1]   Kauffeld, Simone: Teamdiagnose, Verlag für Angewandte Psychologie, Göttingen, 2001.

8.1.3 Klassifizierungskriterien

Gruppen lassen sich auch nach Kriterien wie ihrer Grösse, der Dauer ihres Bestehens und der Zusammensetzung der Gruppenmitglieder klassifizieren.

Abb. [8-1]   Klassifizierungskriterien

	Beschreibung
Gruppengrösse	Die Grenzen für die Klassifizierung nach der Gruppengrösse sind fliessend; sie sind nicht einheitlich definiert. • **Dyade:** zwei Personen • **Kleingruppen:** zwei bis sechs Personen • **Gruppen:** sieben bis etwa dreissig Personen • **Grossgruppen:** über dreissig Personen
Zeitliche Dauer	• **Ad-hoc-Gruppen:** spontan entstehende Gruppen, die sich zu einem bestimmten Thema zusammenfinden • **Regelmässige Arbeitsgruppen:** mindestens einmal wöchentlich über zwei Stunden (z. B. Kommissionen, Projektgruppen) • **Dauerarbeitsgruppen:** fixe, beständige Gruppe während der vorgesehenen Arbeitszeit
Zusammensetzung	• **Homogene** Gruppenzusammensetzung: Die Mitglieder zeichnen sich durch gleiche oder ähnliche Merkmale aus (z. B. langjährige Berufserfahrung, Akademikerinnen, introvertierte Persönlichkeiten, Techniker usw.) • **Heterogene** Gruppenzusammensetzung: Durchmischung von Mitgliedern mit unterschiedlichen Merkmalen

8.2 Bestimmungsfaktoren des Gruppenerfolgs

Drei Faktoren spielen eine Hauptrolle für den **Gruppenerfolg:**

- Das **Wir-Gefühl** zeigt sich im stabilen **Gruppenzusammenhalt.** Es wird im Wesentlichen durch die folgenden Kriterien bestimmt: die Einstellung zueinander, gegenseitiges Vertrauen und Respekt, die Bereitschaft zur gegenseitigen Unterstützung, die Identifikation mit der Gruppe und der Stolz, Teil dieser Gruppe zu sein, usw.
- Die **Gruppenleitung** lebt der Gruppe ihr eigenes Menschenbild vor: mit ihrem **Führungsstil,** mit ihrer Art, die **Führungsprozesse** zu gestalten und auf die **Beziehungen** innerhalb der Gruppe einzuwirken.
- Das **Gruppenklima** drückt sich in den **Verhaltensweisen** der Gruppenmitglieder aus, wie z. B. in der gegenseitigen Kommunikation und Information, im Einhalten von Spielregeln und Absprachen, in der Art und Weise, wie Kritik geübt oder Konflikte angegangen und gelöst werden, in der gegenseitigen Unterstützung bei der Aufgabenerledigung usw.

Abb. [8-2]   Bestimmungsfaktoren des Gruppenerfolgs

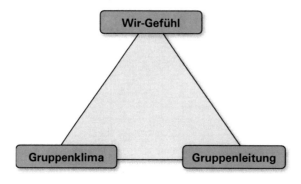

8.2.1 Wir-Gefühl

Die vorherrschende Gruppenstruktur und die gemeinsamen Erwartungen an die Gruppenmitglieder, die Gruppennormen, sagen viel über den **Gruppenzusammenhalt** aus.

A] Gruppenstruktur

Wer tauscht sich mit wem besonders häufig aus? Wer hat die Zügel in der Hand, wenn es um die Verteilung von Aufgaben geht? Solche **Beziehungsmuster** innerhalb der Gruppe werden als Gruppenstruktur bezeichnet. In einer bestehenden Gruppe sind sie relativ stabil, doch können sie v. a. durch Veränderungen von aussen rasch ins Wanken geraten, wie z. B., wenn ein neues Mitglied hinzukommt. Die Gruppenstruktur zeigt sich als:

- **Affektive Struktur**: Damit sind die **gefühlsmässigen Beziehungen** gemeint, also die Zu- und Abneigungen der Gruppenmitglieder untereinander oder die Beliebtheit eines Gruppenmitglieds bei den übrigen Mitgliedern.
- **Kommunikationsstruktur**: Wer mit wem in **Kontakt** treten kann und auf welchen Wegen folglich die **Informationen** zwischen den Gruppenmitgliedern fliessen, widerspiegelt die Kommunikationsstruktur einer Gruppe. Da Informationen bekanntlich einen wesentlichen Machtfaktor darstellen, beeinflusst die Kommunikationsstruktur den Zusammenhalt der Gruppe erheblich.
- **Rollenstruktur**: Das Ausmass an **Einfluss und Macht** drückt sich in der Rollenstruktur aus, die innerhalb der Gruppe herrscht. Wir gehen darauf im nächsten Kapitel näher ein.

B] Gruppennormen

Gruppennormen sind **Regeln**, die das Miteinander in der Gruppe bestimmen und ordnen. Es handelt sich dabei um die **gemeinsamen Erwartungen**, wie die Gruppenmitglieder in bestimmten Situationen denken und handeln sollten. Wer Teil der Gruppe sein will, muss sich demzufolge zu den Ge- und Verboten bekennen und sozusagen einen «sozialen Vertrag unterzeichnen». Hält er sich nicht daran, muss er mit Sanktionen rechnen.

Beispiel	
	• Es darf bei uns keine Gewinner oder Verlierer geben!
	• Wir trennen strikt zwischen Privat- und Berufsleben!
	• Probleme betrachten wir als Chancen!
	• Wir sind eine Familie!

Je stärker sich jemand seiner Gruppe verbunden fühlt, desto grösser ist auch der **Gruppendruck**, dem er sich unterwirft. Auch gegen seine eigene Überzeugung ist man bereit, sich der vermeintlichen Mehrheit anzupassen und die Gruppennormen als seine eigenen auszugeben. Persönliche Zweifel oder Unsicherheiten werden dementsprechend unterdrückt.

8.2.2 Gruppenleitung

Wo sich Menschen zu Gruppen zusammenfinden, entsteht früher oder später in einer eher stark oder eher schwach ausgeprägten Form eine Gruppenleitung. Entweder wird die **Gruppenleitung** formell oder informell bestimmt:

- **Formell**: Von einer formalen Übertragung spricht man, wenn ein Gruppenleiter **offiziell eingesetzt** wird oder sich kraft seiner **hierarchischen Stellung** selber als Gruppenleiter bestimmt. In der Regel übernehmen die Vorgesetzte, der Projektleiter, die Teamleiterin oder ein Fachexperte eine formelle Gruppenleitung.
- **Informell**: Die Gruppenleitung ergibt sich informell, weil jemand in der Gruppe eine **leitende Rolle** übernimmt und darin von den Gruppenmitgliedern **akzeptiert** wird. Auf die informelle Rollenbildung kommen wir im nächsten Kapitel noch genauer zu sprechen.

| Hinweis | Auf Erklärungsansätze zum Führungsstil gehen wir im Kap. 3, S. 34 ein, auf das Rollenverhalten in Gruppen im Kap. 9.2, S. 111, auf die Führungsrolle im Kap. 1, S. 10 und auf die Umsetzung von Führungsaufgaben im Kap. 2, S. 19. |

8.2.3 Gruppenklima

Die Gruppenmitglieder bestimmen durch ihr Verhalten in wesentlichem Mass das herrschende **Gruppenklima**; sie tragen zu einer konstruktiven Arbeitsweise bei, indem sie

- die Sach- und die Beziehungsebene im zwischenmenschlichen Austausch beachten,
- Vertrauen in sich selbst und in die anderen haben,
- miteinander kommunizieren und
- ihre Wirkung auf andere reflektieren.

A] Sach- und Beziehungsebene

Alle zwischenmenschlichen Beziehungen spielen sich sowohl auf der Sach- als auch auf der Beziehungsebene ab. Von beiden Ebenen hängt das Funktionieren der Gruppe ab. Die **aufgabenbezogenen Aspekte** betreffen die Sachebene, während auf der Beziehungsebene das «Wie» der Zusammenarbeit, das «Wir-Gefühl» und somit auch das **Gruppenklima** entwickelt werden:

- Die **Sachebene** bezieht sich im Wesentlichen auf die Ziele, Aufgaben oder Sachprobleme, die von der Gruppe zu bearbeiten sind, und auf die Verfahren, Methoden oder Techniken, die sie dabei anwenden soll.
- Auf der **Beziehungsebene** geht es um die Art, wie die Gruppenmitglieder aufeinander (ein-)wirken. Dazu gehören die gegenseitige Akzeptanz, das Vertrauen in die eigenen Möglichkeiten und Fähigkeiten, die Offenheit, die Gefühle und Wahrnehmungen.

Abb. [8-3]   Sach- und die Beziehungsebene

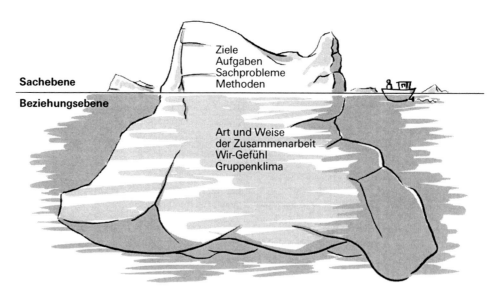

Eine erfolgreiche Gruppe ist sich der Bedeutung der Beziehungsebene für das Zusammenwirken bewusst. Die hierfür gewählte Darstellungsform eines **Eisbergs** verdeutlicht dies: Der (verborgene) Beziehungs- oder Gefühlsbereich ist ungleich grösser als der (sichtbare) Sach- oder Aufgabenbereich.

Störungen und Konflikte auf der Beziehungsebene werden die Funktionsfähigkeit der Gruppe beeinträchtigen oder gar verunmöglichen. Desgleichen gilt: Je besser die Beziehungsebene geklärt ist, desto mehr rückt sie in den Hintergrund, und die Gruppe kann sich auf die sachorientierte Zusammenarbeit konzentrieren.

B] Selbstvertrauen und Vertrauen

Wer ein gut entwickeltes, gesundes Selbstvertrauen aufweist, verhält sich im zwischenmenschlichen Austausch so, dass es für ihn und die anderen zweckmässig ist. Wer hingegen wenig Vertrauen in sich hat, hat meist auch wenig Vertrauen in andere. Das **Vertrauen ineinander**, das auf dem Selbstvertrauen jedes Gruppenmitglieds beruht, ist folglich eine Grundvoraussetzung für eine konstruktive Zusammenarbeit.

Defizite im Selbstvertrauen gehen oft in die früheste Kindheitsphase zurück und machen sich im **Beziehungsverhalten** bemerkbar, wie z. B. dass jemand Schwierigkeiten hat, zu fordern, Lob oder Kritik zu ertragen, mit anderen Menschen in Kontakt zu treten, jemandem zu widersprechen usw. Mithilfe psychologischer Therapien, aber auch aufgrund positiver Erfahrungen und Erlebnisse ist es möglich, an Selbstvertrauen zu gewinnen.

C] Kommunikation

Als Mittel zur gegenseitigen Verständigung und Beeinflussung ist die Kommunikation ein zentrales Bindeglied in zwischenmenschlichen Beziehungen. Man spricht im Zusammenhang mit der Kommunikation deshalb auch von der **sozialen Interaktion**, d. h. von einem aufeinander bezogenen Handeln. Damit Menschen miteinander auskommen und nutzbringend zusammen arbeiten können, müssen sie ihre **kommunikativen Fähigkeiten** zeigen. Dazu gehören das Zuhören, das Ausdrücken seiner eigenen Meinung, seiner Wünsche und Gefühle, das Eingehen auf die Bedürfnisse des Gegenübers, das Wahrnehmen und Bereinigen von Konflikten usw.

D] Feedbacks

Ein konstruktiv arbeitendes Gruppenmitglied setzt sich mit sich selber und seiner Wirkung auf andere auseinander und reflektiert sein Verhalten. Es ist bereit, sich mit ständig neuen Situationen zu konfrontieren und sich weiterzuentwickeln. Dazu ist es auf **Rückmeldungen** von aussen angewiesen.

Konstruktive Feedbacks zählen daher zu den Schlüsselerfolgsfaktoren einer Gruppe. Darin drückt sich das herrschende **Vertrauen** in der Gesamtgruppe und zwischen einzelnen Mitgliedern aus, genauso wie die **Offenheit** zueinander und die gegenseitige **Unterstützungsbereitschaft**.

Zusammenfassung	Eine Gruppe wird definiert als eine **Mehrzahl** von Personen mit einem gemeinsamen **Ziel,** die in einem gemeinsamen **Prozess** gemeinsame **Normen und Wertvorstellungen** bilden, dabei unterschiedliche **Rollen** einnehmen und ein **Wir-Gefühl** entwickeln.

Wichtige Gruppenbegriffe sind:

- **Arbeitsgruppe:** eine Gruppe in einer Organisationsstruktur
- **Team:** eine kleine oder eine besonders gut kooperierende Arbeitsgruppe
- **Informelle Gruppen:** spontan entstehend, aufgrund von gemeinsamen Interessen und persönlichen Beziehungen
- **Formelle Gruppen:** Rechte, Pflichten und Ziele werden von aussen bestimmt

Als Bestimmungsfaktoren für den Gruppenerfolg gelten:

Faktor	Ausprägungen
Wir-Gefühl bzw. Gruppenzusammenhalt	• Gruppenstruktur in Form von Beziehungsmustern unter den Mitgliedern (affektive Struktur, Kommunikationsstruktur, Rollenstruktur) • Gruppennormen und der daraus resultierende Gruppendruck auf das einzelne Mitglied
Gruppenklima	Das Gruppenverhalten zeigt sich v. a. in den folgenden Elementen: • Umgang mit der Sach- und der Beziehungsebene • Selbstvertrauen und Vertrauen in die anderen Mitglieder • Kommunikationsklima • Feedbackklima
Gruppenleitung	• Gelebtes Menschenbild der Gruppenleitung • Gestaltung der Führungsprozesse • Einwirkung auf die Beziehungen innerhalb der Gruppe

Repetitionsfragen

29	In einer Gruppe gilt die Norm: «Einzelkämpfer haben bei uns nichts zu suchen!» Wie könnte sich diese Norm auf das Verhalten der Gruppenmitglieder auswirken?

30	Was zeichnet die im Folgenden beschriebene Gruppe aus? Ordnen Sie typische Aussagen dem betreffenden Bestimmungsfaktor des Gruppenerfolgs zu.

«Unser Team zeichnet sich durch eine hohe Identifikation aus. Man ist stolz, Teil des Teams zu sein, und ist bereit, die Einzelinteressen zugunsten der Gruppe zurückzustellen. Unser Vorgesetzter trägt wesentlich dazu bei, dass wir als Team erfolgreich sind. Er fordert von uns eine hohe Leistungsbereitschaft, fördert uns aber auch, indem er beispielsweise immer ein offenes Ohr für unsere Anliegen hat und uns bei Schwierigkeiten unterstützt. Selbstverständlich gibt es auch bei uns Konflikte. Das ist normal, wenn Menschen zusammenarbeiten. Wir geben uns Mühe, solche Spannungen konstruktiv zu lösen. Eine wichtige Voraussetzung dafür ist, dass jeder sich öffnet, auch Unangenehmes ansprechen und Fehler machen darf.»

9 Gruppendynamik und Rollenverhalten

Lernziele	Nach der Bearbeitung dieses Kapitels können Sie …

- typische Ereignisse den vier Phasen des gruppendynamischen Prozesses zuzuordnen.
- das typische Rollenverhalten in der Gruppe anhand eines ausgewählten theoretischen Modells beschreiben.

Schlüsselbegriffe	Alpha-Position, Beta-Position, Berater, Bewahrer, Bewerter, Dauer, Distanz, Entscheider, Forming, Gamma-Position, Gegner, Grundstrebungen, Gruppendynamik, Gruppenprozess, Kreativer, Macher, Nähe, Norming, Omega-Position, Performing, Prüfer, Riemann-Thomann-Modell, Rollenverhalten, soziodynamische Rangstruktur, Storming, Team-Management-Rad, Überzeuger, Wechsel

Der deutsch-amerikanische Gestaltpsychologe **Kurt Lewin** gilt als Begründer der **Sozialpsychologie**, die sich mit der Gruppenbildung bzw. mit der Gruppendynamik befasst.

Bevor eine Gruppe seine Stärke voll entfalten kann, durchläuft sie einige **Entwicklungsetappen**. Einmal sind diese von Begeisterung und Zuversicht geprägt, dann wiederum von Zweifeln und Misstrauen. In diesem Prozess spielen sich viele Auseinandersetzungen zwischen den Gruppenmitgliedern auf der gefühlsmässigen **Beziehungsebene** ab. Zudem ist jedes Mitglied **mit sich selber beschäftigt**, seinen persönlichen Absichten, Gefühlen und Erwartungen, und stellt sich unter anderem die folgenden Fragen:

- Wie soll ich mich in dieser Gruppe verhalten?
- Welches ist mein Platz in dieser Gruppe?
- Wie verschaffe ich mir die notwendige Akzeptanz?
- Wie kann ich meine eigenen Ziele in dieser Gruppe verwirklichen?
- Wie muss diese Gruppe sein, damit ich mich in ihr wohl fühle?

9.1 Prozess der Gruppenbildung

Im Jahr 1965 veröffentlichte der amerikanische Psychologe **Bruce W. Tuckman** ein Phasenmodell, das den gruppendynamischen Prozess einer funktionierenden Gruppe in **vier Phasen** einteilt. Auch heute noch wird die Gruppenbildung meist nach diesem Modell erörtert.

Abb. [9-1]   Vier Phasen eines Gruppenprozesses   *5Phasen!*

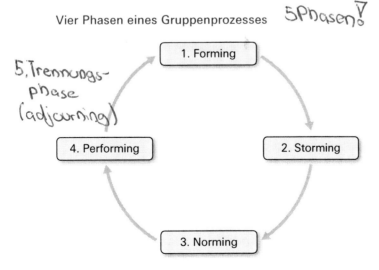

5.Trennungs-phase (adjourning)

1. Forming-Phase: sich orientieren
2. Storming-Phase: sich auseinandersetzen, Konfliktphase
3. Norming-Phase: sich finden, Konsens- und Kompromissphase
4. Performing-Phase: Erfüllung der Aufgaben

In den folgenden Abschnitten beschreiben wir diese vier Phasen etwas genauer und gehen dabei auch kurz auf die Aufgaben der Gruppenleitung ein.

9.1.1   Forming-Phase

Die Gruppe muss sich zuerst finden und formen (in Englisch: Forming). Daher ist diese erste Phase durch eine grosse **Unsicherheit und Unklarheit** geprägt. Man sucht nach Orientierungsmöglichkeiten und Sicherheit, will sich kennenlernen, sich einschätzen, sich abtasten, sich lose einordnen und herausfinden, welches Verhalten hier akzeptiert ist. Man sucht seinen Platz und seine Rolle in der Gruppe. Die Gruppenmitglieder konzentrieren sich v. a. aufeinander, weniger auf die gemeinsam zu lösenden Aufgaben oder auf konkrete Ziele. Dementsprechend verhalten sie sich in der Regel betont **höflich und zurückhaltend,** und das Klima wirkt eher verhalten und gehemmt. Konventionelle Regeln werden nach dem **kleinsten gemeinsamen Nenner** definiert. Indem sich die Gruppe auf diese Weise nach innen bildet und nach aussen abgrenzt, schafft sie die Voraussetzung für die nächste Phase.

In der Forming-Phase braucht es eine **straffe, zielgerichtete Leitung,** denn die Gruppe sucht in dieser Phase der Unsicherheit nach Unterstützung. Dazu gehört unter anderem eine klare Definition des Auftrags an die Gruppe oder des zu lösenden Problems und der Rahmenbedingungen. Darüber hinaus sollte den Gruppenmitgliedern die Möglichkeit gegeben werden, sich besser kennenzulernen.

9.1.2   Storming-Phase

Nachdem der gemeinsame Nenner definiert ist, wendet man sich den **Unterschieden** zu. Das bisher freundliche Klima macht den Geltungs- und Machtansprüchen der einzelnen Gruppenmitglieder Platz. Die Gruppenmitglieder wollen sich profilieren. In den Diskussionen prallen nicht nur **verschiedene Vorstellungen** über das Ziel oder das Vorgehen, Argumente, Ideen und denkbare Lösungsansätze aufeinander. Es offenbaren sich auch **Interessensgegensätze** und **Meinungsverschiedenheiten,** um die gerungen werden muss. Emotionen, Ängste, Wettbewerbsgefühle, Selbstbehauptungstendenzen, Sympathien und Antipathien beherrschen diesen stürmischen Prozess (in Englisch: Storming).

Diese **Zuspitzung** der Konflikte hat durchaus ihren Sinn. So wird es der Gruppe nämlich möglich, einen gemeinsamen Nenner herauszukristallisieren und eine kooperative Ebene zu finden. Dementsprechend ist das eigentliche Ziel dieser Phase nicht der Konflikt, sondern die **Organisation der Gruppe;** der Konflikt stellt vielmehr den Weg zu diesem Ziel dar. Die Kommunikation wird offener, und die Reaktionen werden echter. Die Gruppenmitglieder lernen sich besser kennen und verstehen und werden sich der verschiedenen Wünsche, Bedürfnisse und Ansichten bewusst.

In der Storming-Phase übernimmt die Gruppenleitung die Funktion eines **Prozessbeschleunigers:** Sie schafft Raum für die Konfliktaustragung und fördert ein offenes Kommunikationsklima, in dem Missverständnisse und Unsicherheiten geklärt werden können.

9.1.3 Norming-Phase

Nach den Auseinandersetzungen gilt es nun, Bilanz zu ziehen: Worauf können wir uns einigen, nachdem wir wissen, dass wir gemeinsam leichter zum Ziel kommen als alleine? Der Zusammenhalt entwickelt sich, denn die Gruppe ist für die einzelnen Mitglieder mittlerweile attraktiv geworden. Nüchternheit dominiert, und es zählt die Fähigkeit, auf Distanz zur bisher vorherrschenden Emotionalität zu gehen und gemeinsame Regeln aufzustellen (regeln in Englisch: Norming). Dabei gilt es, aus den unterschiedlichen, sich konkurrierenden Zielen jene auszuwählen, die für alle tragbar sind. Man ringt sich zu einem Konsens durch: «Was wäre unter den jetzigen Umständen das Vernünftigste?» Jedes Mitglied soll hinter diesem «Gruppenvertrag» stehen können.

In der Norming-Phase wirkt die Gruppenleitung in erster Linie unterstützend. Sie coacht die Gruppe, einen angemessenen Gruppenvertrag auszuhandeln.

9.1.4 Performing-Phase

In den vorherigen Phasen wurden die Energien zu einem grossen Teil für die Beziehungsebene eingesetzt, in der Performing-Phase werden sie für das Erzielen von Resultaten genutzt. Die Gruppe erreicht eine gewisse Beständigkeit. Man kann sich nun gemeinsam an die Arbeit machen, produktiv tätig werden und Ergebnisse erzielen (in Englisch: Performing). Man engagiert sich, bringt sich ein und profiliert sich dabei.

Der Gruppenvertrag wird in dieser Phase einer Art «Wirklichkeitstest» unterzogen und muss sich bewähren. Zwangsläufig wird es zu kleineren oder grösseren Anpassungen kommen, damit die Kooperation auch in Zukunft gut funktionieren kann.

Die Gruppenleitung tritt in dieser Phase möglichst in den Hintergrund. Sie greift nur ein, wenn dies ausdrücklich gewünscht wird oder Unsicherheiten auftreten.

9.2 Rollenverhalten in der Gruppe

Jedes Zusammenleben mit anderen setzt bestimmte Normen und «Spielregeln» voraus. Auch die Rollenverteilung bewirkt eine Regelung, indem nicht jedes Gruppenmitglied dieselben Rechte und Pflichten hat. Je nach Rolle stehen zudem andere Aufgaben im Vordergrund, und wir stellen unterschiedliche Erwartungen an uns und an andere. Als Gruppenmitglieder wollen wir diesen Ansprüchen gerecht werden und nehmen daher ein bestimmtes Rollenverhalten ein. Dieses erweist sich zunächst als einigermassen beständig und klar, kann sich jedoch im Verlauf eines Gruppenprozesses auch verändern.

Definition: Unter der Rolle versteht man ein Bündel von Verhaltensweisen des Inhabers und von Verhaltenserwartungen an ihn. – Rollen haben einen objektiven und einen subjektiven Anteil: Objektiv sind die von aussen tatsächlich gestellten Anforderungen, subjektiv ist die persönliche Interpretation der Erwartungen.

Es gibt verschiedene Gründe, warum wir uns rollenkonform verhalten:

- Aus Einsicht in die sachliche Notwendigkeit des geforderten Verhaltens: Ich bin z. B. überzeugt, dass ich nur als kooperativer Gruppenleiter zusammen mit den Gruppenmitgliedern ein bestimmtes Ziel erreichen kann.
- Wegen der Aussicht auf Belohnung und Anerkennung durch die Umwelt: Ich erweise mich z. B. als sehr gewissenhaftes Gruppenmitglied und verspreche mir davon, bei den anderen beliebt zu sein.

- Zur **Vermeidung von negativen Sanktionen, Missachtung oder Geringschätzung**: Ich muss z. B. als loyales Gruppenmitglied die Entscheidungen des Gruppenleiters mittragen, um nicht den Ausschluss aus der Gruppe zu riskieren.
- Wenn wir **keine andere Handlungsalternative** kennen: Als einzige Frau in einem Männergremium z. B. werde ich mich anders ausdrücken als in einer Frauengruppe.

Rollen werden oft nicht frei gewählt, sondern den einzelnen Mitgliedern durch die Gruppe «zugewiesen». Trotz der Vielzahl von Rollenbeschreibungen beschränken wir uns auf **drei bekannte Ansätze,** die die Rolle aus verschiedenen Blickwinkeln beleuchten:

1. Positionen in der Gruppe: die soziodynamische Rangstruktur nach Schindler
2. Persönlichkeitsmerkmale: das Riemann-Thomann-Modell
3. Arbeitsstil: das Team-Management-Rad nach Margerison/Mc Cann

9.2.1   Soziodynamische Rangstruktur nach Schindler

In den 1950er-Jahren entwickelte der österreichische Psychoanalytiker **Raoul Schindler**[1] ein international viel beachtetes Modell der Rangdynamik in Gruppen: die «soziodynamische Rangstruktur». Sie geht davon aus, dass sich jede Gruppe in Abgrenzung zu einem «Gegner» bildet.

Nach Schindler gibt es vier wesentliche Rollenpositionen innerhalb der Gruppe mit drei aktiven Verbindungen: Der Gruppenführer (Alpha) lenkt seine Gefolgsleute (Gamma). Interne Opposition erwächst Alpha durch Omega, der deshalb den Unmut von Gamma auf sich lenkt. Beta steht ausserhalb dieser Dreiecksbeziehung in der Gruppe. Erst, wenn sich eine grundsätzliche Gegenbewegung gegen Alpha bildet, wird er aktiv und übernimmt oftmals eine Führungsposition in der Gruppe und eine Oppositionsrolle gegenüber dem bisherigen Alpha. (Deshalb die gestrichelten Verbindungspfeile.) – Ausserhalb der Gruppe steht der Gegner.

Abb. [9-2]

Rollenpositionen nach Schindler

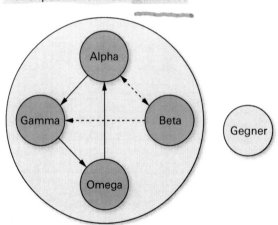

A] Alpha-Position

Die Alpha-Position **repräsentiert die Gruppe nach aussen.** Ihr Inhaber ist der eigentliche **Führer der Gruppe,** der volle Unabhängigkeit geniesst, denn seine Ziele sind die Ziele der Gruppe, sein Erfolg oder Misserfolg steht für den Erfolg oder Misserfolg der Gesamtgruppe. Nicht Argumentieren ist Alpha-Art, sondern das Agieren. Damit imponiert Alpha der Gruppe. Darüber, wer diese Alpha-Position in Gruppen einnimmt, entscheiden nicht so sehr Persönlichkeitsmerkmale, als vielmehr der Wille einer Person, diese Position einzunehmen, und die

[1]   Schindler, Raoul: Grundprinzipien der Psychodynamik in der Gruppe. In Psyche 11 (S. 308–314), 1957.

Bereitschaft der übrigen, sie in dieser Position anzuerkennen. Der Inhaber der Alpha-Position muss folglich «einer von uns» sein. Bestehen darüber Zweifel, machen sich Angst und Unsicherheiten in der Gruppe breit. Um seine Position zu festigen, appelliert Alpha deshalb an die «Schicksalsverbundenheit» der Gruppe. Der Schwur des Staatsoberhaupts auf die Verfassung ist ein typisch symbolischer Akt hierfür.

B] Beta-Position

Der Inhaber der Beta-Position kennt die **Interessen der Gruppe** sehr genau. Er muss die Gruppe beraten und leitet die Gruppe mit überzeugenden Argumenten oder Erfolgen an. Die Autorität von Beta bleibt unangefochten, jedoch muss er dafür **etwas leisten** bzw. vorweisen können.

Beta verfügt über eine grössere **Unabhängigkeit** von der Gruppe als Alpha; er kann sich sogar bewusst abseits stellen und das Treiben der Gruppe belächeln, solange er damit nicht provozierend wirkt. Wesentlich dabei ist, dass Beta **von Alpha anerkannt** wird. Daraus entsteht insofern eine Abhängigkeit, als dass Beta beim Sturz von Alpha oftmals mitgerissen oder als Sündenbock bei Misserfolgen «geopfert» wird.

Andererseits hat Beta gute Aussichten, selber einmal die Alpha-Position einzunehmen. Dadurch wird Beta zu einem **potenziellen Gegenspieler** von Alpha. Gefährlich wird Beta, wenn er eine Oppositionsgruppe zu bilden beginnt.

C] Gamma-Position

Die Gamma-Position ermöglicht die **anonyme Mitgliedschaft** in einer Gruppe. Die Inhaber der Gamma-Position ordnen sich somit dem Kollektiv unter und bilden die **Gefolgsleute von Alpha**. Sie engagieren sich aktiv für die Gruppenleistung, wollen jedoch nicht die Verantwortung für die Willensbildung übernehmen und nicht im Mittelpunkt stehen. Entsprechend engagiert bekämpfen Gamma-Mitglieder auch den (gemeinsamen) Gegner innerhalb der Gruppe, d. h. den Inhaber der Omega-Position.

Hinweis	Ergänzend zu Schindlers Modell werden verschiedene Rollenausprägungen innerhalb der Gamma-Position unterschieden: • Der **Mitläufer** ist der arbeitsame, stille und loyale Gefolgsmann von Alpha. • Der **Helfer** setzt sich aktiv für Alpha ein und geniesst dadurch eine besonders zuvorkommende Behandlung von Alpha. • Der **Ideologe** überwacht die Einhaltung von Normen und hat entsprechend hohe Ansprüche an sich selber. Oftmals hat er mehr Sympathien gegenüber Beta als gegenüber Alpha.

Wer die Gamma-Position aufgeben will, zeigt zunächst **oppositionelle Gedanken** und erwägt einen **Austritt** aus der Gruppe. Sobald sich eine solche Entwicklung zeigt, versucht sich Alpha weiterhin die Gefolgschaft durch Omnipräsenz und gruppenbetonte Aktivitäten zu sichern.

D] Omega-Position

Die Omega-Position übernimmt der **Aussenseiter** innerhalb der Gruppe, der auch als «Sündenbock» oder als «schwarzes Schaf» bezeichnet wird. Paradoxerweise braucht es einen solchen inneren Feind, um die Gruppe zu stabilisieren.

Omega kritisiert Alpha oder stellt unbequeme Fragen; dadurch zieht er die **Aggressionen der Gruppe** auf sich oder wird von der Gruppe in die Aktivitäten nicht mehr mit einbezogen. Omega verkörpert somit einen Gegner, ohne jedoch die Macht des eigentlichen Gegners ausserhalb der Gruppe zu besitzen.

E] Gegner

Der Gegner steht ausserhalb der Gruppe. Er verkörpert ihr Feindbild und vereinigt somit gleiche Merkmale auf sich wie Omega innerhalb der Gruppe.

9.2.2 Riemann-Thomann-Kreuz

Die Grundlage für das Riemann-Thomann-Kreuz lieferte der deutsche Psychologe **Fritz Riemann**. Er verfasste in den 1970er-Jahren eine tiefenpsychologische Studie zu den «Grundformen der Angst», die auf vier verschiedenen **menschlichen Grundstrebungen** basiert: Nähe, Distanz, Dauer und Wechsel. Jeder Mensch kennt diese vier Grundausrichtungen von sich selber, zeigt sie jedoch nicht gleichermassen in zwischenmenschlichen Beziehungen.

Der Schweizer Psychologe **Christoph Thomann**[1] hat dieses Modell für die Arbeitswelt weiter entwickelt. Beim Riemann-Thomann-Kreuz stehen jeweils zwei Grundausrichtungen in einem **Spannungsverhältnis** zueinander: Die Nähestrebung steht der Distanzstrebung gegenüber und die Dauerstrebung der Wechselstrebung.

Abb. [9-3]   Riemann-Thomann-Kreuz

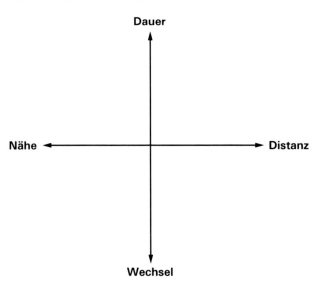

A] Grundstrebungen: Nähe – Distanz und Dauer – Wechsel

Die Nähe- bzw. die Distanzstrebung kreist um die Frage: Wie viel **Zuneigung** und **Verbundenheit** bzw. wie viel **Abgrenzung** und **Selbstständigkeit** brauche ich?

Menschen mit einer ausgeprägten Nähetendenz ziehen typischerweise Moderations-, Teamentwicklungs- oder Personalmanagementfunktionen vor, während distanzorientierte Menschen sich gerne als Fachautoritäten, Kritiker oder Einzelkämpfer behaupten.

Die Dauer- bzw. die Wechselstrebung kreist um die Frage: Wie viel **Berechenbarkeit** und **Zuverlässigkeit** bzw. wie viel **Abwechslung** und **Spontaneität** brauche ich?

Als typische Funktionen für Menschen mit einer ausgeprägten Dauerstrebung gelten das Organisieren, Planen oder Controlling, wogegen nach Wechsel strebende Menschen ihre Stärken am besten als Innovatoren oder Veränderungsmanager entfalten können.

[1]   Thomann, Christoph: Klärungshilfe: Konflikte im Beruf, Rowohlt Taschenbuch Verlag, Reinbek bei Hamburg, 2003.

B] Arbeitsverhalten

Abb. 9-4 und 9-5 zeigen die Grundstrebungen im Arbeitsverhalten.

Abb. [9-4]   Arbeitsverhalten von Nähe – Distanz

Nähe (kommunikativ)	Distanz (strategisch)
• Misst dem guten Arbeitsklima eine zentrale Bedeutung zu. • Schafft eine persönliche Atmosphäre. • Schätzt persönliche Kontakte und Kooperation (bevorzugt Teamsitzungen, -lösungen, -entscheidungen). • Übernimmt gerne eine Vermittlerrolle im Team. • Bevorzugt ein situatives, reaktives und gefühlsmässiges Vorgehen. • Tut sich schwer mit dem Setzen eigener Prioritäten. • Leidet unter zwischenmenschlichem Stress.	• Zieht individuellen Arbeitsstil vor. • Glaubt nicht an harmonisches Arbeitsklima. • Legt Wert auf Ordnung und weiss immer, wo er was findet. • Arbeitet lieber allein. • Hilft sich lieber selber, als andere zu beanspruchen. • Kann gut nein sagen. • Empfindet Sitzungen rasch als unnötige «Plauderstündchen». • Schottet sich bei Stress ab.

Abb. [9-5]   Arbeitsverhalten von Dauer – Wechsel

Dauer (organisierend)	Wechsel (innovativ)
• Ist auf eigene Ressourcen, Termine und Fristen bedacht. • Schätzt klare Hierarchien, Verantwortungs- und Kompetenzbereiche und transparente Entscheidungsabläufe als Bedingungen für ein gutes Arbeitsklima. • Bevorzugt eine systematische Ordnung (Ablagesystem, Listen, Planung). • Betrachtet Kontrolle als selbstverständliche Notwendigkeit. • Wirkt belehrend, wenn er helfen will. • Sucht bei Stress und schwierigen Situationen nach Ursachen, Schuld und Konsequenzen.	• Schätzt ein problemlos-heiteres, oberflächliches Arbeitsklima. • Braucht individuelle Gestaltungsmöglichkeiten bezüglich Arbeitsplatz, Arbeitszeiten, Arbeitsstil usw. • Ist hinsichtlich Ordnung, Fristen, Termine chaotisch und im zwischenmenschlichen Kontakt spontan. • Kann sich rasch entscheiden, denkt zukunftsorientiert. • Ideenlieferant, tut sich schwer mit dem Durchziehen von Ideen. • Ist bei Stress oder Zeitdruck besonders leistungsfähig.

C] Positionierung innerhalb der Grundstrebungen

Bei der Interpretation der vier Grundstrebungen und bei der Selbst- oder Fremdeinschätzung sind die folgenden Hinweise zu beachten:

• Kein Mensch zeigt eine Grundstrebung vollumfänglich, sondern jeder vereinigt eine **Mischung aus sämtlichen Strebungen** in sich, allerdings mit unterschiedlich starker Gewichtung.

• Eine eindeutige Zuordnung ist schwierig, denn man erlebt sich in **verschiedenen Situationen** immer wieder anders. Die Zuordnung steht demnach auch nicht im Vordergrund dieses Modells. Vielmehr gilt es, alle vier Tendenzen als gleichwertig und als notwendig zu akzeptieren. Selbstverständlich sind sie jedoch nicht in jeder Situation gleich erwünscht oder angebracht.

• Im Arbeitsteam geht es darum, **mit den Unterschieden umgehen** zu lernen, nicht sie verkleinern oder vermeiden zu wollen.

Abb. 9-6 veranschaulicht die Positionierung am Beispiel von Stella, Patrizia, Miroslav und Jean, die im Führungsseminar einen ausführlichen Fragebogen zu diesem Modell ausgefüllt und ausgewertet haben.

Abb. [9-6]   Positionierung im Riemann-Thomann-Kreuz (Beispiel)

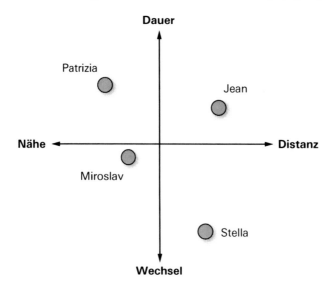

Erläuterungen zur Positionierung:

- **Patrizia** weist eine relativ ausgeprägte Dauer- und Nähestrebung aus; Patrizia schätzt sich selber als zuverlässig, diszipliniert und gut organisiert ein und sieht sich als loyale, umgängliche Führungsperson.
- **Stella** nimmt mit der relativ ausgeprägten Wechsel- und Distanzstrebung eine fast gegenteilige Position ein; sie bezeichnet sich als kreative Querdenkerin, die wenig Wert auf Strukturen legt, und als «Anti-Perfektionistin» rechnet sie damit, dass man sie als Führungsperson entweder sehr schätzt oder nichts mit ihr anfangen kann.
- **Jeans** Distanzstrebung ist ebenfalls ausgeprägt, dabei tendiert er ein wenig zur Dauerstrebung; er behauptet von sich, eine sehr sachorientierte Führungsperson zu sein, und betrachtet klare Ziele und herausfordernde Termine, verbunden mit den entsprechenden Belohnungen, als wichtigste Motivationsinstrumente.
- **Miroslav** ist in allen vier Grundstrebungen ziemlich ausgeglichen positioniert, wobei er leicht zu Nähe/Wechsel tendiert; er sieht sich für seine Projektleitungsfunktion berufen, in der seine persönliche Stärke zum Tragen kommt: «Ich kann mich gut auf Situationen und Menschen einstellen.»

9.2.3   Team-Management-Rad nach Margerison/McCann

Teams werden in den meisten Fällen zusammengestellt, um Problemlösungen zu entwickeln. Jedes Teammitglied übernimmt dabei eine bestimmte Aufgabe und Funktion. Ein gut funktionierendes, erfolgreiches Team setzt sich folglich aus verschiedenen Arbeits-, Denk- und Verhaltensstilen zusammen. Das «Team-Management-Wheel» der Unternehmensberater Charles Margerison und Dick McCann[1] zeigt **acht typische Arbeitspräferenzen** auf.

Sie orientieren sich an den psychologischen Verhaltenstheorien von Carl Gustav Jung, nach denen sich die Persönlichkeit in vier Verhaltensmerkmalen zeigt:

- Wie trifft jemand **Entscheidungen:** eher analytisch oder eher intuitiv?
- Wie **organisiert** sich jemand und andere: eher strukturiert oder eher flexibel?
- Wie verhält sich jemand in **zwischenmenschlichen Beziehungen:** eher extrovertiert oder eher introvertiert?
- Wie nimmt jemand **Informationen** auf und verarbeitet sie: eher praktisch oder eher kreativ?

---

[1] Weitere Informationen zum Team-Management-Rad unter: http://www.tms-zentrum.de.

Damit die verschiedenen Arbeitsstile optimal zur Geltung kommen, braucht es jemanden, der verbindend wirkt und die Gruppe nach aussen repräsentiert. Diese **Koordinationsfunktion** ist in der Mitte des Team-Management-Rads angesprochen (in Englisch: Linker). In der Regel übernimmt der Gruppenleiter diese verbindende Funktion; sie könnte aber auch von einem anderen Teammitglied erfüllt werden.

Abb. [9-7]   Team-Management-Rad nach Margerison/McCann

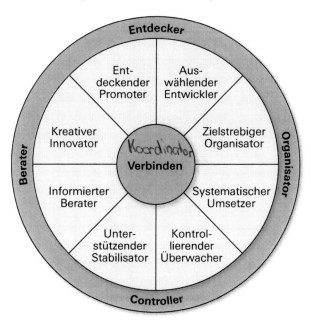

A] Entdeckender Promoter (Explorer-Promoter)

Die Stärken des entdeckenden Promoters sind: den Überblick bewahren, rechtzeitig die notwendigen Kontakte knüpfen, die richtigen Informationen auftreiben und die erforderlichen Hilfsmittel beschaffen. Neuen Ideen gegenüber ist er aufgeschlossen, wobei er sich weniger für die Details interessiert. Er versteht es, andere für Ideen zu gewinnen und ein Team zu repräsentieren.

B] Auswählender Entwickler (Assessor-Developer)

Der auswählende Entwickler zeichnet sich durch analytische und objektive Fähigkeiten aus: Er prüft die Realisierbarkeit neuer Ideen sorgfältig, dabei interessieren ihn vor allem die Markttauglichkeit und die Praktikabilität einer Lösung. Ausserdem engagiert er sich stark für die Verwirklichung geprüfter Ideen, wogegen ihn organisatorische oder Routine-Arbeiten wenig interessieren.

C] Zielstrebiger Organisator (Thruster-Organizer)

Den zielstrebigen Organisator muss man erst von einer neuen Idee überzeugen, bis er sich daran macht, die konkrete Planung und Organisation in die Hand zu nehmen. Seine Stärken liegen demnach im detaillierten Festlegen von Zielen und Terminen, in der Berechnung der erforderlichen Ressourcen (Mittel). Auf ihn kann man sich verlassen, und Krisen erschüttern ihn nicht, sondern spornen in sogar an. Der zielstrebige Organisator schätzt klare Strukturen und orientiert sich stark an der Leistungsfähigkeit.

D] Systematischer Umsetzer (Concluder-Producer)

Der systematische Umsetzer kümmert sich um die Routinearbeit, die zu erledigen ist. Er zeichnet sich durch ein grosses Durchhaltevermögen und Zuverlässigkeit aus; dabei schätzt er klare Vorgaben. Ausserdem verfügt er über eine gesunde «Bodenständigkeit»; er kann sich und das Team realistisch einschätzen.

E] Kontrollierender Überwacher (Controller-Inspector)

Der kontrollierende Überwacher ist ein Spezialist: Er arbeitet sehr konzentriert und gründlich, kümmert sich gerne um die Details in der Ausführung und prüft das Ergebnis haargenau. Er ist «der Mann im Hintergrund», exponiert sich nicht gerne, ist eher kontaktscheu und arbeitet gerne für sich alleine.

F] Unterstützender Stabilisator (Upholder-Maintainer)

Der unterstützende Stabilisator hilft gerne anderen, dies mit einer gewissen Selbstlosigkeit. Innerhalb des Teams wirkt er auf die Beziehungen stabilisierend und wird deshalb oftmals als dessen «Rückgrat» bezeichnet. Er legt grossen Wert darauf, dass Normen und Werthaltungen im Team bestehen bleiben, und bekämpft daher mögliche «Aufwiegler». Gegenüber Veränderungen ist er grundsätzlich misstrauisch eingestellt.

G] Informierter Berater (Reporter-Adviser)

Der informierte Berater kümmert sich um die Informationsbeschaffung und -aufbereitung. Dabei klärt er Sachverhalte bis ins Detail, um Fehlern möglichst vorzubeugen. Zu anstehenden Themen im Team steuert er dementsprechend viel Inhaltliches auf der Sachebene bei. Innerhalb des Teams leistet er vor allem Aufbauarbeit.

H] Kreativer Innovator (Creator-Innovator)

Der kreative Innovator ist der Ideenlieferant im Team; er sorgt für einen «frischen Wind». Er experimentiert gerne mit Neuem und stellt das Bisherige in Frage. Dementsprechend tut er sich mit Hierarchien und Strukturen schwer und arbeitet am liebsten unabhängig und selbstständig. Der kreative Innovator lässt sich nur schwer in ein Team einordnen und gerät besonders für die bewahrenden Kräfte schnell in die Rolle des «schwarzen Schafs».

Zusammenfassung

Gruppendynamische Prozesse laufen in der Regel in vier Phasen ab:

- In der **Forming-Phase** lernen die Gruppenmitglieder sich kennen und konzentrieren sich noch wenig auf die eigentlichen Aufgaben.
- In der **Storming-Phase** kommt es zu Konflikten und Konfrontationen mit den Meinungen der anderen Gruppenmitglieder. Es werden Machtkämpfe ausgetragen.
- In der **Norming-Phase** entwickelt sich ein Gruppengefühl. Es bilden sich akzeptierte Normen und bestimmte Rollenverhalten heraus.
- In der **Performing-Phase** steht die Erfüllung der Aufgaben im Vordergrund.

Die **Rollenverteilung** innerhalb einer Gruppe regelt die Aufgaben, Rechte und Pflichten der Gruppenmitglieder und weckt bestimmte Erwartungen, um ein rollenkonformes Verhalten sicherzustellen.

9 Gruppendynamik und Rollenverhalten

Drei bekannte Ansätze zu Rollenbeschreibungen sind:

	Grundlagen und Ausprägungen des Ansatzes
Soziodynamische Rangstruktur (Schindler)	In jeder Gruppe entwickelt sich eine **Rangdynamik,** aus der sich folgende Positionenverteilung ergibt: • **Alpha:** Gruppenführung, Repräsentant nach aussen • **Beta:** versteckte Gruppenführung, potenzieller Gegenspieler von Alpha • **Gamma:** Gefolgsleute von Alpha, anonyme Mitglieder • **Omega:** Aussenseiter, Sündenbock, inneres Feindbild Der **Gegner** steht ausserhalb der Gruppe und verkörpert somit das äussere Feindbild, von dem sich die Gruppe abzugrenzen bemüht.
Riemann-Thomann-Kreuz (Riemann/Thomann)	Dieses Modell orientiert sich an vier **menschlichen Grundstrebungen,** die sich auch im Arbeitsverhalten zeigen. Jeweils zwei stehen in einem Spannungsverhältnis zueinander: • **Nähe – Distanz** • **Dauer – Wechsel** Jeder Mensch vereinigt eine Mischung aus sämtlichen Grundstrebungen in sich, die er in verschiedenen Situationen anders auslebt; folglich geht es nicht um eine eindeutige Rollenpositionierung.
Team-Management-Rad (Margerison/ McCann)	Dieses Modell geht davon aus, dass sich ein gut funktionierendes Team aus verschiedenen Arbeits-, Denk- und Verhaltensstilen zusammensetzt. Es werden insgesamt acht **Arbeitspräferenzen** unterschieden: • Entdeckender Promoter • Kontrollierender Überwacher • Auswählender Entwickler • Unterstützender Stabilisator • Zielstrebiger Organisator • Informierter Berater • Systematischer Umsetzer • Kreativer Innovator

Repetitionsfragen

31   Ordnen Sie die folgenden Aussagen der zutreffenden Grundausrichtung gemäss dem Riemann/Thomann-Kreuz zu.

A] Aurelia kann mit den regelmässigen Teamsitzungen nicht viel anfangen. Sie beteiligt sich nicht gerne an langwierigen Diskussionen und empfindet diese als vertane Zeit.

B] Bruno bezeichnet sich als einen unverbesserlichen Optimisten. Er kann sich rasch entscheiden und ist den anderen immer einen Schritt voraus.

C] Einige Teammitglieder beneiden Claire um ihre Disziplin und ihre Zielstrebigkeit. Sie schätzt es sehr, bei der Arbeit auf sich alleine gestellt zu sein.

D] Dorian gilt als «Beichtvater» des Teams. Er geniesst grosses Vertrauen und wird gerne als Vermittler eingesetzt.

E] Esther fühlt sich in chaotischen Situationen ausgesprochen unwohl; umso mehr schätzt sie die klaren hierarchischen Verhältnisse, die an ihrer jetzigen Arbeitsstelle herrschen.

32   Welcher Phase des gruppendynamischen Prozesses ordnen Sie die folgenden Ereignisse zu?

A] Die Gruppenmitglieder besinnen sich auf die Vernunft und beginnen gemeinsam, für alle tragbare Ziele zu definieren.

B] Es kommt zu heftigen Streitereien zwischen einzelnen Gruppenmitgliedern.

C] Die Gruppe entfaltet ihre volle Leistungsfähigkeit.

D] Man beschnuppert sich gegenseitig und weiss nicht so richtig, was man voneinander halten soll.

33   Um welche Position in der Rangstruktur nach Schindler geht es bei den folgenden Beschreibungen?

A] Kennt die Interessen der Gruppe sehr genau.

B] Engagiert sich aktiv für die Gruppenleistung, will jedoch nicht im Mittelpunkt stehen.

C] Stellt unbequeme Fragen und wird dadurch als Aussenseiter angesehen.

D] Er argumentiert nicht, sondern agiert.

34   Welchen Arbeitsstil gemäss dem Team-Management-Rad verkörpern die Mitglieder dieses Viererteams?

A] Albert ist der Realist im Team. Er hält wenig von «Luftschlössern» und prüft daher die vorhandenen Ideen erst einmal auf ihre Praktikabilität und Markttauglichkeit hin.

B] Brigitte experimentiert gerne und ist die Ideenlieferantin im Team.

C] Ohne Claudes Bodenständigkeit und Durchhaltewillen würde es dem Team nicht gelingen, die Ideen zu verwirklichen.

D] Dorothea ist die «Frau im Hintergrund»; sie kümmert sich um alle administrativen Details.

Teil D Personal gewinnen, erhalten, fördern und verabschieden

10 Aufgaben des Personalmanagements

Unter Personalmanagement verstehen wir die Summe aller Entscheidungen und Massnahmen, die den einzelnen Mitarbeiter und seinen Arbeitsplatz, aber auch die Zusammenarbeit mit anderen betreffen.

Wir unterteilen das Personalmanagement in **vier Hauptaufgabenbereiche**: die Personalgewinnung, die Personalerhaltung, die Personalförderung und die Personalverabschiedung. Kein Bereich steht für sich, sondern jeder ist eng verknüpft mit den übrigen Bereichen. Daher zeigen die Pfeile in Abb. 10-1 immer in beide Richtungen.

Abb. [10-1]

Aufgaben des Personalmanagements

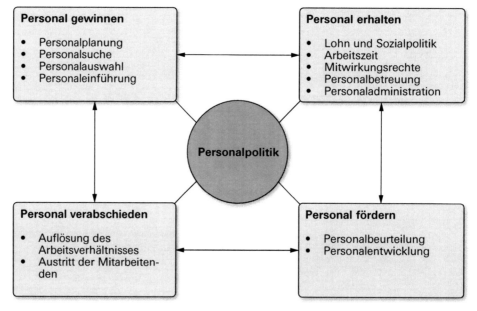

Das Personalmanagement ist ein wichtiger Bestandteil des gesamten Führungsprozesses im Unternehmen. In der **Personalpolitik** werden die allgemeinen Leitlinien, die langfristigen Ziele und Grundsätze des Personalmanagements definiert. Sie bilden die Vorgaben sowohl für die Personalabteilung wie auch für die Linienvorgesetzten.

Beispiel

Auszug aus der Personalpolitik einer Krankenversicherung

Zur Bewältigung unserer Aufgaben und um die Interessen unserer Kunden wahrnehmen zu können, brauchen wir leistungsfähige und kompetente Teams, geleitet von qualifizierten Führungskräften.

Das Know-how erhalten und vermehren wir systematisch durch eine langfristig orientierte Weiterbildungs- und Förderungspolitik auf allen Mitarbeiterstufen.

10.1   Personal gewinnen

Dieser Aufgabenbereich umfasst sämtliche Prozesse und Massnahmen, die mit der Gewinnung von neuen Mitarbeitenden zusammenhängen.

Mit der **Personalplanung** werden die personellen Ressourcen bestimmt, die zur Erreichung der Unternehmensziele erforderlich sind. Sie bildet die Ausgangslage für alle weiteren Personalgewinnungsaufgaben. Der Bedarf richtet sich nach den erforderlichen Kapazitäten (quantitative Bedarfsplanung) und den Anforderungen (qualitative Bedarfsplanung).

Die **Personalsuche** geschieht grundsätzlich über zwei Wege: unternehmensintern durch die Versetzung oder Beförderung von Mitarbeitenden oder auf dem externen Arbeitsmarkt, d. h. ausserhalb des Unternehmens.

Die **Personalauswahl** setzt sich zum Ziel, mittels eines systematischen Auswahlverfahrens den für eine bestimmte Aufgabe am besten geeigneten Bewerber zu finden.

Die bewusste Gestaltung der **Personaleinführung** in Form von Einarbeitungsplänen und Einführungsmassnahmen in die neue Funktion, das Team und die Unternehmenskultur beeinflusst wesentlich, ob die neu angestellten Mitarbeitenden im Unternehmen verbleiben.

10.2   Personal erhalten

Attraktive **Arbeitsbedingungen**, die das Unternehmen seinen Mitarbeitenden bietet, tragen wesentlich zur Personalerhaltung bei. Dazu gehören:

- leistungs- und anforderungsgerechte Löhne sowie grosszügige Sozialleistungen,
- flexible Arbeitszeitregelungen und
- die Mitbestimmungs- bzw. die Mitwirkungsrechte der Mitarbeitenden.

Die Umsetzung des Personalmanagements zeigt sich auch im reibungslosen Funktionieren der **Personaladministration** und in der **Personalbetreuung**, die ausserhalb der eigentlichen Führungsbeziehungen stattfindet. Dafür ist die Personalabteilung zuständig.

10.3   Personal fördern

Die **Personalbeurteilung** nützt allen Beteiligten: Eine objektive Beurteilung des Arbeitsverhaltens, der Leistungen und des persönlichen Potenzials wirkt motivierend und schafft Anreize für die künftige Leistungsbereitschaft der Mitarbeitenden.

Die **Personalentwicklung** umfasst alle Massnahmen, mit denen die Qualifikationen der Mitarbeitenden und damit auch des Unternehmens verbessert werden sollen. Dabei unterscheidet man zwischen bildungsbezogenen Entwicklungsmassnahmen der Aus- und Weiterbildung sowie stellenbezogenen Entwicklungsmassnahmen in Form einer systematischen Laufbahnplanung oder von arbeitsplatzbezogenen Entwicklungsmassnahmen.

10.4   Personal verabschieden

Genauso wie die Personalgewinnung gehört die Personalverabschiedung zu den Personalmanagementaufgaben, die Sie als Führungskraft wesentlich mitprägen. Die **Beendigung des Arbeitsverhältnisses** durch Kündigung, natürliche Abgänge oder Personalabbau löst eine ganze Reihe von Personalaufgaben aus. Dabei muss der Einhaltung **arbeitsrechtlicher Bestimmungen** besondere Aufmerksamkeit geschenkt werden.

Zusammenfassung	Als Führungskraft müssen Sie sich mit sämtlichen Aufgabenbereichen des Personalmanagements befassen:

Personal ...	Aufgaben
gewinnen	Die **Personalplanung** legt den Bedarf an personellen Ressourcen für die Erreichung der Unternehmensziele fest.
	Die **Personalsuche** findet sowohl unternehmensintern als auch auf dem externen Arbeitsmarkt statt.
	Bei der **Personalauswahl** geht es um eine realistische Einschätzung der sich Bewerbenden und um die Selektion der für die Anforderungen einer bestimmten Position bestgeeigneten Person.
	Die bewusste Gestaltung der **Personaleinführung** schliesst den erfolgreichen Personalgewinnungsprozess ab.
erhalten	Attraktive **Arbeitsbedingungen** in Form von Löhnen, betrieblichen Sozialleistungen, Arbeitszeitregelungen und Mitwirkungsmöglichkeiten schaffen wesentliche Grundlagen für die Personalerhaltung.
	Unterstützende Aufgaben werden durch die **Personaladministration** und die **Personalbetreuung** wahrgenommen.
fördern	Eine systematische **Personalbeurteilung** ist für das Unternehmen, die Mitarbeitenden und die Vorgesetzten ein zentrales Führungs- und Förderungsinstrument.
	Die **Personalentwicklung** umfasst die Aus- und Weiterbildung, die Laufbahnplanung und weitere arbeitsplatzbezogene Entwicklungsmassnahmen.
verabschieden	Durch Kündigungen, natürliche Abgänge oder Personalabbau werden bestehende Arbeitsverhältnisse aufgelöst. Bei der Personalverabschiedung müssen unter anderem heikle **arbeitsrechtliche Bestimmungen** eingehalten werden.

11   Personalplanung

Lernziele

Nach der Bearbeitung dieses Kapitels können Sie ...

- erklären, was eine systematische Personalplanung beinhaltet.

Schlüsselbegriffe

Anforderungsprofil, Fachkompetenz, Ich-Kompetenz, Methodenkompetenz, Personalbedarfsplanung, Personaleinsatzplanung, Personalkostenplanung, Sozialkompetenz, Stellenbeschreibung

Die Personalplanung ist das Bindeglied zwischen dem strategischen und dem operativen Personalmanagement, denn sie hat die Aufgabe, das benötigte Personal für die Umsetzung der Unternehmensziele zu ermitteln. Sie richtet sich nach der Gesamt-Unternehmensplanung und wird daher – wie z. B. auch die Finanzplanung – als «Sekundärplanung» bezeichnet.

Abb. 11-1 zeigt die Einordnung der Personalplanung in die Unternehmensplanung.

Abb. [11-1]   Teilgebiete der Unternehmensplanung

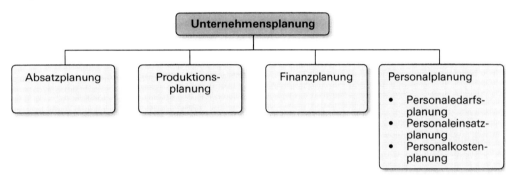

Die Personalplanung hängt massgeblich von allen anderen Teilplänen der Gesamt-Unternehmensplanung ab, insbesondere von der Absatz- und Produktionsplanung. Die Koordination der Unternehmensplanung erfolgt durch eine zentrale Planungsstelle oder die Geschäftsleitung selbst; für die Personalplanung zeichnet die Personalabteilung verantwortlich.

Wie jede andere Planung muss die Personalplanung drei **Bedingungen** erfüllen:

- **Kontinuität:** Die Personalplanung muss der vergangenen Entwicklung und der gegenwärtigen Situation Rechnung tragen.
- **Plausibilität:** Die Personalplanung muss mit den Zielen der anderen Teilpläne übereinstimmen.
- **Ganzheitlichkeit:** Die Personalplanung muss sichtbar dazu beitragen, das übergeordnete Gesamtziel zu erreichen. Dabei richtet sie ihr Augenmerk nicht nur auf die quantitativen, sondern auch auf die qualitativen Planungsfragen.

11.1   Personalbedarfsplanung

Die Personalbedarfsplanung als ein wichtiger Teil der Personalplanung ermittelt, wie viele Mitarbeitende mit welchen Qualifikationen für die Erfüllung künftiger Aufgaben benötigt werden. Es geht dabei also nicht nur um eine zahlenmässige Berechnung, sondern auch um das Festlegen von qualitativen Bedarfskriterien.

Wie jede Planung beginnt auch die Bedarfsplanung mit der Analyse der tatsächlichen Gegebenheiten: Die Ausgangslage für die Personalbedarfsplanung bilden die aktuelle Personalsituation, die aktuellen und zukünftigen Bedürfnisse des Unternehmens und der Mitarbeitenden sowie allfällige unternehmensexterne Einflussfaktoren. Daraus resultieren die Planungsgrundlagen, die über die verschiedenen Funktionsbereiche hinweg koordiniert und mit der Gesamt-Unternehmensplanung abgestimmt werden müssen.

Die Personalbedarfsplanung ergibt einen Ersatzbedarf, einen Neubedarf oder einen Abbau von personellen Ressourcen.

Abb. [11-2]   Ergebnisse der Personalbedarfsplanung

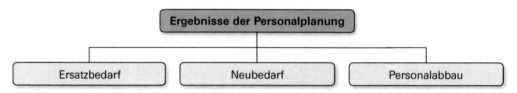

- **Ersatzbedarf** entsteht durch Kündigungen, Beförderungen oder Pensionierungen.
  Folglich braucht es für die Personalplanung genaue Daten zur Altersstruktur der Belegschaft, zur Fluktuation und zu Fehlzeiten.
  Die Planung des Ersatzbedarfs betrifft einen überschaubaren Zeitraum, z. B. ein Jahr. Die Nachfolgeplanung für Führungspositionen muss aufgrund von Einarbeitungs- und Ausbildungszeiten längerfristig angelegt sein. Die entsprechenden Personalentwicklungspläne umfassen daher oft einen Zeitraum von bis zu fünf Jahren.
- **Neubedarf** entsteht aufgrund von Veränderungen in den strategischen Unternehmenszielen: durch Expansionsvorhaben, neu geforderte Qualifikationen z. B. im Produktionsprozess oder in der Informatik, Intensivierung bestimmter Aufgaben wie z. B. des Verkaufsaussendienstes, veränderte Arbeitsbedingungen (mehr Urlaub, kürzere Arbeitszeiten) usw.
  Der Personalneubedarf entsteht meist durch Vorhaben, die sich über einen längeren Zeitraum erstrecken. Entsprechend langfristig muss die Personalplanung sein und entsprechend schwierig sind die künftigen qualitativen Anforderungen einzuschätzen.
- **Personalabbau**, d. h. die Verminderung des Personalbedarfs, kann durch veränderte Unternehmensziele und -massnahmen wie Rationalisierungen, Umstrukturierungen, Stilllegung oder Verlagerung von Betriebsteilen oder aber aufgrund von schwer wiegenden Verlusten im Auftragsbestand nötig werden, s. Kap. 18, S. 188.

Der künftige Personalbedarf wird auf zwei Arten erfasst: Die **quantitative Personalbedarfsplanung** weist die Zahl der Personen aus, die für die Erfüllung der Aufgaben zu einem bestimmten Zeitpunkt und für eine bestimmte Dauer benötigt werden. Werden die notwendigen Qualifikationen ermittelt, so spricht man von **qualitativer Personalbedarfsplanung**.

Abb. [11-3]   Quantitative und qualitative Personalbedarfsplanung

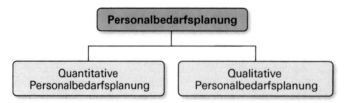

Quantitative und qualitative Personalbedarfsplanung sind in der Praxis nicht zu trennen und daher gleichzeitig durchzuführen. Wir betrachten sie in den folgenden Abschnitten dennoch getrennt, um Ihnen die Eigenheiten aufzuzeigen.

11.1.1 Quantitative Personalbedarfsplanung

Die quantitative Personalbedarfsplanung (Kapazitätsplanung) beantwortet die Frage: «Wie viele personelle Ressourcen brauchen wir, um die Unternehmensziele zu erreichen?»

Es geht dabei um die folgenden Aufgaben:

- Sicherstellen, dass der quantitative Personalbedarf x Jahre, Monate, Wochen, Tage im Voraus erkennbar ist. Er wird meist pro Zielgruppe bestimmt, d. h. nach bestimmten Qualifikationsanforderungen wie Produktionsleiterinnen, Vorarbeiter, Facharbeiterinnen usw.
- Sicherstellen, dass für wichtige Stellen (Schlüsselstellen) der Nachfolgebedarf und mögliche Nachfolger x Jahre vorher erkennbar sind
- Frühzeitiges Erfassen von anderen quantitativen Veränderungen (wie Personalabbau)

Die quantitative **Personalbedarfsplanung** geht von den **Stellen** in einem Unternehmensbereich aus. Der Netto-Bedarf berechnet sich nach folgender Formel:

Abb. [11-4]

Berechnungsformel für Personalbedarf im Fixkostenbereich

Sollbedarf	Geplanter Bedarf anstellen zu einem Zeitpunkt X
– Ist-Bestand	Aktueller Bestand anstellen zum heutigen Zeitpunkt
= Bruttobedarf	Differenz zwischen Sollbedarf und Ist-Bestand
+ Abgänge	Geplant, bis zum Zeitpunkt X
– Zugänge	Geplant, bis zum Zeitpunkt X
= Nettobedarf	Differenz zwischen Bruttobedarf, Ab- und Zugängen Der Nettobedarf enthält folglich den Ersatz- und den Neubedarf.

Nicht nur die organisatorischen Veränderungen im Planungszeitraum sind also bei der Planung zu berücksichtigen, sondern auch die Personenzu- und -abgänge, die bereits feststehen.

11.1.2 Qualitative Personalbedarfsplanung

Mit der quantitativen Eingrenzung des künftigen Personalbedarfs ist die Personalplanung noch nicht erledigt. Ebenso wichtig sind die qualitativen Aspekte – jene, die mit den **Anforderungen** an eine Stelle zu tun haben. Die qualitative Personalbedarfsplanung beantwortet folglich die Frage: «**Welche** personellen Ressourcen brauchen wir, um die Unternehmensziele zu erreichen?»

Für die Ermittlung des qualitativen Personalbedarfs verwendet man die **Arbeitsanalyse**; die Tätigkeiten und Einzelaufgaben einer Stelle werden analysiert und daraus die Anforderungen abgeleitet, die es für diese Stelle braucht. Stellen sind nichts Statisches, sondern können sich in den Tätigkeits-Schwerpunkten oder in den Anforderungen verändern, z. B. dann, wenn neue Technologien eingesetzt werden. Es ist wichtig, die absehbaren Veränderungen in den Anforderungen rechtzeitig zu erfassen, denn sie beeinflussen auch die Planung der Personalentwicklung im Unternehmen.

A] Stelle und Stellenbeschreibung

Die Stelle ist die **kleinste organisatorische Einheit** in der Organisationsstruktur eines Unternehmens. Am deutlichsten sichtbar wird die Stelle im Organigramm, dem Abbild der Organisationsstruktur des Unternehmens:

Abb. [11-5]   Schematische Darstellung von Stellen im Organigramm

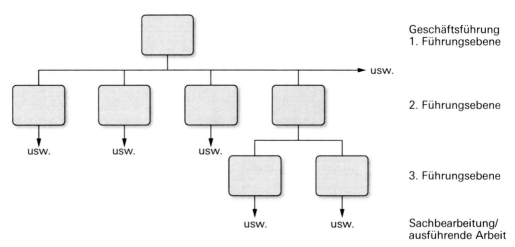

Geschäftsführung
1. Führungsebene

usw.

2. Führungsebene

3. Führungsebene

Sachbearbeitung/
ausführende Arbeit

Die Stelle wird in Form einer **Stellenbeschreibung** definiert, die folgende Informationen enthalten soll:

- Bezeichnung der Stelle,
- Aufgaben: kurze Beschreibung der Aufgaben,
- Verantwortung: Aufgaben, für die der Stelleninhaber verantwortlich ist,
- Kompetenzen: Zuständigkeiten und Befugnisse des Stelleninhabers,
- Hierarchische Stellung: Bezeichnung der Stellung in der Organisationsstruktur des Unternehmens (Vorgesetzte, Unterstellte) und
- Stellvertretung.

Beispiel

Stellenbezeichnung: Leiter Kundendienst	Stelleninhaber: Roman Schläpfer
Abteilung: Kundendienst	Position: Abteilungsleiter
Vorgesetzter: Leiter Marketing	Stv.: Leiter Verkauf

Genereller Aufgabenkreis, Zielsetzung		
Betreuung von Kundenbestellungen und -anfragen (Telefon, Mail, Bestellportal), Führung von zurzeit drei Personen, Redaktion Informationsportal, Koordination von Kundenbestellungen und -anfragen mit Verkauf/Vertrieb/Marketing, Sicherstellung statistischer Daten, kompetente und zuverlässige Vertretung des Unternehmensleitbildes gegen aussen und innen.		
Tätigkeiten, Aufgaben	Priorität	Anteil Arb.zeit
Telefonische Betreuung Kundenkontakte	1	20%
Redaktion und Auswertung Informationsportal	1	20%
Mitarbeiterführung Kundendienst	1	15%
Koordination Kundenbestellungen	1	15%
Erstellen und Auswerten von statistischen Daten	2	10%
Vorbereitung und Unterstützung von Marketingkampagnen	2	10%
Schulung und Information von versch. Mitarbeitenden	3	10%

Kompetenzen		Bemerkungen
Führungskompetenz	Kundendienstmitarbeitende	
Entscheidungskompetenz	Inhalt / Redaktion Informationsportal Auftritt Kundendienst Reklamationen bis CHF 1000.–	

Die Anforderungen einer Stelle ergeben sich aus der Stellenbeschreibung und werden in einem Anforderungsprofil definiert.

B] Anforderungsprofil

Im Idealfall passen Stelle und Mensch, Anforderungen und Qualifikationen perfekt zueinander. Sie sind und bleiben in einem optimalen Gleichgewicht. Aber sowohl der Mensch und seine Qualifikationen wie auch die Stelle und ihre Anforderungen sind Elemente dynamischer Systeme, die sich immer wieder verändern.

Es ist wichtig, verschiedene **Anforderungsarten (Kompetenzen)** zu unterscheiden. Dabei gibt es keine einheitliche Einteilung, und es kommen unterschiedliche Begriffe für die geforderten Kompetenzen vor. In der Praxis verwendet man häufig die folgende Viererteilung, die Sie auch aus Kap. 1.4.3, S. 15 kennen:

- Zur **Fachkompetenz** gehören Fähigkeiten und Kenntnisse, die mit der Berufsausbildung zusammenhängen. Dort wird definiert, was jemanden zum Fachmann qualifiziert.
- Zur **Methodenkompetenz** gehören Fähigkeiten, die das «Wie?», die Arbeitsweise, betreffen, z. B. die Gestaltung von Denkprozessen, die Art der Informationsverarbeitung und der Arbeitsgestaltung usw.
- Zur **Sozialkompetenz** gehört der Umgang mit Menschen – als Vorgesetzte, in der Zusammenarbeit mit Kolleginnen und anderen Abteilungen, aber auch in der Art, wie jemand mit seinen Vorgesetzten zurechtkommt, wie er mit Kunden umgeht usw.
- Zur **Ich-Kompetenz** gehört die Art, wie jemand mit sich selbst umgeht; es geht um persönliche Eigenschaften wie Stabilität, Selbstbeherrschung, Ausgeglichenheit, Emotionalität usw.

Es empfiehlt sich, im **Anforderungsprofil** nicht zu viele Anforderungen aufzulisten, sondern sich auf die wichtigsten zu beschränken.

Beispiel

Auszug aus dem Anforderungsprofil für den Leiter Kundendienst

Die fünfstufige Skala rechts zeigt die Einstufung der Anforderungen an die betreffende Stelle:
++ steht für «sehr wichtig», – – steht für «unwichtig».

Anforderungsprofil: Leitung Kundendienst	++	+	0	–	– –
Fachkompetenz					
Spezifische Fachkenntnisse: Kundendienst, Bestellwesen			x		
Fachkenntnisse: Marketing		x			
...					
Methodenkompetenz					
Planung und Organisation	x				
Problemlösungskompetenz	x				
...					
Sozialkompetenz					
Coachingfähigkeit, Teamförderung	x				
Kommunikationsfähigkeit, sprachlicher Ausdruck	x				
...					
Persönlichkeit (Ich-Kompetenz)					
Vielseitigkeit			x		
Risikobereitschaft				x	
...					

Die in Abb. 11-6 aufgelisteten **Kriterien** helfen beim Erstellen eines Anforderungsprofils.

Abb. [11-6]   Checkliste für Anforderungsprofil

Kriterien	Mögliche Fragen
Ziel und Zweck der Position	• Wie sieht das gewünschte Endprodukt oder die gewünschte Dienstleistung aus? • Welche internen Kontakte sind involviert? • Welche externen Kontakte sind involviert? • Welche Konsequenzen hat eine schlechte Arbeitsleistung/Totalversagen?
Aufgaben der Mitarbeiterin	• Worin liegen die täglichen Aufgaben? • Welches sind die wichtigsten Pflichten? • Wie oft sind diese Pflichten zu erfüllen?
Fachkompetenz	• Welche fachlichen Kenntnisse erfordert die Funktion? • Welche Ausbildung erfordert die Funktion? • Wie viele Jahre Berufspraxis erfordert die Funktion? • Welche fachlichen Fähigkeiten sind unverzichtbar?
Methodenkompetenz	• Welche Fähigkeiten in Bezug auf die Anwendung der fachlichen Kenntnisse sind erforderlich? • Welche spezifischen Methoden oder Techniken müssen beherrscht werden?
Sozialkompetenz	• Welche Fähigkeiten im Umgang mit Menschen sind erforderlich? • Welche besonderen Anforderungen werden an die Zusammenarbeit mit anderen gestellt?
Ich-Kompetenz	• Welche persönliche Einstellung braucht es vor allem? • Welche Charaktereigenschaften stehen im Vordergrund?
Kritische Leistungsfaktoren	• Welche typischen Vorfälle kommen in dieser Funktion vor? • Welche kritischen Leistungsfaktoren ergeben sich daraus?
Entwicklungspotenzial	• Welche Potenziale benötigt der Stelleninhaber, um die Position auch in Zukunft erfolgreich besetzen zu können?

11.2   Personaleinsatzplanung

Bei der Personaleinsatzplanung geht es um die konkrete **Nutzung der Personalkapazitäten,** d. h. um die Steuerung des zeitlichen und örtlichen Einsatzes des zur Verfügung stehenden Personals.

Ausgangspunkt der Personaleinsatzplanung ist die Frage: Was muss in einem bestimmten Zeitraum von wem erledigt werden?

Beispiel

Die Personaleinsatzplanung der Wochen 44–48 für die optimale Auslastung der Fertigungsstrassen in einem Produktionsbetrieb, für die Abdeckung der Kundenfrequenzen in einem Warenhaus, für die Realisierung eines Programmierauftrags in der Informatik usw.

Die **gesetzlichen Vorgaben,** wie z. B. die Ruhezeiten oder die gesetzlichen Feiertage, müssen zwingend eingehalten und die geleisteten Überzeiten mit einem zeitlichen oder finanziellen Zuschlag abgegolten werden.

Die Personaleinsatzplanung erfolgt kurzfristiger und dezentraler als die Planung des Personalbedarfs; sie liegt im Verantwortungsbereich der Führungskräfte, denn nur sie können auf kurzfristige Änderungen der Auftragslage oder der Personalkapazität schnell genug reagieren. Überdies kennen sie die Abwesenheits- und Ferienplanung ihrer Mitarbeitenden am besten, von der die Einsatzmöglichkeiten des Personals ebenfalls abhängen. Die Personalabteilung stellt den Führungskräften die nötigen Informationen und Planungshilfsmittel zur Verfügung und unterstützt bei Bedarf durch Massnahmen, wie Personalversetzung, Suche nach temporären Arbeitskräften, Flexibilisierung bestehender Arbeitszeitmodelle usw.

11.3 Personalkostenplanung

Die Personalplanung hat immer auch mit Kostenplanung zu tun, die festzustellen hat, wie viele Kosten insgesamt anfallen, welche Arten von Kosten anfallen, welche Kosten in den einzelnen Kostenstellen zu verantworten sind und welche Kostenbelastungen auf die einzelnen Kostenträger (die Produkte oder Dienstleistungen) entfallen.

Die Planung der Personalkosten ist ein Teil der Gesamtkostenplanung im Unternehmen, sodass es einen **Koordinationsprozess** zwischen dem Finanz- und Rechnungswesen, der Personalabteilung und den einzelnen Führungsbereichen braucht. Schliesslich machen die Personalkosten vielerorts den entscheidenden Kostenanteil aus.

Die Linienvorgesetzten müssen die kostenmässigen Auswirkungen von Personalentscheidungen rasch abschätzen können. Oftmals werden diese unterschätzt, insbesondere die Kosten der Personalfluktuation. Als Faustregel gilt nämlich: Ein Austritt einer Person mit anschliessender Neubesetzung kostet zusätzlich ein Jahresgehalt der betreffenden Stelle.

Zusammenfassung

Die Personalplanung ist ein Teil der Unternehmensplanung und steht in Abhängigkeit von der Planung der anderen Unternehmensbereiche (z. B. Finanz-, Produktions-, Absatzplanung).

- Bei der **Personalbedarfsplanung** geht es darum, für den Planungszeitraum die Anzahl benötigter Mitarbeitender und deren Qualifikationen festzustellen. Man unterscheidet zwischen der quantitativen und der qualitativen Personalbedarfsplanung:
  - Quantitativ: Grundlage bilden die Unternehmenspläne und -ziele. Man ermittelt die personellen **Kapazitäten** (Anzahl Personen, Arbeitsstunden usw.), die für die Erfüllung der Aufgaben zu einem bestimmten Zeitpunkt benötigt werden.
  - Qualitativ: Grundlage bilden die Stellenbeschreibungen und Anforderungsprofile. Man ermittelt die notwendigen **Qualifikationen** (Kompetenzen, Spezialwissen, Fähigkeiten usw.), die für die Erfüllung der Aufgaben benötigt werden.
- Die **Personaleinsatzplanung** befasst sich mit der Nutzung der vorhandenen Personalkapazitäten.
- Die **Personalkostenplanung** stellt die Kostenauswirkungen von Personalentscheidungen fest.

Aufgrund der Personalbedarfsplanung entstehen drei **Handlungsansätze**:

- **Ersatzbedarf** entsteht durch Fluktuation in Form von Kündigungen, Versetzungen, Beförderungen oder Pensionierungen.
- **Neubedarf** ergibt sich aufgrund von veränderten Unternehmenszielen, z. B. durch Expansionsvorhaben, veränderte Qualifikationen, Arbeitsbedingungen.
- **Personalabbau** ist ebenfalls das Ergebnis von veränderten Unternehmenszielen, z. B. durch Rationalisierungs-, Umstrukturierungs- oder Verlagerungsprojekte oder aufgrund drastischer Auftragsverluste.

---

35   Erstellen Sie nach den folgenden Angaben eine Stellenbeschreibung für eine Produktmanagerin der Modebranche. – Beachten Sie dabei alle sechs Punkte einer vollständigen Stellenbeschreibung, die wir im Kapitel besprochen haben.

Angaben: Die Produktmanagerin der Modebranche betreut ein Produkt von der Planung über die Produktion bis zum Marketing. Designskizzen müssen in ein kollektionsfähiges Produkt umgesetzt werden. Dabei sollten immer die Kosten und die technischen Möglichkeiten berücksichtigt werden. Am Ende der Produktion steht die Qualitätskontrolle, die auch von der Produktmanagerin überwacht werden muss. Zur Arbeit gehört auch der Kontakt zu den Produktionsfirmen und Fabriken.

Nach der Produktion erfolgt die Vermarktung. Eine konkrete Marketingkampagne muss erstellt und organisiert werden. Es müssen auch die entsprechenden Händler und/oder Onlineshops kontaktiert bzw. aufgebaut werden. Vor und nach der Auslieferung ist die Produktmanagerin auch Ansprechpartnerin des Handels. Sie ist verantwortlich für den Umsatz ihrer Abteilung, dem Produktionschef unterstellt und wird von ihrem Arbeitskollegen, der die Herrenmodeabteilung leitet, vertreten.

---

36   Warum ist Planen nicht nur die Beschäftigung mit der Zukunft, sondern auch mit der Vergangenheit und der Gegenwart?

---

12 Personalsuche

Lernziele

Nach der Bearbeitung dieses Kapitels können Sie ...

- die verschiedenen Formen der internen und externen Personalsuche nennen.
- ein Personalinserat formulieren und interpretieren.

Schlüsselbegriffe

Electronic Recruiting, externe Personalsuche, interne Personalsuche, Kontaktpflege, Öffentlichkeitsarbeit, Online-Stellenportal, Personalberatungsfachleute, Personalinserat, Personalsuche, Stelleninserat

Unter der Personalsuche verstehen wir sämtliche Massnahmen, die getroffen werden müssen, um das benötigte Personal mit der verlangten Qualifikation zur richtigen Zeit zu finden. Aus der Personalbedarfsplanung geht der Ersatz- oder Neubedarf an Personal hervor, der die Personalsuche auslöst.

Beispiel

Die Marketingleiterin Sandra Arpagaus muss möglichst bald einen Nachfolger oder eine Nachfolgerin für den bisherigen Leiter des Kundendienstes, Roman Schläpfer, finden. Im bestehenden Kundendienstteam zeichnet sich hierfür keine Möglichkeit ab, sodass sie auf Bewerbungen aus anderen Abteilungen des Unternehmens oder auf eine externe Personalsuche angewiesen ist.

Die Personalsuche und die darauf folgende Personalauswahl sind aus folgenden Gründen zentrale Aufgaben der Personalführung:

- Jede Anstellung ist eine Investition auf mehrere Jahre hinaus. Je nach Mitarbeiterkategorie kann diese Investition bis zu mehreren Millionen Franken betragen.
- Die richtige Selektion bedeutet eine Verminderung der Personalfluktuation, die Erhöhung der Arbeitsproduktivität und eine Stärkung des Gesamtteams eines Unternehmens.
- Die Art und Weise, wie rekrutiert wird, beeinflusst auch das Firmenimage auf dem Arbeitsmarkt.

Eine professionelle Personalsuche setzt ein strukturiertes Vorgehen – von der Stellenausschreibung bis zum Eintreffen von Bewerbungen – voraus. Dazu stehen grundsätzlich zwei Wege offen: Die interne Personalsuche richtet sich an Mitarbeitende im Unternehmen, die an einer Veränderung interessiert sind; die externe Personalsuche wendet sich an den Arbeitsmarkt ausserhalb des Unternehmens.

12.1 Interne Personalsuche

Im Zusammenhang mit der internen Personalsuche stellen sich folgende Fragen:

- Können wir offene Stellen (Vakanzen) durch Versetzungen oder Beförderungen von bestehenden Mitarbeitenden besetzen?
- Wo gibt es Versetzungswillige oder Nachwuchskräfte, die in Frage kommen: im eigenen Bereich, in anderen Bereichen des Unternehmens oder in anderen Unternehmen des Konzerns?

In Abb. 12-1 sind die wichtigsten Vor- und Nachteile der internen Personalsuche aufgelistet.

Abb. [12-1]   Vor- und Nachteile der internen Personalsuche

	Aus ökonomischer Sicht	Aus sozialer Sicht
Vorteile	• Geringeres Auswahlrisiko, weil die Kenntnisse und Fähigkeiten der Mitarbeitenden bekannt sind • Schnelleres Einarbeiten in die neue Aufgabe, weil bereits erworbene Erfahrungen und Kontakte genutzt werden können • In der Regel schnellere Durchführung der Personalsuche • Geringere Kosten für die Suche	• Motivation der Mitarbeitenden durch Karrieremöglichkeiten • Mitarbeitende empfinden eine höhere Arbeitsplatzsicherheit • Veränderungsbedürfnisse der Mitarbeitenden können berücksichtigt werden
Nachteile	• Ein zu grosser Anteil an interner Nachbesetzung fördert die Betriebsblindheit • Widerstand von Vorgesetzten bei Abwerbung guter Mitarbeitender	• Demotivation der internen Kandidaten bei einer Absage • Akzeptanzprobleme bei den Teammitgliedern, wenn der Kollege zum Chef wird

Offene Stellen werden unternehmensintern vor allem über folgende Wege kommuniziert: Anschlag am «schwarzen Brett», Stellenbulletin im Intranet, Information an Vorgesetzte und Direktansprache von potenziellen internen Bewerbenden. Bei der internen Personalsuche müssen klare Spielregeln gelten, denn von der Art, wie interne Bewerbungen abgewickelt werden, hängt das Interesse der eigenen Mitarbeitenden an einem internen Stellenwechsel und somit am längerfristigen Verbleib im Unternehmen ab. So ist jede interne Bewerbung sorgfältig zu prüfen und eine Nichtberücksichtigung in einem persönlichen Gespräch zu erörtern.

12.2 Externe Personalsuche

Die **externe Personalsuche** hat das Ziel, auf dem Stellenmarkt neue Mitarbeitende für das Unternehmen zu finden. Das Potenzial an geeigneten externen Bewerbenden hängt einerseits von äusseren Bedingungen ab, wie der konjunkturellen Situation, Branche, Mobilität usw. Andererseits trägt das Image des Unternehmens wesentlich dazu bei, ob und wie viele gute Bewerbungen für eine offene Stelle eintreffen.

12.2.1 Personalinserat publizieren

Das bekannteste Instrument für die Personalsuche sind Inserate im Internet auf der eigenen Homepage oder in einem Online-Stellenportal, in regionalen und überregionalen Tages- oder Wochenzeitungen, in Fachzeitschriften, allenfalls auch am Anschlagbrett von Universitäten oder anderen Bildungsstätten. Die Kosten einer Inserateschaltung in der Tagespresse sind in der Regel höher als in einem Internetportal. Bei Inseraten in Fachzeitschriften ist zu bedenken, dass diese oft nur monatlich erscheinen und so der Rekrutierungsprozess länger dauert als bei Schaltungen im Internet oder in der Tagespresse.

Heute ist das Internet aus der Personalgewinnung nicht mehr wegzudenken. Bestimmt haben auch Sie bereits eine Stellenbörse auf dem Internet aktiv besucht, ob ein Stellenportal oder die entsprechende Angebotsseite auf der Homepage eines Unternehmens. **Electronic Recruiting** (E-Recruiting) ist der elektronisch unterstützte Personalgewinnungsprozess.

Wenn Sie auf der Homepage Ihres Unternehmens Stelleninserate platzieren, sollten Sie folgende besondere Punkte beachten:

- **Auffindbarkeit:** Die Seite sollte schnell und einfach auffindbar sein, indem es auf der Homepage einen direkten und gut erkennbaren Hinweis (Link) zu Stellenangeboten gibt.
- **Benutzerfreundlichkeit und Navigation:** Die Seite muss logisch, übersichtlich und zweckdienlich gegliedert sein und einfach bedient werden können.
- **Interaktivität:** Man versteht darunter den Dialog zwischen Computer und Benutzer. Schöpfen Sie die vorhandenen technischen Möglichkeiten aus, und bieten Sie ein Online-Bewerbungsformular (für eine aktuelle offene Stelle oder für Spontanbewerbungen) an, über das interessierte Personen sich direkt bei Ihnen melden und ihr Dossier übermitteln können, und ermöglichen Sie den Zugang zu Mailinglisten usw.
- **Sicherheit:** Prüfen Sie bei den entsprechenden Fachstellen, ob Sie den vom Gesetzgeber geforderten Persönlichkeits- und Datenschutz einhalten. Online-Bewerbungen müssen die Anforderungen an eine sichere Übermittlung erfüllen. Es muss auch klar und transparent beschrieben werden, wie die Daten gespeichert, verarbeitet und zu einem späteren Zeitpunkt wieder gelöscht werden.

Online-Stellenportale haben sich auf die Inserateschaltung und Abwicklung von elektronischen Bewerbungen im Internet spezialisiert. Die meisten bieten zwei Möglichkeiten an:

- das Aufschalten von Einzelinseraten, wobei dem Inserenten der Preis pro Stelleninserat und pro Monat verrechnet wird, oder
- das Lösen eines Kundenkontos (Account), womit ein Unternehmen für einen gewissen Zeitraum beliebig viele Stelleninserate aufschalten kann.

Hinweis	Einige Links zu Schweizer Stellenportalen:

www.jobpilot.ch	www.jobwinner.ch	www.topjobs.ch
www.jobs.ch	www.stellen.ch	
www.jobscout24.ch	www.stepstone.ch	

12.2.2 Zusammenarbeit mit Personalberatungsfachleuten

Insbesondere bei der Suche von Führungskräften oder speziell qualifiziertem Personal ist die Zusammenarbeit mit Personalberatungsfachleuten üblich. Sie empfiehlt sich auch aus Diskretionsgründen, wenn der Firmenname aus branchen- oder unternehmensinternen Gründen verschwiegen werden muss oder wenn man den beträchtlichen Aufwand der Personalsuche und der nachfolgenden Vorauswahl an erfahrene Fachleute delegieren möchte. Als Spezialisten übernehmen Personalberatungsfachleute die vereinbarten Rekrutierungsleistungen: Sie schalten das Personalinserat, treffen eine Vorauswahl aus den eingegangenen Bewerbungen, führen ein erstes Vorstellungsgespräch und empfehlen Bewerber für die engere Auswahl.

Die Personalberatungsfachleute setzen heute das E-Recruiting aktiv ein. Auch potenzielle Kandidaten können selber aktiv werden, indem sie sich in der Online-Datenbank registrieren. Erste mögliche Übereinstimmungen zwischen offenen Stellenprofilen und vorhandenen Bewerberprofilen lassen sich mithilfe einer solchen Online-Datenbank effizient ermitteln. Gibt es solche, werden die potenziellen Bewerbenden umgehend kontaktiert.

Obwohl die gezielte Abwerbung bei anderen Unternehmen als unfair gilt, wird sie vor allem bei hoch qualifizierten Führungskräften und Spezialisten praktiziert. Die Berufsgruppe der Headhunter hat sich auf solche Mandate spezialisiert. Sie werben potenzielle Kandidatinnen bei anderen Unternehmen ab. Solche Mandate werden in der Regel auf Erfolgsbasis abgeschlossen und sind teurer als die üblichen Personalvermittlungen.

Auch die **regionalen Arbeitsvermittlungszentren** (RAV) bieten eine unentgeltliche Personalvermittlung an.

12.2.3 Kontaktpflege und Öffentlichkeitsarbeit

Neben den bereits genannten gibt es noch viele andere Möglichkeiten der externen Personalwerbung. Es handelt sich dabei vor allem um mittelfristig wirksame Massnahmen, die auf der Pflege des eigenen Kontakt-Netzwerks und der Öffentlichkeitsarbeit (Public Relations oder PR) beruhen:

- Gezieltes persönliches Ansprechen von potenziellen Kandidatinnen oder Meinungsbildenden (z. B. von Dozierenden, die Studierende oder Assistierende empfehlen können)
- Kontaktpflege mit Lehrpersonen, Berufsberatern usw.
- Teilnahme an Kontaktgesprächen in Schulen, Hochschulen, an Tagungen und Kongressen
- PR-Aktivitäten, wie «Tag der offenen Tür», Messeaktionen, in Karriereratgebern, Universitätshandbüchern, Beilagen zu Zeitschriften usw., die das Unternehmen mit der Öffentlichkeit in Kontakt bringen

Die Langzeitwirkung solcher Kontaktpflege und Öffentlichkeitsarbeit darf nicht unterschätzt werden. Sie bildet einen fruchtbaren Boden für gezielte Werbe- und Rekrutierungsmassnahmen.

12.3 Personalinserat verfassen

Personalinserate wenden sich an zukünftige Mitarbeitende und sollten deren Interesse für das Unternehmen und die offene Stelle wecken. Man kann das Personalinserat als einen Gesprächsanfang sehen. Wir empfinden es als gelungene Kommunikation, wenn die Informationen glaubwürdig sind und mit dem übereinstimmen, was zwischen den Zeilen gesagt wird. Genauso ist es mit dem Personalinserat: Es soll die potenziellen Bewerbenden auf der Sach- und auf der Beziehungsebene erreichen, sie informieren, aber auch einen persönlichen Kontakt herstellen und sie zu einer Bewerbung motivieren.

Beachten Sie die folgenden Hinweise zum Formulieren von Personalinseraten:

- **Im Zentrum steht der Bewerber:** Viele Inserate wirken blass, gesichtslos, trocken und angebotsorientiert, kurz: für profilierte Bewerber nicht ansprechend genug. Ein gutes Inserat ist hingegen bewerberorientiert: Es führt bei der Leserin zu einer Auseinandersetzung, ob die angebotene Position zu den eigenen Erwartungen und Fähigkeiten passen könnte.
- **Informativ:** Der Bewerber bekommt alle Informationen, die er für seine erste Entscheidung braucht: klar, wahr und umfassend genug.
- **Selektiv:** Das Inserat soll ansprechen, informieren, aber auch filtern. Ein gutes Inserat zieht nicht möglichst viele, sondern möglichst viele geeignete Bewerberinnen an.
  Dies ist auch aus folgendem Grund wichtig: Sie gewinnen Zeit und sparen Kosten, wenn Sie möglichst viele geeignete Bewerbungen erhalten und nach einer ersten Prüfung nicht unnötig viele Absagen erteilen müssen.
- **Gut gestaltet:** Die grafische Aufmachung und äussere Form soll Aufmerksamkeit wecken, mit der Botschaft des Inserats übereinstimmen und die inhaltlichen Informationen strukturieren.
- **Im richtigen Medium:** Inserate müssen das Zielpublikum in seinen bevorzugten Zeitungen, Internetportalen oder Fachzeitschriften erreichen.

Abb. 12-2 gibt Ihnen eine Übersicht über die wichtigsten **Sachinformationen,** die ein Personalinserat enthalten sollte.

Abb. [12-2]   Sachinformationen im Personalinserat

1. Das Unternehmen – «Wir sind ...»
Firmenname und -anschrift, Branche, Leistungsprogramm (Produkte, Dienstleistungen), Entwicklung des Unternehmens (Traditionen), Bedeutung des Unternehmens insgesamt bzw. einzelner Leistungsbereiche (Umsatz, Marktanteile), Grösse (Mitarbeiterzahl), Rechtsform, Besitzerverhältnisse (Konzernzugehörigkeit, Familienbetrieb), Kapitalkraft, Ertragskraft, Zukunftsaussichten, Unternehmens- bzw. Führungsphilosophie, Betriebsklima, Standort (z. B. auch Verkehrs- und Schulverhältnisse, Freizeitwert).
2. Die zu besetzende Position «Wir suchen ...»
Positionsbezeichnung, funktionale und hierarchische Eingliederung, Tätigkeitsmerkmale, Aufgabenbeschreibung, Leistungsziele bzw. Leistungsstandards, Grad der Selbstständigkeit, Kompetenzen, Entwicklungsmöglichkeiten, soziale Struktur im Umfeld der Position (Vorgesetzte, Kollegen, Mitarbeitende), Führungsstil im entsprechenden Bereich, Gründe für die Stellenausschreibung.
3. Die Anforderungen an den Stelleninhaber – «Wir erwarten ...»
Kenntnisse und Fertigkeiten (Ausbildungsrichtung und -niveau), gewünschte Erfahrungen, erforderliche bzw. erwünschte Eigenschaften in Bezug auf Leistungs-, Kooperations- und Führungsverhalten, Alter (z. B. Mindest- oder Höchstalter), Geschlecht, Nationalität, erforderliche bzw. erwünschte Einstellungen und Haltungen, besondere Belastbarkeit (z. B. für Schichtdienst, Reisetätigkeit, Auslandaufenthalte), Eignung der Position für besondere Gruppen (z. B. Schwerbehinderte).
4. Die betrieblichen Leistungen (das Anreizsystem) – «Wir bieten ...»
Höhe bzw. Grössenordnung des Lohns, Erfolgsbeteiligung, Sozialleistungen (vor allem besondere), Fortbildungsangebote, Aufstiegsmöglichkeiten, Urlaubs- und Arbeitszeitregelungen (z. B. gleitende Arbeitszeit), Modernität der Fertigungs- bzw. Büroeinrichtungen, Image des Unternehmens, Hilfe bei der Wohnungssuche, Firmenwagen.
5. Bewerbungsmodalitäten – «Ihre Bewerbung ...»
Bewerbungsart (per Post, online), Bewerbungsweg (direkt oder indirekt über Chiffreadresse oder über Personalberatung), erforderliche Bewerbungsunterlagen, Bewerbungssicherung (Sperrvermerke, vertrauliche Behandlung usw.), Ansprechperson bzw. -abteilung.

Interessierte möchten die **wichtigsten Informationen über das Unternehmen** erfahren, damit sie sich einerseits ein Gesamtbild machen und andererseits die Besonderheiten erkennen können. Die Informationen über die **Aufgabe und Position** sind das Kernstück eines Personalinserats. Man muss sich die zukünftige Funktion mit der damit verbundenen Verantwortung und den Kompetenzen lebhaft vorstellen können. Schliesslich wollen Sie, dass sich jemand vor seiner Bewerbung damit differenziert auseinandersetzt. Auf welche Eigenschaften kommt es bei der betreffenden Stelle besonders an? Die zwingenden und die wünschenswerten **Anforderungen** geben Aufschluss über das Mitarbeiterprofil, das Sie suchen. Alle Informationen über die **betrieblichen Leistungen** müssen auf die Zielgruppe zugeschnitten sein. Beispielsweise sind gute Sozialleistungen heutzutage eine Selbstverständlichkeit für Führungskräfte, während Angelernte hierzu eine Aussage erwarten. Zu den formalen Angaben gehören die **Bewerbungsmodalitäten**. Definieren Sie, in welcher Form Sie die Bewerbung erwarten, wer die Ansprechperson für die Bewerbung ist, und sichern Sie die vertrauliche Behandlung der Bewerbung ausdrücklich zu.

Beachten Sie, dass Sie die geltenden **arbeitsrechtlichen Bestimmungen** bei der Formulierung eines Personalinserates einhalten: Demnach dürfen grundsätzlich keine ausschliesslichen Kriterien bezüglich Alter, Geschlecht oder Nationalität vorkommen, sondern die Stelle muss neutral ausgeschrieben werden. Wenn Sie dennoch ein ausschliessliches Kriterium verwenden, müssen Sie dies begründen, indem Sie z. B. die aktuelle Teamkonstellation von ausschliesslich jungen Mitarbeitenden beschreiben.

Beispiel   Nicht zulässig ist die Formulierung: «Wir suchen eine 25- bis 30-jährige Sekretärin.»

Abb. [12-3]   Stelleninserat (Beispiel)

[Logo]

Wir sind ein führender Anbieter von hochwertigen Bauwerkstoffen in der Ostschweiz. Mit der konsequenten Marktausrichtung und Weiterentwicklung von Service- und Beratungsdienstleistungen wollen wir unsere Position weiter stärken. Deshalb suchen wir Sie, eine kommunikative und initiative Nachwuchs-Führungskraft, als

Teamleiter/-in Kundendienst

Wir zählen auf Sie:
Sie führen unseren Kundendienst, personell wie fachlich. Im lebhaften Tagesgeschäft sorgen Sie für einen reibungslosen Ablauf bei den Kundendienstleistungen, pflegen das Informations- und Bestellportal und koordinieren die zahlreichen Aktivitäten mit dem Verkauf, Marketing und Vertrieb. Sie führen ein kleines Team von qualifizierten Mitarbeitenden und schätzen es, selber tatkräftig anzupacken.

Wir erwarten von Ihnen:
Sie verfügen über eine technische oder kaufmännische Ausbildung und Erfahrung im Innen- oder Kundendienst, vorzugsweise in der Baubranche. In Ihrer bisherigen Tätigkeit haben Sie Ihre Führungsfähigkeiten erfolgreich gezeigt. Sie sind eine zielorientierte, kommunikationssichere Persönlichkeit, zu Ihren Stärken gehören ein hohes Verantwortungsbewusstsein, Ihre ausgeprägte Problemlösungsfähigkeit und Belastbarkeit, auch in hektischen oder schwierigen Situationen.

Sie schätzen an uns:
Eine interessante, abwechslungsreiche und anspruchsvolle Aufgabe, bei der Sie Ihre Fähigkeiten und Ihr Wissen optimal einsetzen können. Eine moderne Infrastruktur und ein kompetentes, junges Team in einem dynamischen Unternehmen. Die Gelegenheit, Ihre Stärken einzubringen und sich gezielt weiter entwickeln zu können.

Sind Sie interessiert? Dann senden oder mailen Sie uns bitte Ihre Bewerbungsunterlagen:

[Adresse]

Frau Sandra Arpagaus, Leiterin Marketing, steht Ihnen für erste Fragen gerne zur Verfügung – Tel. [Nr.].

Gute Inserate sind mehr als gut zusammengestellte und klug formulierte Informationen. Sie haben ein **Leitthema,** um den Bewerber auch emotional anzusprechen. Oft sind das Bedürfnisse, die mit der neuen Aufgabe erfüllt werden können. Fragen Sie sich, was die zu besetzende Stelle einer potenziellen Bewerberin im Idealfall bieten bzw. welche Bedürfnisse der ideal geeignete Mitarbeiter darin verwirklichen kann. Somit erhalten Ihre Inserate ein Leitthema.

Zusammenfassung

Die **interne** Personalsuche besteht vor allem aus **Versetzungen** oder der Beförderung von bestehenden Mitarbeitenden in neue Positionen.

Für die **externe** Personalsuche stehen verschiedene Wege offen:

- Am bekanntesten ist das **Personalinserat** in einem Online-Stellenportal, auf der Unternehmens-Homepage, in Zeitungen oder Fachzeitschriften.
- Viele Unternehmen beauftragen spezialisierte externe **Personalberatungsfachleute** mit der Suche und Vorselektion der Nachfolgekandidaten.
- Die Pflege des eigenen **Kontakt-Netzwerks** und **Öffentlichkeitsarbeit** erschliessen ebenfalls wichtige potenzielle Bewerberquellen.

Ein gutes **Personalinserat** ist bewerberorientiert verfasst; es gibt anschaulich klar und wahr Auskunft über:

- das Unternehmen: «Wir sind ...»,
- die Aufgabe: «Wir suchen ...»,
- die Anforderungen: «Wir erwarten ...»,
- die betrieblichen Leistungen: «Wir bieten ...» und
- die Bewerbungsmodalitäten: «Ihre schriftliche/elektronische Bewerbung ...».

Repetitionsfragen

---

37   Nennen Sie je zwei Argumente, die dafür sprechen, dass die Personalsuche

A] durch die Personalabteilung des Unternehmens erfolgt,

B] einem externen Personalberater in Auftrag gegeben wird.

---

38   Listen Sie alle Informationen auf, die Ihrer Meinung nach im folgenden Inserat fehlen.

> Liegenschaftsverwaltung in Basel sucht nach Vereinbarung:
>
> Kreditorenbuchhalter/-in (70–100 %)
> - Als Sachbearbeiter/-in kontieren, erfassen und verbuchen Sie Lieferantenrechnungen selbstständig und erstellen die Zahlungsdokumente.
> - Sie verfügen über erste Erfahrungen in der Buchhaltung und haben gute Deutschkenntnisse.
> - Die EDV-Tastatur beherrschen Sie blind.
>
> Bitte senden Sie Ihre schriftliche Bewerbung mit den üblichen Unterlagen an: ...

---

39   Beurteilen Sie die folgenden Aussagen. Stimmen sie?

A] Mit dem E-Recruiting kann der administrative Aufwand für die Personalsuche reduziert werden.

B] Die Online-Stellenbewerbung wird vor allem für die externe Personalsuche eingesetzt.

C] E-Recruiting wird sich nicht durchsetzen, weil es ein zu grosses Sicherheitsrisiko mit sich bringt.

---

13   Personalauswahl

Lernziele

Nach der Bearbeitung dieses Kapitels können Sie …

- die wichtigsten Beurteilungskriterien für Bewerbungsdossiers anwenden.
- den Aufbau eines Vorstellungsgesprächs erläutern.

Schlüsselbegriffe

Assessments, Beurteilungsfehler, Bewerbungsunterlagen, Gesprächsauswertung, Graphologie, Lebenslauf, Personalauswahl, Referenzen, Tests, Vorselektion, Vorstellungsgespräch, Zeugnisse

«Die richtige Person – zur richtigen Zeit – am richtigen Ort!» Mit diesem Schlagwort ist das Ziel des Personalauswahlverfahrens bereits genannt: unter einer Vielzahl von Bewerbungen jene Person zu finden, die zum Anforderungsprofil der Stelle und in das jeweilige Team am besten passt. Das Flussdiagramm in Abb. 13-1 zeigt die Vorgehensschritte bei der Personalauswahl auf.

Abb. [13-1]   Personalauswahl

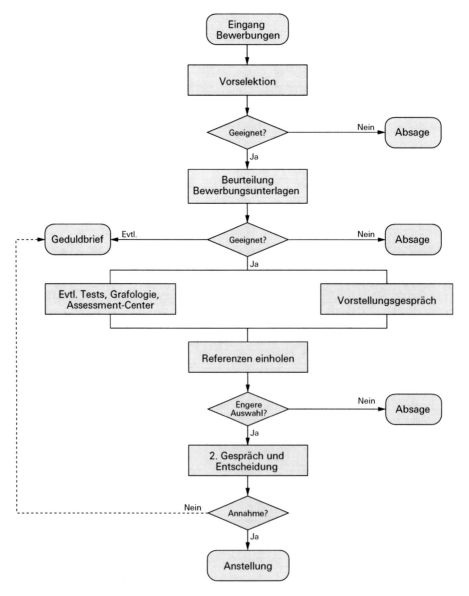

Die Auswahl beginnt mit dem Eingang des Bewerbungsdossiers, wird mit der Analyse der Unterlagen, durch persönliche Gespräche fortgesetzt und mit verschiedenen Auswahlverfahren verfeinert. – In den folgenden Abschnitten behandeln wir diese Teilschritte eingehender.

Beispiel

Aufgrund des Inserats für die Leitung des Kundendienstes sind mehr als 30 Bewerbungen eingetroffen. Sandra Arpagaus weiss, dass sie ein systematisches Vorgehen braucht, um effizient einen guten Überblick über die verschiedenen Bewerbungsunterlagen zu gewinnen.

Wichtige Anhaltspunkte für die Personalauswahl findet sie in der Stellenbeschreibung und im Anforderungsprofil, die Ihnen aus dem Teil A dieses Lehrmittels bekannt sind.

13.1 Vorselektion

Je nach Situation erhält man nach und nach eine Vielzahl von Bewerbungen, die man natürlich nicht unverzüglich bearbeiten kann. Warten Sie nicht, bis keine Bewerbung mehr eingeht, sondern bestätigen Sie jedes Schreiben mit einem **Zwischenbescheid**. Auch ein Standardbrief kann aufmunternd und freundlich wirken; er stellt immerhin den nächsten Kontakt nach dem Stelleninserat dar.

Bei der ersten Durchsicht der Bewerbungen fallen Ihnen gleich die überdurchschnittlich guten und die eindeutig nicht geeigneten auf.

Beispiel

Die 34 Bewerbungen für die Leitung Kundendienst ergeben folgendes Bild:

- 8 Bewerbungen für diese Stelle sind überdurchschnittlich gut und daher sehr interessant.
- 15 Bewerbungen müssen abgelehnt werden; einige Bewerbende scheinen überqualifiziert, die meisten klar zu wenig qualifiziert für diese Stelle zu sein.
- Die restlichen 11 Bewerbungen bewegen sich dazwischen; sie sind für diese Stelle allenfalls geeignet.

Scheiden Sie die offensichtlich ungeeigneten Bewerbungen als Erstes aus. Schreiben Sie im **Absagebrief** nicht einfach nichtssagende, standardisierte Floskeln, sondern begründen Sie wenn möglich kurz Ihren negativen Bescheid. In jedem Fall können abgewiesene Bewerbende jederzeit den Grund für die Nicht-Berücksichtigung anfragen. Die **Bewerbungsunterlagen** müssen Sie ebenfalls zurückschicken. Bei Absagen wird gewöhnlich das Bewerbungsschreiben, zusammen mit der Kurzbeurteilung und der Begründung, aufbewahrt.

13.2 Beurteilung der Bewerbungsunterlagen

Die erste Auswahl beruht auf relativ oberflächlichen Vergleichen. Beim näheren Prüfen der Bewerbungen fallen Ihnen auch **feinere äussere Unterschiede** zwischen den einzelnen Bewerbungsschreiben auf: Manche sind sehr sauber und übersichtlich aufgebaut; die Beilagen wie Lebenslauf, Foto, Zeugniskopien sind gut geordnet und vollständig; andere sind so ausführlich, dass die wichtigen Informationen untergehen usw.

Ein einfaches Formular hilft Ihnen, den ersten Eindruck zu systematisieren.

Sandra Arpagaus hat eine erste Einschätzung der eingegangenen Bewerbungen für die Kundendienstleitung vorgenommen:

Bewerber/-in	Ausbildung tech./kaufm.	Branchen- erfahrung	Kundendienst- erfahrung	Eindruck Bewerbung
Monica Weigelt	Kaufm.	Sehr gut	3 Jahre	O.k., unauffällig
Reto Hofstetter	Tech.+kaufm.	Gut	2 Jahre	Sehr gut
Jan Lötscher	Kaufm.	Sehr gut	1 Jahr	Gut
Martin Fischer	Tech.	Gut	3 Jahre	O.k.
Nathalie Künzli	Kaufm.	Keine	4 Jahre	Sehr gut
...				

Hinweis: Die Spalten können beliebig erweitert werden, je nach Fragestellung und Position.

In den nachfolgenden Abschnitten finden Sie die wichtigsten Merkpunkte für die Prüfung der geeigneten Bewerbungen.

13.2.1 Beurteilung des Bewerbungsschreibens

Eigentlich ist die Bewerbung der erste Auftrag, den jemand für Sie zu erledigen hat. Denn das Inserat stellt eine Reihe von klaren Anforderungen: das Formulieren eines Bewerbungsbriefs, das Aufsetzen eines Lebenslaufs, das Zusammenstellen der Zeugnisse usw.

Fragen Sie sich: Wie haben die einzelnen Bewerbenden diesen Auftrag erfüllt?

Schon auf den ersten Blick können Sie die **äussere Form** und Aufmachung eines Bewerbungsschreibens beurteilen. Seien Sie aber vorsichtig mit Ihrem Urteil, und ziehen Sie keine voreiligen Schlüsse. Rund zwei Drittel der Bewerbungsschreiben entsprechen den grundsätzlichen Anforderungen; sie sind **klar, sauber, nicht zu lange** und enthalten dennoch **alle wichtigen Informationen**. Sie wirken demnach neutral und unauffällig.

Inhaltlich muss das Bewerbungsschreiben:

- an das Inserat anknüpfen, z. B. durch Erwähnung der ausgeschriebenen Position, der darin erwähnten Entwicklungsmöglichkeiten usw.,
- die wichtigsten Informationen über den Bewerber enthalten,
- seine Motive für die Bewerbung aufzeigen und
- sein Interesse an einem gemeinsamen Gespräch bekunden.

Auch diese Anforderungen erfüllen rund zwei Drittel der Bewerbungen. Das restliche Drittel geht eigene Wege, die positiv oder negativ wirken können. So beeindruckt eine Bewerbung in lebendigem Sprachstil als besonders spontan und natürlich, während eine andere plump wirkt, weil allzu viele Modewörter darin vorkommen. In jedem Fall muss das Bewerbungsschreiben auf die ausgeschriebene Position passen.

An einen Verkaufsleiter werden Sie andere sprachliche Massstäbe als an eine Werkstattchefin setzen. Wenn sich die künftige Werkstattchefin weniger gewandt ausdrückt, hat dies eine andere Bedeutung als bei einem künftigen Verkaufsleiter.

13.2.2 Analyse des Lebenslaufs

Der Lebenslauf ist das Schlüsseldokument einer Bewerbung. Er zeigt die Gesamtentwicklung einer Bewerberin auf und gibt einen Einblick in die berufliche Dynamik, in persönliche Leitmotive und in die Lebensumstände.

Im Lebenslauf sollten Sie Angaben zu den in Abb. 13-2 aufgelisteten Punkten finden.

Abb. [13-2]   Checkliste für Analyse Lebenslauf

Punkt	Inhaltliche Angaben und Aussagen
Allgemeine Informationen	Vorname, Name, Alter, Geschlecht, Familienstand, Adresse, Kontaktinformationen
Schulische Ausbildung	Schwerpunkte, Ausbildungsabschlüsse, Leistungen, Stärken und Schwächen
Berufliche Aus- und Weiterbildung	Ausbildungswahl, Schwerpunkte, Gründe für Fehlleistungen, Kongruenz mit den übrigen Unterlagen und der von Ihnen ausgeschriebenen Stelle
Berufliche Tätigkeiten / Berufserfahrung	Besondere Kenntnisse, Gründe für die Arbeitsplatzwahl, Häufigkeit und Zeitverlauf der Arbeitsplatzwechsel, konkreter Tätigkeitsbeschrieb, stichwortartige Kernpunkte der gesammelten Erfahrungen
Manche führen im Lebenslauf noch zusätzliche Informationen auf, vor allem zu:	
Militär	Ausbildung und militärischer Grad
Freizeit und private Interessen	Hobbys, ausserberufliches Engagement, soziale Aktivitäten
Selbsteinschätzung	Besondere Stärken und Schwächen, Verbesserungsmöglichkeiten, Gründe für Fehlschläge
Ziele und Pläne	Persönliche Ziele und Aktivitäten, Ziele für die Kinder, Beurteilung der Zukunft und zu erkennende Grundhaltung

Die Analyse des Lebenslaufs zeigt nicht nur den Werdegang einer Person, sondern lässt Rückschlüsse auf individuelle Eigenschaften zu: auf die Leistungsfähigkeit, die Begabungen und in gewisser Weise auch auf die Persönlichkeit (wie z. B. eine betonte Freiheitsliebe, das Streben nach Einfluss und Macht, Sicherheitsbewusstsein). Allerdings sei auch hier ohne Kenntnis der näheren Umstände vor voreiligen Schlüssen gewarnt.

In diesem Zusammenhang sind die **Analyse der Stellenwechsel** und somit auch das **Karrieremuster** der Bewerberin besonders aufschlussreich. Häufige Wechsel werden oft negativ beurteilt. Realistische Schlüsse sind jedoch nur möglich, wenn Sie das Alter der Bewerberin, aber auch die Branchen und Firmen berücksichtigen, in denen jemand gearbeitet hat. Auch wirtschaftlich schwierige Zeiten führen zu mehr Entlassungen, was nichts über die Qualifikationen der davon Betroffenen aussagt.

Nicht nur die Zeit spielt eine Rolle, die jemand an einer Stelle verbracht hat. Beachten Sie vielmehr auch die **Gründe für die Stellenwechsel:**

- Hat jemand die sich bietenden Aufstiegs- oder Weiterentwicklungsmöglichkeiten konsequent wahrgenommen?
- Oder ist eine Karriere eher sprunghaft verlaufen und weist verwirrende Entwicklungen auf?
- Gibt es Lücken im Lebenslauf – will jemand etwas bewusst verschweigen?

Klären Sie solche Fragen oder Ungereimtheiten auf alle Fälle im Vorstellungsgespräch, indem Sie sie direkt ansprechen.

13.2.3 Bewertung der Zeugnisse

Zeugnisse können als Ergänzung zum Lebenslauf sehr wertvoll sein, falls die darin enthaltenen Aussagen und Bewertungen objektiv sind. Das ist natürlich nicht immer der Fall. So ist die **Zeugnisnote bei Ausbildungsabschlüssen** kein absolutes Leistungskriterium, auch kein sicherer Gradmesser für Intelligenz und Begabung. Vielleicht kennen auch Sie einen ehemaligen Musterschüler, der in der Praxis versagt hat, oder einen mittelmässigen Schüler, der später eine beeindruckende Karriere gemacht hat.

Mit Vorsicht lassen sich dennoch Rückschlüsse auf individuelle Begabungen ziehen, wenn jemand beispielsweise durchwegs gute Noten in naturwissenschaftlichen Fächern aufweist, jedoch nur mittelmässige oder schlechte bei sprachlich orientierten Fächern.

Auch die Beurteilung der **Arbeitszeugnisse** hat ihre Tücken: Gehen Sie davon aus, dass es keine einheitlichen Formulierungs- oder Beurteilungsmassstäbe gibt. Dennoch kann eine erfahrene Person wertvolle Hinweise auf Leistungsstärken oder -schwächen und besonders ausgeprägte Verhaltensweisen erkennen. Der Wert des Arbeitszeugnisses liegt hauptsächlich in der **sachlichen Information** über Verantwortungsniveau, Funktion und hierarchische Einstufung in früheren Positionen. Die **persönliche Qualifikation** ist **begrenzt aussagekräftig**, ausser wenn die Angaben sehr deutlich positiv oder negativ abweichen.

Klären Sie allfällige Beurteilungslücken oder widersprüchliche Bewertungen besser durch Rückfragen beim Verfasser des Zeugnisses ab. Die Fairness gebietet es, dass Sie die sich bewerbende Person hierfür um **Erlaubnis** fragen.

Aufschlussreicher als die Beurteilung eines einzelnen Zeugnisses ist die **Beurteilung einer Zeugnisserie** von mehreren Arbeitgebern. Womöglich zeigen sich bestimmte Tendenzen, die Rückschlüsse auf den Bewerber erlauben. Achten Sie dabei auf folgende Punkte:

* Ist der Berufsweg lückenlos mit Zeugnissen belegt?
* Stimmen die fachlichen Beurteilungen und Aussagen über das Verhalten oder die Leistungen im Grossen und Ganzen überein?
* Entsprechen die Zeugnisse mehrheitlich dem Berufsweg und den Zielsetzungen des Bewerbers?
* Besteht zwischen den Aussagen zur Leistung und Qualifikation kein Widerspruch mit der abschliessenden Bemerkung zum Weggang, die das Bedauern ausdrücken sollte?

13.3 Vorstellungsgespräch

Die Bewerbungsunterlagen zeigen gewissermassen das äussere Profil der sich bewerbenden Person. Um ein genaueres Bild über das Individuelle, die besonderen Fähigkeiten und Eigenschaften, Stärken und Schwächen zu erhalten, braucht es das persönliche Gespräch.

Am Ende eines Vorstellungsgesprächs müssen Sie folgende Fragen beantworten können:

* Die **Motivationsfrage**: Will die Bewerberin diesen Job wirklich?
* Die **Fähigkeitsfrage**: Kann der Bewerber die Anforderungen an die Aufgaben erfüllen?
* Die **Integrationsfrage**: Passt die Bewerberin in das entsprechende Team und die Unternehmenskultur?

13.3.1 Gesprächsvorbereitung

Ein gutes Vorstellungsgespräch beginnt bei dessen Vorbereitung – nicht nur für die Bewerbenden, sondern auch für Sie als interviewende Person. Dazu gehören insbesondere die folgenden Punkte:

- Stellen Sie anhand der Analyse der Bewerbungsunterlagen eine **Frageliste** zusammen. Sie bekommen so einen Gesprächsleitfaden.
- Legen Sie fest, welche **Informationen** Sie weitergeben wollen, z. B. über den Arbeitsplatz, das Team, Richtlinien bezüglich Arbeitszeit, Lohn, Führungsgrundsätze usw.
- Halten Sie **Anschauungsmaterial** wie Organigramme, Stellenbeschreibung, Produktkataloge oder Werbebroschüren bereit.
- Reservieren Sie sich ausreichend **Zeit**. Interviews mit Kandidaten für anspruchsvollere Positionen beanspruchen bestimmt zwischen ein und zwei Stunden. Einen ungestörten **Raum** zur Verfügung zu haben, ist ebenso wichtig für eine angenehme und konzentrierte Gesprächsführung.
- Sind **Unkosten** (z. B. Fahrtspesen) für das Vorstellungsgespräch entstanden, sollten Sie diese vergüten.

Vergessen Sie nicht, die **verantwortliche Person am Empfang** über den Zeitpunkt und die Namen der eintreffenden Personen für das Vorstellungsgespräch zu informieren. Denn der Empfang verleiht den ersten Eindruck über das Unternehmen.

13.3.2 Gesprächsleitfaden

Halten Sie sich stets vor Augen, dass die Position des Bewerbers im Vorstellungsgespräch schwächer ist und somit für ihn eine psychologische Belastung bedeutet. Sie sollten dem Gesprächsaufbau daher besondere Aufmerksamkeit schenken, damit ein informativer Gedankenaustausch und auch die Persönlichkeitsbeurteilung möglich werden.

Zuerst müssen Sie eine lockere, vertrauensvolle **Gesprächsatmosphäre** schaffen. Das Gegenüber soll die Stresssituation so bald wie möglich vergessen und sich im Gespräch frei entfalten können. Indem Sie selber echt und natürlich auftreten, schaffen Sie eine wesentliche Voraussetzung hierfür.

Sind diese Anfangsschwierigkeiten überwunden, muss die Bewerberin die **aktive Rolle** übernehmen. Halten Sie sich folglich zurück, und regen Sie stattdessen Ihr Gegenüber durch Fragen und Zuhören zum Sprechen an. Das tönt einfacher, als es in Wirklichkeit ist: Die Interviewenden unterschätzen im Allgemeinen ihren Redeanteil. Objektive Zählungen haben ergeben, dass sie im Durchschnitt 60 % sprechen, also deutlich mehr als die sich Bewerbenden. Idealerweise sollte ihnen jedoch ein Redeanteil von 80 % zukommen.

Abb. [13-3] Aufbau eines Vorstellungsgesprächs

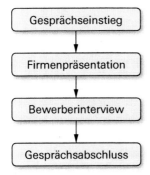

A] Gesprächseinstieg

Informieren Sie die den Bewerber zunächst über Ihr **Vorgehen**. Sagen Sie, was Sie zeitlich und organisatorisch beabsichtigen (z. B. einen Rundgang durch das Werk, Vorstellung bei einem bestimmten Abteilungsleiter usw.), damit er sich darauf einstellen kann.

B] Firmenpräsentation

Das Gespräch bringen Sie am besten selber in Gang. Ihr Gegenüber braucht sich so zunächst nicht zu exponieren und kann sich in der fremden Umgebung zurechtfinden. Beginnen Sie mit einigen **einleitenden Informationen** über die Firma, den Arbeitsplatz, den Grund der Stellenbesetzung usw., ohne dass Sie zu sehr ins Detail gehen.

C] Bewerberinterview

Stellen Sie **gezielte Fragen,** die sich aus der schriftlichen Bewerbung ergeben haben oder die jetzige Tätigkeit betreffen, wie z. B.:

- Was hat Sie gereizt, sich auf unser Inserat zu melden?
- Welches sind die charakteristischen Aufgaben, aus denen sich Ihre jetzige Tätigkeit zusammensetzt?
- Für welches Teilgebiet innerhalb Ihres Arbeitsbereichs interessieren Sie sich besonders?
- Wo sehen Sie sich beruflich in fünf Jahren?

Gehen Sie detaillierter auf die Stellenbeschreibung und die Schlüsselanforderungen an den künftigen Stelleninhaber ein. Stellen Sie dazu vertiefende Fragen an die Bewerberin. Leider kommen in der Praxis immer noch zu viele theoretische Fragen vor, die ein kommunikationsgewandter Bewerber geschickt beantworten kann, ohne seine wirklichen Fähigkeiten oder Einstellungen zeigen zu müssen.

Beispiel	Theoretische Fragen in Vorstellungsgesprächen

- Welchen Führungsstil pflegen Sie?
- Welches sind Ihre grössten Stärken?
- Sind Sie eine gute Organisatorin?
- Sind Sie belastbar?

Sie wollen genauer abklären, wie jemand in bestimmten Situationen reagiert oder wie diese Person ihre persönlichen Stärken am Arbeitsplatz einzusetzen vermag. Dazu braucht es einen Rückblick auf vergangene, ähnliche Situationen. Fragen Sie deshalb nach konkreten **Beispielen aus der bisherigen Tätigkeit**. Mit solchen konkreten **Verhaltensfragen** erhalten Sie wichtige Hinweise, besonders auf die Methoden- und Sozialkompetenz.

Eine vollständige Verhaltensfrage besteht aus drei Teilfragen:

- **Was:** Sie fragen nach dem Ausgangspunkt für ein bestimmtes Verhalten, d. h. nach der konkreten **Situation,** der Aufgabe oder dem Zusammenhang.
- **Wie:** Sie fragen nach dem **Vorgehen,** d. h., wie der Bewerber in dieser Situation, Aufgabe oder diesem Zusammenhang gehandelt oder sich verhalten hat.
- **Ergebnis:** Sie fragen nach den **Auswirkungen** dieses Verhaltens, d. h., welche Resultate, Veränderungen die Bewerberin feststellen oder welche Erkenntnisse sie aus ihrem Vorgehen ziehen konnte.

Abb. [13-4]   Verhaltensfragen stellen

In welcher **Reihenfolge** Sie die einzelnen Teilfragen stellen, ist unerheblich. Um das Verhalten zu erfassen, müssen Sie jedoch die betreffende Situation, das Vorgehen und das Ergebnis verstehen und somit auf **alle drei** Aspekte zu sprechen kommen.

Beispiel   Anstatt: «Welchen Führungsstil pflegen Sie?»

- Können Sie mir ein Führungsproblem schildern, das Sie in der letzten Zeit besonders beschäftigt hat?
- Wie sind Sie bei der Problemlösung konkret vorgegangen?
- Was haben Sie damit erreicht? Sind Sie mit dem Ergebnis zufrieden?

D] Gesprächsabschluss

Beenden Sie das Gespräch in positiver Atmosphäre. Danken Sie der Bewerberin für den Besuch und ihr Interesse. Vereinbaren Sie mit ihr das **weitere Vorgehen**.

Eine Stellungnahme wäre verfrüht, denn Sie müssen Ihre Eindrücke ja erst einmal verarbeiten. Lassen Sie sich dazu Zeit. Nur wenn Sie im Lauf des Gesprächs zur klaren Überzeugung kommen, dass der Bewerber sich für die vorgesehene Position nicht eignet, sollten Sie dies jetzt zur Sprache bringen.

13.3.3 Gesprächsauswertung

Notieren Sie wichtige Aussagen. Ob Sie dazu eine Checkliste verwenden oder sich frei Notizen machen, ist nebensächlich. Gelegentliche Notizen fassen die meisten positiv auf – als Zeichen dafür, dass Sie Ihr Gegenüber ernst nehmen und dem Gesagten Bedeutung zumessen.

Verfassen Sie von jedem Vorstellungsgespräch ein **stichwortartiges Protokoll**. Es ist nützlich für

- die Gesamtanalyse und Auswertung der einzelnen Vorstellungsgespräche,
- Vergleiche zwischen verschiedenen Bewerbern und
- Informationen an Drittpersonen (andere Vorgesetzte, die Personalabteilung usw).

Da sich die Eindrücke bekanntlich rasch verflüchtigen, halten Sie sie am besten sofort fest, und seien Sie dabei auch subjektiv. Das schriftliche Formulieren hat zwei grosse Vorteile: Sie setzen sich nochmals bewusst mit der betreffenden Person auseinander, und die verschiedenen Eindrücke werden vergleichbar.

Aus dem Vorstellungsgespräch erhalten Sie sowohl Sachinformationen als auch einen subjektiven Eindruck über die betreffende Person. Die Kunst der Auswertung besteht darin, die **Sachinformationen** mit einer möglichst realistischen **Einschätzung der Persönlichkeit** zu verbinden und dadurch zu einem sicheren Urteil zu kommen.

Uns interessiert vor allem der schwierigere Teil: die Auswertung der Eindrücke und die Beurteilung der Persönlichkeit des Bewerbers. Wir geben Ihnen dafür Anregungen zum Nachdenken, aber keine genaue Anleitung.

A] Aufschlussreiche Beobachtungen

In jedem Gespräch gibt es eine Fülle von Beobachtungen, die sich meist unkontrolliert zu einem Bild verdichten. Die Fragen in Abb. 13-5 dienen der gezielteren Beobachtung.

Abb. [13-5] **Checkliste zur gezielten Beobachtung**

Frage	Hinweis auf
• Hat das Gespräch eine eigene Struktur? • Oder verläuft es chaotisch, sprunghaft vom einen Gedanken zum nächsten?	Anpassung bzw. Eigensinnigkeit des Kandidaten, Folgerichtigkeit seiner Überlegungen usw.
• Wie reagiert jemand auf Lenkungsversuche in Form von Einwänden, unerwarteten Fragen usw.?	Geistige Beweglichkeit, Auffassungsgabe, Belastbarkeit, Selbstbewusstsein usw.
• Spricht jemand überzeugt? • Oder ist die Person unsicher in ihren Aussagen? • Macht jemand persönliche Stellungnahmen? Wie sind diese: klar, diffus, unterwürfig, kämpferisch?	Innere Sicherheit, Mut zu persönlicher Stellungnahme, Selbstvertrauen, persönliche Einstellungen usw.
• Werden geltende Konventionen eingehalten? Ist die Bewerberin im Gespräch allzu förmlich oder aber zu kumpelhaft oder überheblich?	Äussere Anpassungsfähigkeit, Respekt, Statusbewusstsein usw.
• Wirkt das Auftreten natürlich, unsicher, arrogant oder verkrampft?	Fähigkeit zur Selbstbehauptung und Durchsetzung usw.
• Wie drückt sich jemand aus: leicht, nervös, schwerfällig, gestaut, explosiv, übersprudelnd?	Temperament, innere Dynamik und Steuerung usw.

B] Typisches Rollenverhalten

Mit vielen Berufen und Tätigkeiten sind **bestimmte Erwartungen** verbunden. Man weist ihnen unbewusst ein bestimmtes Verhaltensmuster zu.

Beispiel

Von einem Lehrer erwartet man Einfühlungsvermögen, von einer Abteilungsleiterin Durchsetzungsvermögen und Tatkraft, von einem Krankenpfleger eine ausgeprägte Hilfsbereitschaft usw.

Diese Muster kommen nicht von ungefähr: Viele Tätigkeiten verlangen ganz bestimmte persönliche Eigenschaften und Verhaltensweisen. Manche Menschen legen sich deshalb ein Auftreten zu, um diesen Erwartungen möglichst zu entsprechen. Sie spielen ihre Rolle so perfekt, dass sie im kurzen Kontakt eines Vorstellungsgesprächs echt und überzeugend wirken. Die entscheidende Frage ist, wie weit sie mit ihrer Persönlichkeit dahinter stehen, ob das gezeigte Verhalten ihrem Wesen entspricht oder ob es nur eine Fassade ist. Es braucht viel Erfahrung und Sensibilität, um herauszuspüren, wie weit das Auftreten mit der dahinter stehenden Persönlichkeit übereinstimmt.

C] Beurteilung der nonverbalen Kommunikation

Im Vordergrund des Vorstellungsgesprächs steht das gesprochene Wort. Ebenso aussagekräftig sind aber das Auftreten, die Gestik, die Mimik, die Haltung und die Erscheinung. Solche nonverbalen Signale übermitteln uns viele Informationen, die wir intuitiv und zu einem grossen Teil auch unbewusst aufnehmen. Wir erfassen sie nicht analytisch und rational, sondern «nebenbei». Dennoch prägen sie den Eindruck, den wir von einer Person haben.

Seien Sie sich der Gefahr voreiliger Beurteilungen bewusst. Erst durch das Zusammenwirken der Mimik mit anderen Ausdrucksformen (wie der Sprechweise, Gestik und Haltung) lassen sich allfällige Rückschlüsse auf bestimmte Verhaltensweisen ziehen.

13.3.4 Häufige Beurteilungsfehler

Viele Beurteilungsfehler liegen in der beurteilenden Person selber. Denn eigene Erfahrungen und die menschliche Neigung zu Stereotypen beeinflussen unser Urteil. Setzen Sie sich deshalb selbstkritisch mit jenen Aspekten auseinander, bei denen Sie zu voreingenommenen Urteilen neigen. Im Folgenden zeigen wir Ihnen einige typische Beurteilungsprobleme auf.

A] Halo-Effekt

Ein Merkmal überstrahlt alle anderen. Man bezeichnet dies als Halo-Effekt (halo = englisch für «Glorienschein, Heiligenschein»). Er tritt dann auf, wenn bestimmte Einzelheiten den Gesamteindruck einer Person so stark beeinflussen, dass er verfälscht wird. Dies kann in positiver oder negativer Hinsicht geschehen.

Zum Halo-Effekt gehören:

* die Wirkung des ersten Eindrucks,
* die Wirkung des letzten Eindrucks,
* Sympathie oder Antipathie oder
* die Auswirkungen von persönlichen Gefälligkeiten.

Jemanden kennenzulernen ist immer mit einer gewissen Spannung verbunden: Wie ist er, was verspricht, was verbirgt er? – Diese Fragen beantworten wir intuitiv, in der Regel bereits in den ersten drei Minuten der Begegnung. Interessanterweise nehmen wir dabei die negativen Eindrücke viel schneller und intensiver auf als die positiven. Umso wichtiger ist es, diese Mechanismen zu kennen und im Vorstellungsgespräch den Bewerber nicht bereits nach dem ersten Eindruck in eine Rolle zu drängen, aus der es kein Entkommen mehr gibt.

B] Erwartungshaltungen

Unsere Erwartungen beeinflussen unsere Wahrnehmung. Wenn wir jemanden vor uns haben, dessen Bewerbung z.B. einen besonders guten Eindruck hinterlässt, geben wir dieser Person zunächst viel Vorschusslorbeeren. Wir gehen beispielsweise von einem besonders sicheren und selbstbewussten Auftreten aus. Wird eine solche positive Erwartungshaltung «enttäuscht» (vielleicht nur durch eine kleine Eigentümlichkeit), kann diese Abweichung vom Idealbild unsere Urteilsbildung stark verzerren. Ähnliches geschieht, wenn wir uns ein Bild von der äusseren Erscheinung einer Person machen, das dann nicht zutrifft. Auch Aussagen Dritter (wie z.B. «eine clevere Frau», «kein Zugpferd») beeinflussen unsere Erwartungshaltung und damit wahrscheinlich auch unsere Wahrnehmung der Gesprächspartnerin.

Unsere Erwartungen beeinflussen nicht nur unsere Wahrnehmung, sondern auch unser **Gesprächsverhalten**. Das Gegenüber reagiert darauf; somit beeinflussen wir auch ihr Gesprächsverhalten: Wenn Sie einem Bewerber Wohlwollen entgegenbringen, wird er sich anders verhalten, als wenn Sie viele innere Vorbehalte haben. Selbst wenn Sie diese nicht zeigen, wird er instinktiv darauf reagieren.

C] Verallgemeinerungen

Jeder Mensch hat – meist unbewusst – eine Theorie, mit der er erklärt, wie Menschen funktionieren. In der Regel beruhen sie auf groben Verallgemeinerungen. Bei näherem Hinsehen kann man leicht feststellen, dass solche Schlussfolgerungen zwar einleuchtend, keinesfalls aber immer zutreffend sind.

Es lohnt sich daher, bewusst «anzuhalten» und zu überlegen: Was habe ich tatsächlich gehört oder wahrgenommen? Wo bilde ich ein Urteil durch eigenes Dazutun?

13.4   Weitere Auswahlmethoden

Viele Unternehmen wollen sich nicht auf Vorstellungsgespräche und Referenzauskünfte allein abstützen, sondern suchen nach Verbesserungs- oder Absicherungsmöglichkeiten für ihre Personalentscheidungen durch weitere Auswahlmethoden.

Abb. [13-6]   Auswahlmethoden

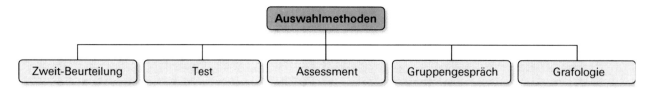

13.4.1   Beurteilung durch mehrere Personen

Die Mitwirkung mehrerer Personen ergibt in der Regel ein objektiveres Urteil, unabhängig davon, ob sie an einem Vorstellungsgespräch gemeinsam teilnehmen oder selber persönliche Gespräche mit den einzelnen Bewerbenden führen.

Wichtig ist, dass die Eindrücke der Beteiligten **systematisch** untereinander **verglichen** werden. Alle Beteiligten sollen ihren Eindruck zunächst schriftlich festhalten, und zwar unmittelbar nach dem Vorstellungsgespräch. Mit einem gemeinsamen **Beurteilungsbogen** werden die Eindrücke besser vergleichbar. Die Auswertung ergibt oftmals folgendes Bild: Mit Sicherheit werden die Beurteilungen in manchen oder gar in den meisten Punkten übereinstimmen. In einigen Punkten gehen die einzelnen Beurteilungen jedoch stark auseinander. Entscheidend bei der Auswertung ist, dass man zu einem übereinstimmenden Urteil in den für die Erfüllung der betreffenden Aufgabe wichtigen Punkten kommt.

13.4.2   Tests

Tests sind standardisierte Instrumente, mit denen Fähigkeiten und Kenntnisse gemessen werden. Das Ziel von Testverfahren ist die Vorhersage zukünftigen Verhaltens, zukünftiger Leistungsbereitschaft und zukünftiger beruflicher Bewährung.

Die folgenden Testarten werden für die Bewerberauswahl eingesetzt:

- Intelligenztests zur Messung allgemeiner und spezieller Begabungen
- Leistungstests zur Messung umschriebener motorischer, sensorischer oder intellektueller Leistungen (z. B. Geschicklichkeit, logisch-abstraktes Denken)
- Persönlichkeitstests zur Messung bestimmter Eigenschaften, Einstellungen, Interessen; Ermittlung von Charakter- oder Persönlichkeitsprofilen

Man muss sich klar darüber sein, dass die Verwendung von Tests auch problematisch werden kann:

- Es braucht fundierte Kenntnisse, um psychologische Tests seriös durchzuführen und zu interpretieren. Anerkennen Sie Ihre Grenzen, und beauftragen Sie eine interne oder externe Fachperson mit solchen Tests.
- Viele Tests sind nicht auf ein spezifisches Anforderungsprofil oder ein bestimmtes Team ausgerichtet, sondern bewerten auf allgemeine Weise die Persönlichkeits- oder Verhaltenstendenzen. Mit der Auswertung erhalten Sie also keine Garantie, dass jemand an der besagten Stelle und in diesem bestimmten Umfeld sich genauso zeigt wie im Test.

13.4.3 Assessments

Das Assessment-Center (AC) ist ein systematisches Verfahren, in dem man mit möglichst realitätsbezogenen Aufgabenstellungen bestimmte Verhaltensweisen der Teilnehmenden beobachten und beurteilen will. Dabei kommen Tests zum Verhalten in verschiedenen Situationen, Interviews, Eignungs- und Leistungstests zum Einsatz. Typische Aufgabenstellungen sind z. B. Fallstudien, Diskussionen, Postkorbübungen oder Rollenspiele. Mehrere geübte Beurteilungspersonen beobachten die Kandidaten bei der Lösung der verschiedenen Aufgabenstellungen. Zeitlich getrennt von der Beobachtungsphase werden die Eindrücke systematisch ausgewertet. Alle Kandidaten erfahren in Einzelgesprächen, wie sie beurteilt wurden.

Beim Einzelassessment wird eine einzelne Person getestet. Die Aufgabenstellungen gleichen jenen des Assessment-Centers.

Gegenüber anderen Methoden hat das Assessment-Center folgende Vorteile:

- Die Aufgabenstellungen sind auf künftige Anforderungen zugeschnitten und lassen die Verhaltensbeobachtung (Sozial- oder Situationsverhalten) zu.
- Durch im Vornherein festgelegte Beobachtungs- und Bewertungsregeln, die Dauer der Beobachtung, die unterschiedlichen Beobachtungsmöglichkeiten, die Zahl der Beobachtenden und die Trennung zwischen Beobachtung und Urteilsbildung wird eine möglichst objektive Beurteilung der Kandidatinnen sichergestellt.

Ein Assessment-Center oder ein Einzelassessment durchzuführen ist zeitaufwendig, kostspielig und muss in jedem Fall von erfahrenen Assessment-Fachleuten durchgeführt und ausgewertet werden. Diese Methoden werden daher vor allem für Schlüsselstellen und bei der Rekrutierung von Führungskräften eingesetzt.

13.4.4 Gruppengespräche

Mehrere Bewerberinnen für dieselbe Position werden zusammen eingeladen, um mit dem Personalleiter und Vorgesetzten gemeinsam zu diskutieren, Fragen zu stellen und Informationen auszutauschen. Die besonderen Vorteile liegen in der Beobachtung von ähnlichen Faktoren wie beim Assessment-Center: Sozialverhalten, Dominanzverhalten, sprachlicher Ausdrucksfähigkeit usw. Im Anschluss daran führt man Einzelinterviews mit jenen Personen, die beim Gruppengespräch besonders positiv aufgefallen sind.

13.4.5 Grafologie

Viele Unternehmen ziehen für die Beurteilung von Führungskräften grafologische Gutachten heran. Die Grafologie beruht darauf, dass sich **Persönlichkeitsmerkmale** im eigenen **Schriftbild** widerspiegeln, wie z. B. Vitalität, Durchsetzungsvermögen, Führungseigenschaften, Kreativität, emotionale Reife, Ausgeglichenheit usw. Informieren Sie den Grafologen über die spezifischen Anforderungen an die Stelleninhaberin, um gezielte und besser verwertbare Angaben zu bekommen. Überprüfen Sie seine Beurteilungen, vertrauen Sie ihm also nicht blind, und delegieren Sie schwierige Entscheidungen nicht an ihn. Seine Angaben müssen immer mit den eigenen Eindrücken in Beziehung gesetzt werden.

13.5 Referenzen einholen

Referenzauskünfte dienen als **zusätzliche Entscheidungshilfe.** Sie ermöglichen, berufsspezifische Angaben in Erfahrung zu bringen, die über die Informationen im Arbeitszeugnis hinausgehen. Ausserdem helfen sie, Unklarheiten und Widersprüche zu klären. Oder sie dienen der Absicherung und Bestätigung bestimmter Eindrücke und runden so das Bild über eine Person ab.

Referenzen sind mehr oder weniger ausgeprägt subjektive Aussagen und müssen mit Vorsicht bewertet werden. Die **Subjektivität** zeigt sich insbesondere bei der Beurteilung der Persönlichkeit. Es gibt überdies **keine einheitlichen Massstäbe** und **Begriffe:** Was der eine Vorgesetzte als überdurchschnittliche Leistung bezeichnet, würden Sie vielleicht als durchschnittlich bewerten.

Beispiel

Unter «Organisationstalent» versteht der eine die administrative Kompetenz einer Person; ein anderer meint damit die Begabung, auf bestimmte Anlässe hin verschiedene Aufgaben mit der notwendigen Dynamik und Stosskraft zu koordinieren.

Nur **gezielte, konkrete Fragen** ergeben brauchbare Auskünfte. Wenn die referenzgebende Person spürt, dass Ihnen an einer sachlichen Beurteilung liegt, wird sie viel eher bereit sein, auch auf Schwächen des Bewerbers einzugehen. Sie können dann gemeinsam klären, wie diese Schwächen ins Gewicht fallen könnten, worauf Sie als Führungskraft allenfalls achten sollten usw. Fragen Sie zum Schluss immer auch, ob Sie einen für die spätere Zusammenarbeit wesentlichen Aspekt vergessen haben. Protokollieren Sie die Referenzauskünfte; sie gehören zu den übrigen Bewerbungsunterlagen. Referenzauskünfte sind rechtsverbindlich; sie müssen wahrheitsgetreu erfolgen.

Holen Sie von den Bewerbenden immer eine ausdrückliche **Bewilligung** für Referenzauskünfte ein, auch wenn Referenzen in den Bewerbungsunterlagen angegeben wurden. Beschaffen Sie sich Referenzen grundsätzlich erst **nach dem Vorstellungsgespräch,** und beschränken Sie sich dabei auf eine oder wenige.

13.6 Engere Auswahl – das zweite Gespräch

Sie haben die Bewerbungsunterlagen studiert und ausgewertet, Interviews geführt, eventuell Testergebnisse, Verhaltensbeobachtungen aus Assessments und Aussagen des Graphologen zusammengetragen. Sie verfügen jetzt über ein differenziertes Eignungsprofil aller Personen der engeren Auswahl.

Der nächste Schritt ist der Vergleich der verschiedenen Eignungsprofile mit dem Anforderungsprofil der zu besetzenden Position. Denken Sie dabei an den folgenden Bewertungsgrundsatz: Je besser die Eignung einer Person mit den Anforderungen der zu besetzenden Stelle zusammenpasst, desto eher kommt sie für diese Stelle in Frage.

Beispiel	Aufgrund einer eingehenden Prüfung der Bewerbungsunterlagen hatte Sandra Arpagaus drei Bewerberinnen und zwei Bewerber zur ersten Gesprächsrunde für die offene Kundendienstleitungsstelle eingeladen. Die Vorstellungsgespräche lieferten ihr wichtige Sachinformationen und persönliche Eindrücke über die fünf Personen. Sandra Arpagaus kommt zu folgendem Schluss: Je eine Bewerberin und einen Bewerber möchte sie zu einem zweiten, vertiefenden Gespräch einladen.
	In das zweite Vorstellungsgespräch will Sandra Arpagaus zudem das Kundendienstteam sowie den Verkaufsleiter aktiv mit einbeziehen, um ihre eigene Beurteilung besser abzustützen.

Ein zweites Vorstellungsgespräch mit den Kandidaten der engeren Wahl empfiehlt sich: Einige Eindrücke des ersten Gesprächs werden sich im Lauf der Zeit verflüchtigt haben, sodass das zweite Gespräch einen anderen Verlauf nehmen kann. Die Erfahrung zeigt, dass die Eindrücke zwischen zwei Gesprächen oft voneinander abweichen, und zwar mehr, als man vorher annimmt. Das hängt zum Teil damit zusammen, dass die Bewerberin beim zweiten Gespräch normalerweise viel freier und natürlicher auftritt, denn sie ist mit der Umgebung vertraut und kennt ihr Gegenüber vom letzten Gespräch her. Es finden sich auch schneller jene Anknüpfungspunkte, die den natürlichen Gesprächsverlauf verbessern. Dazu kommen neue, vertiefte Gesprächspunkte und Fragen, die für beide Seiten entscheidend sein können.

Ein zentraler Gesprächspunkt sind die Anstellungsmodalitäten. Um eine definitive Entscheidung über die Anstellung herbeizuführen und als Grundlage für den Arbeitsvertrag braucht es die Übereinkunft zu sämtlichen Anstellungsbedingungen: zum Zeitpunkt des Stellenantritts, zur Lohnhöhe und den Sozialleistungen, zu Arbeitszeit-, Ferien- und Spesenregelungen usw.

Mit der Auswertung der zweiten Gesprächsrunde fällt die Entscheidung über den bevorzugten Nachfolger für die betreffende Stelle.

Beispiel	Im zweiten Vorstellungsgespräch haben sich die Eindrücke aus der ersten Gesprächsrunde verdichtet. Die Beobachtungen und Beurteilungen des Kundendienstteams und des Verkaufsleiters sind eine wertvolle zusätzliche Entscheidungshilfe. Gemeinsam kommt man zum Schluss: Die Wunschbesetzung ist Reto Hofstetter.
	Sandra Arpagaus teilt ihm diese Entscheidung telefonisch mit und freut sich sehr über Reto Hofstetters Zusage. Weil man sich über die Vertragsmodalitäten im zweiten Gespräch einig wurde, steht der gegenseitigen Unterzeichnung des Arbeitsvertrags nichts mehr im Wege!

Zusammenfassung

Das Auswahlverfahren ist ein **Filterungsprozess:** Aus einer Anzahl von internen und/oder externen Bewerbungen selektioniert man in verschiedenen Schritten den am besten geeigneten Kandidaten für die offene Stelle.

	Aufgaben
Vorselektion	Erste Auswahl der eingegangenen Bewerbungen, ungeeignete Berwerbungen ausscheiden und absagen
Analyse der Bewerbungs-unterlagen	Bewerbungsdossiers im Detail prüfen: • Bewerbungsschreiben: äussere Form und Aufmachung, Inhalt • Lebenslauf: beruflicher Werdegang, Stellenwechsel, Karrieremuster • Zeugnisse: Ausbildungsabschlüsse, Arbeitszeugnisse, Zeugnisserie
Vorstellungs-gespräch	Klärung: • Motivationsfrage: Den Job wirklich wollen? • Fähigkeitsfrage: Den Anforderungen gewachsen? • Integrationsfrage: Ins Team und Unternehmen passend? Gesprächsauswertung von Sachinformationen und subjektiven Eindrücken zur Person
Weitere Auswahl-methoden	• Beizug mehrerer Personen für das Vorstellungsgespräch • Tests • Assessment-Center • Grafologische Gutachten
Referenzen	• Einholen von Referenzauskünften als zusätzliche Entscheidungshilfe • Zustimmung des Bewerbers erforderlich
Engere Auswahl	• Einladung zu einer zweiten Gesprächsrunde • Gegenseitige Klärung der Anstellungsbedingungen als Grundlage für den Arbeitsvertrag Auswertung der zweiten Gesprächsrunde als Grundlage für die definitive Entscheidung zugunsten eines Kandidaten

Als Leitfaden für das **Vorstellungsgespräch** dienen vier Gesprächsschritte:

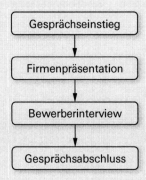

13 Personalauswahl

Repetitionsfragen

40	Sie erfahren mehr über die Persönlichkeit eines Bewerbers, wenn Sie ihn nach typischen Verhaltensbeispielen aus seiner bisherigen Tätigkeit fragen.

Formulieren Sie zu den nachfolgenden zwei theoretischen Fragen je eine solche Verhaltensfrage:

A] «Sind Sie eine analytische Person?»

B] «Wie lösen Sie Konflikte?»

41   Aus dem Lebenslauf einer Bewerberin geht Folgendes hervor:

Ihr beruflicher Werdegang war zuerst durch mehrere Stellenwechsel in kurzer Folge bestimmt, danach war sie mit bestem Ausweis zwölf Jahre in derselben Position. Diese hat sie verloren, weil das Unternehmen aus wirtschaftlichen Gründen aufgelöst wurde. Seitdem hat die Bewerberin ihre Stellen wieder kurzzeitig gewechselt.

Beschreiben Sie in Stichworten, welche Schlussfolgerungen Sie daraus ziehen und welche Fragen zum Werdegang Sie im Vorstellungsgespräch klären möchten.

42   Nennen Sie mindestens zwei Kriterien, von denen die Qualität einer Referenz abhängt.

43   Erklären Sie in einigen Sätzen, was mit dem sog. «Halo-Effekt» bei der Beurteilung von Personen gemeint ist.

14 Einführung von neuen Mitarbeitenden

Lernziele	Nach der Bearbeitung dieses Kapitels können Sie ...
	• die grundlegenden Anforderungen an eine gute Mitarbeitereinführung nennen.
Schlüsselbegriffe	Begrüssungsschreiben, Einführungsprogramm, Einführungsveranstaltung, Probezeitgepräch

Beispiel

Sandra Arpagaus kann sich noch gut an ihren ersten Tag im Unternehmen erinnern. Mit positiver Anspannung, der Neugierde auf das Kommende und in nervöser Erwartung des Unbekannten ging sie frühmorgens aus dem Haus.

An ihrem Arbeitsort angekommen, meldete sie sich bei ihrem künftigen Vorgesetzten. Seine Sekretärin schien auf den Arbeitsantritt einer neuen Mitarbeiterin nicht vorbereitet zu sein. Sie offerierte Sandra Arpagaus erst mal einen Kaffee und liess sie fast dreissig – endlos lange – Minuten alleine im Büro des Chefs warten. Endlich kam er, entschuldigte sich wegen einer bedauerlichen Terminkollision und improvisierte dann ein Einführungsgespräch. Anschliessend machte er mit ihr einen ausgedehnten Rundgang durch die Firma und stellte sie dabei Dutzenden von Mitarbeiterinnen und Mitarbeitern vor. Sandra Arpagaus konnte sich bald keinen der weiteren Namen oder Gesichter mehr merken. Als sie schliesslich in ihrem Büro ankamen, stellte sich heraus, dass dieses weder ordentlich geräumt noch ihr PC-Zugang aufgeschaltet worden war. Ihrem Vorgesetzten war dies offensichtlich peinlich, und er leitete unverzüglich die notwendigen Schritte ein ...

Mittlerweile hat sich einiges an der Gestaltung der Einführungszeit im Unternehmen geändert. Sandra Arpagaus legt grossen Wert darauf, dass die neuen Kolleginnen und Kollegen im Team einen positiveren ersten Eindruck von ihrem künftigen Arbeitsort erhalten.

Zwischen den Vertragsverhandlungen und dem ersten Arbeitstag ist einige Zeit vergangen, und so bedeutet der Stellenantritt einen weiteren Schritt in unbekanntes Land. Er ist daher für die meisten mit speziellen Erwartungen und Spannungen verbunden. Bestimmt haben Sie diese Erfahrung selber gemacht: Die ersten Eindrücke an einem neuen Arbeitsplatz prägen die Einstellung zur Arbeit, zum Arbeitsplatz und zum Arbeitgeber nachhaltig.

Die bewusste Gestaltung der Einarbeitungszeit sollte deshalb für jedes Unternehmen eine Selbstverständlichkeit sein. Sie zeigt die **Wertschätzung** gegenüber den Neueintretenden.

Aus betriebswirtschaftlicher Sicht geht es darum, die **Anlaufzeit** für neue Mitarbeitende **möglichst kurz** zu halten, d. h., sie rasch in das bestehende Team zu integrieren und voll leistungsfähig zu machen. Versäumnisse führen nicht selten zu einer **Frühfluktuation,** d. h. zu Kündigungen während der Probezeit oder des ersten Anstellungsjahres. Weil die Rekrutierung, Auswahl und Einarbeitung viel Zeit beanspruchen und Kosten verursachen, müssen solche frühzeitigen Abgänge unbedingt vermieden werden.

Verantwortlich für die Einführung und Einarbeitung von neuen Mitarbeitenden sind die direkten Linienvorgesetzten. In welchem Ausmass sie bei der Betreuung und in administrativen Belangen von der Personalabteilung unterstützt werden, hängt von den organisatorischen Gegebenheiten im jeweiligen Unternehmen ab.

14.1 Vorbereitende Massnahmen

Schicken Sie ein **Begrüssungsschreiben** einige Tage vor dem Eintritt an den neuen Mitarbeiter. Heissen Sie ihn darin willkommen, und informieren Sie ihn über den Einfindungsort, die Einfindungszeit und die zuständige Kontaktperson.

Organisieren Sie rechtzeitig den künftigen **Arbeitsplatz**. Diese Selbstverständlichkeit geht in der Praxis leider häufig vergessen. Mit dem Ergebnis, dass die neue Mitarbeiterin einen provisorischen Arbeitsplatz zugewiesen bekommt oder gar jenen ihres Vorgängers zuerst aufräumen muss. Zur Organisation des Arbeitsplatzes gehört auch die Bereitstellung von **Arbeitsinstrumenten** wie dem Computer, die Ausstellung von Zutrittsberechtigungen (Badges) oder Passwörtern, die Aufschaltung von Telefonanschlüssen usw. Ein Blumenstrauss am Arbeitsplatz ist ein zusätzlicher persönlicher Willkommensgruss.

Informieren Sie das Team im Voraus, in das die neue Mitarbeiterin eintritt, aber auch alle anderen Stellen, mit denen sie zu tun haben wird.

Stellen Sie sicher, dass der neue Mitarbeiter sämtliche **Formalitäten mit der Personaladministration** rechtzeitig abwickeln kann. Zu empfehlen ist eine Checkliste mit detaillierten Angaben zu den nötigen persönlichen Unterlagen für Versicherungen, für die Bankverbindungen usw. Geben Sie zudem sämtliche Anlaufstellen bei der Personalabteilung bekannt.

14.2 Einführungsprogramm

In gut geführten Unternehmen gibt es zusätzlich zu den oben besprochenen Massnahmen ein umfassendes individuelles Einführungsprogramm, das die Vorgesetzten zusammenstellen. Es informiert die Neueintretenden über alle wichtigen Stationen in der Einführungsphase und dient ihnen als **Orientierungshilfe**. Die Mitarbeitenden wissen, was Schritt für Schritt auf sie zukommt und von ihnen erwartet wird. Ein entscheidender Motivationsfaktor ist der persönliche Erfolg. Achten Sie beim Erstellen des Einführungsprogramms darauf, dass Sie der neuen Mitarbeiterin solche **Erfolgserlebnisse** in den ersten Tagen und Wochen ihrer Tätigkeit im Unternehmen ermöglichen.

Termine mit Dritten (mit anderen Mitarbeitenden, Abteilungsleiterinnen, Lieferanten, Kunden usw.) müssen sorgfältig geplant und koordiniert werden. Daher ist das Einführungsprogramm für alle Beteiligten auch ein nützliches **Planungsinstrument**.

Beispiel | Sandra Arpagaus hat für den neuen Kundendienstleiter, Reto Hofstetter, ein detailliertes Einführungsprogramm zusammengestellt:

Wann?		Wo?	Wer?	Tätigkeiten, Zielsetzung
01.10.	09.00 h	Marketing	Sandra Arpagaus	Begrüssung, Vorstellrunde Team Kundendienst, Bezug Arbeitsplatz, Besprechung Einführungsprogramm, Ziele der Einarbeitungsphase
	12.00 h	Rest. Tell	Marketingteam	Gemeinsames Mittagessen
	14.00 h	Pers.abt.	Carla Huber	Begrüssung, erste Informationen, Formalitäten Personaladministration, Übergabe Schlüssel, Badge
	15.00 h	Arbeitsplatz		Einrichten des eigenen Arbeitsplatzes
	17.00 h	Zi. 315	Sandra Arpagaus	Abschlussgespräch 1. Arbeitstag
02.10.	9.30 h	Zi. 220	Viktor Rieser (IT)	Einführung in CRM, Redaktion Informationsportal
	14.30 h	Zi. 311	Philipp Hunkeler	Bespr. Aufgabenverteilung Informationsportal
03.10.		Arbeitsplatz		Persönl. Einarbeitung in Aufgabenbereich
04.10.	10.00 h	Zi. 311	Marketingteam	Teilnahme an wöchentl. Marketingsitzung
...	...			

Manche Unternehmen stellen neuen Mitarbeitenden einen erfahrenen Kollegen als **Ansprechpartner** (sog. «Götti» oder «Gotte») zur Seite. Es fällt manchen leichter, bei Unsicherheiten den Kollegen fragen zu können als die Vorgesetzte. Ausserdem weiss dieser oftmals besser, was aus fachlicher Sicht besonders wichtig ist, oder kann bestimmte Arbeitsabläufe klarer aufzeigen. Ein Götti entlastet Sie als Vorgesetzten. – Achten Sie aber darauf, dass Sie die Führungsverantwortung tragen und diese nicht an den Götti delegieren.

Für ein effizientes und kooperatives Arbeiten sind jedoch nicht nur Kenntnisse der Aufgaben und Abläufe wichtig. Die neue Mitarbeiterin muss sich vor allem auch in die **Unternehmenskultur** einleben. Ein Einführungsprogramm kann dies nicht oder höchstens ansatzweise bieten, denn besonders in grösseren Unternehmen ergeben sich Kontakte ausserhalb des eigenen Teams nur allmählich.

Eine **Einführungsveranstaltung** für neu eingetretene Mitarbeitende dient dazu, allgemeine oder übergeordnete Informationen zum Unternehmen und zu anderen Abteilungen weiterzugeben, die Führungsgrundsätze und Werthaltungen im Unternehmen zu erläutern, grundsätzliche Fragen zur Unternehmenspolitik, zu verschiedenen Funktionsbereichen oder Produktgruppen aufzugreifen, den Kontakt zur Geschäftsleitung oder zu anderen Abteilungen des Unternehmens herzustellen, Betriebsbesichtigungen zu machen usw.

14.3 Probezeitgespräch

Planen Sie während der Einführungs- und Einarbeitungsphase regelmässig eine Besprechung mit der neuen Mitarbeiterin ein. Holen Sie von ihr **Feedbacks** ein, damit Sie notwendige Änderungen im Einführungsprogramm vornehmen sowie allfällige Probleme, Missverständnisse oder Unsicherheiten klären können. Es empfiehlt sich zudem, eine gemeinsame **Standortbestimmung** in Form eines ersten Probezeitgesprächs ungefähr in der Hälfte der Probezeit vorzunehmen. So haben Sie und die Mitarbeiterin noch genügend Zeit, allfällige Korrekturmassnahmen hinsichtlich der Zielerreichung für die Einarbeitungszeit einzuleiten und umzusetzen.

Die Probezeit ist gesetzlich geregelt. Der neue Mitarbeiter und das Unternehmen erhalten damit die Möglichkeit zu prüfen, ob die Zusammenarbeit wie vorgesehen weitergeführt werden soll.

Hinweis	Gemäss OR Art. 335b beträgt die Probezeit maximal drei Monate und kann darüber hinaus nicht verlängert werden. – Während der Probezeit beträgt die Kündigungsfrist sieben Tage, einen bestimmten Kündigungstermin gibt es dabei nicht.

Es gehört zur bewussten Gestaltung der Einarbeitungszeit, dass man sie ordentlich abschliesst. Zu diesem Zeitpunkt übertragen Sie der neuen Mitarbeiterin die volle und eigenständige Verantwortung für ihren Aufgabenbereich. Schliessen Sie die Einführungsphase mit einem **zweiten Probezeitgespräch** ab, das zugleich ein formelles **Beurteilungsgespräch** darstellt. Die wichtigsten Beurteilungskriterien sind:

- die Erreichung der Ziele gemäss Einführungsprogramm,
- die positiven und negativen Eindrücke aus der Einführungszeit,
- die Leistungsbeurteilung während der Probezeit; bei Führungskräften zusätzlich die Wahrnehmung der Führungsaufgaben,
- die Eingliederung in das Team, die Abteilung, das Unternehmen und
- notwendige Korrektur- oder Verbesserungsmassnahmen.

Achten Sie darauf, dass nicht nur Sie den Mitarbeiter beurteilen, sondern dass Sie ihm auch die Gelegenheit zu einer Eigenbeurteilung geben. Verfassen Sie einen Probezeitbericht, den Sie dem Mitarbeiter vorlegen. Eine Kopie davon gehört ins Personaldossier.

Zusammenfassung | Die Mitarbeitereinführung besteht aus drei wichtigen Teilschritten:

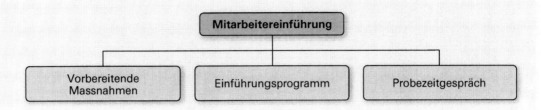

Zu den **vorbereitenden Massnahmen** gehören folgende Vorkehrungen:

- Das Begrüssungsschreiben mit Informationen und Unterlagen einige Tage vor dem Eintritt in das Unternehmen
- Die Organisation des Arbeitsplatzes inkl. sämtlicher Zutrittsberechtigungen, Anschlüsse und Aufschaltungen
- Die Information des Teams über den Eintritt eines neuen Kollegen
- Die Erledigung sämtlicher Formalitäten für die administrativen Belange

Im **Einführungsprogramm** werden der detaillierte Ablauf, sämtliche Termine mit Dritten, die Ziele und Programmpunkte festgehalten. Mancherorts wirkt ein Götti als Ansprechpartner, oder es werden Einführungsveranstaltungen für die Neueintretenden organisiert.

Beim **Probezeitgespräch** handelt es sich um ein erstes formelles Beurteilungsgespräch als Abschluss der Einführungsphase. Bereits während der Probezeit finden gemeinsame Standortbestimmungen statt.

Repetitionsfragen

44	Nennen Sie mindestens zwei Gründe, weshalb Sie als Führungskraft nicht erst am Schluss der Probezeit ein Probezeitgespräch mit Ihrer Mitarbeiterin führen sollten.
45	Begründen Sie gegenüber einem Kollegen in ein paar Sätzen, warum sich eine bewusste Gestaltung der Einführungs- und Einarbeitungszeit für alle Beteiligten auszahlt.

15 Lohn und Sozialpolitik

Lernziele	Nach der Bearbeitung dieses Kapitels können Sie ...

- wichtige Begriffe im Zusammenhang mit der Lohnpolitik eines Unternehmens erklären.
- anhand von Praxisbeispielen die wichtigsten Vor- und Nachteile der bekannten Lohnsysteme beurteilen.
- anhand von Beispielen die verschiedenen Lohnformen erklären.
- zeigen, wie das schweizerische Sozialversicherungssystem aufgebaut ist.

Schlüsselbegriffe	Anforderungsgerechtigkeit, Cafeteria-System, Drei-Säulen-Prinzip, Erfolgsgerechtigkeit, Erfolgsvergütung, Fringe Benefits, Gewinnbeteiligung, Gratifikation, Leistungsgerechtigkeit, Leistungslohn, Lohnbänder, Lohnklassen, Lohnkomponenten, Lohnpolitik, Marktgerechtigkeit, Naturallohn, Prämie, Provision, Sozialgerechtigkeit, Sozialpolitik, Umsatzbeteiligung, Zeitlohn, Zulagen

Wie weit der Lohn als Motivationsfaktor dient, warum es Lohnungleichheiten gibt, welcher Lohn und welche Lohnerhöhungen gerechtfertigt sind, wurde schon oft diskutiert und gibt immer wieder Anlass zu schwierigen Verhandlungen zwischen der Arbeitnehmer- und der Arbeitgeberseite. Bei heftigen Auseinandersetzungen kann es in einem Unternehmen oder in einem gesamten Wirtschaftszweig zu Streiks kommen.

15.1 Erwartungen an die Lohngestaltung

Verschiedene Ansprüche und Erwartungen beeinflussen die Lohnfindung im Unternehmen direkt oder indirekt.

Wesentliche **unternehmensexterne** Einflussfaktoren sind:

- die Branche und die Konkurrenzsituation,
- der Standort oder bei Filialbetrieben die unterschiedlichen Standorte,
- die Konjunkturlage und
- die Gesetze.

Als **unternehmensinterne** Einflussfaktoren gelten vor allem:

- die Grundsätze der Lohnpolitik,
- die finanziellen Möglichkeiten und Zukunftsaussichten des Unternehmens und
- die aktuelle Personalsituation (z. B. Fluktuationsraten, Engpässe, Qualifikationen usw.).

15.1.1 Erwartungen der Arbeitnehmer und der Arbeitgeber

Die Arbeitgeber als Lohnzahlende und die Arbeitnehmer als Lohnempfangende vertreten natürlich unterschiedliche Erwartungen und Ansprüche an die Lohngestaltung.

Die Mitarbeitenden fordern: «Der Lohn muss gerecht sein!» Das heisst: Er muss den Anforderungen der Aufgabe und den persönlichen Leistungen entsprechen. Auch muss er einem Vergleich innerhalb des Unternehmens und auf dem Arbeitsmarkt standhalten.

Für den Arbeitgeber stehen die gesamtunternehmerischen Ziele im Vordergrund. Dabei fällt die Kostenbetrachtung besonders ins Gewicht, weil die Lohnkosten in der Regel den grössten oder zumindest einen grossen Kostenfaktor im Unternehmen darstellen.

Abb. [15-1]　　　　Erwartungen an die Lohngestaltung

Erwartungen der Arbeitnehmer	Erwartungen der Arbeitgeber
• Deckung der persönlichen Bedürfnisse • Leistungsgerechte, individuell festgesetzte Lohnhöhe • Flexible Verhandlungsbasis für Lohnerhöhungen • Garantierter Teuerungsausgleich • Gratifikation, 13. Monatslohn und evtl. Sonderleistungen • Regelmässige und pünktliche Bezahlung des Lohns	• Konkurrenzfähigkeit auf dem Arbeitsmarkt • Gerechtes System für möglichst alle Mitarbeitenden im Unternehmen • Leistungsanreize bieten • Berücksichtigung der Funktionsanforderungen und der beruflichen Entwicklung

15.1.2　Forderung nach Lohngerechtigkeit

Eines steht fest: Den absolut gerechten Lohn gibt es nicht, und für eine objektive Beurteilung einer Lohngerechtigkeit fehlen die Massstäbe. Der Lohn muss aber diversen Kriterien entsprechen, damit er von Arbeitgebern und Arbeitnehmern als **relativ gerecht** empfunden wird. Mit den Lohnverhandlungen zwischen Arbeitgebern und Arbeitnehmern soll das Risiko von Willkür oder von zu unterschiedlichen Bedürfnissen und Zielsetzungen reduziert werden. Deshalb definiert man verschiedene Anforderungen an den Lohn, die gesamthaft eine relative Gerechtigkeit ergeben. Wer für sich den Anspruch erheben will, gerecht zu entlöhnen, sollte sich über fünf Dimensionen der Lohngerechtigkeit Rechenschaft ablegen:

Abb. [15-2]　　　　Fünf Dimensionen der Lohngerechtigkeit

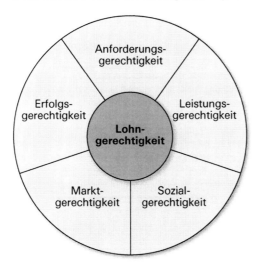

- Die **Anforderungsgerechtigkeit** verlangt, dass die Anforderungen der Stelle (die notwendige Berufserfahrung, der Ausbildungshintergrund, der Schwierigkeitsgrad der Arbeit usw.) sich im Lohn niederschlagen. Unter anderem dient dazu die Arbeitsplatzbewertung.
- **Leistungsgerechtigkeit** stellt man sicher, indem man die Leistungen der Mitarbeitenden (die Zielerreichung, das Arbeits- und Sozialverhalten usw.) angemessen im Lohn berücksichtigt. Dies geschieht meist in Form von periodischen Personalbeurteilungen.
- Unter **Sozialgerechtigkeit** versteht man, dass sich soziale und sozialpolitische Anliegen im Lohn ausdrücken. Die Altersvorsorge, Lohnzahlung bei Krankheit und Unfall, Kinder- und Familienzulagen, aber auch die gerechte Bezahlung von Behinderten oder der gleiche Lohn für Mann und Frau gehören zur Gewährung von Sozialgerechtigkeit. Grundlage hierfür bilden einerseits die rechtlichen Bestimmungen, andererseits die ethischen Grundwerte oder die Leitsätze, denen sich das Unternehmen verpflichtet sieht.

- Marktkonforme Löhne liegen im Durchschnitt nicht tiefer als die Löhne vergleichbarer Unternehmen und Funktionen. Um aus der Sicht des Unternehmens sowie der Arbeitnehmenden die **Marktgerechtigkeit** der Löhne sicherzustellen, werden entsprechende Lohnvergleiche durchgeführt.
- Die **Erfolgsgerechtigkeit** beantwortet die Frage: «Widerspiegelt sich der Erfolg des Unternehmens im Lohn der Mitarbeitenden?» Mit Erfolg sind Faktoren wie der Unternehmensgewinn, der Pro-Kopf-Umsatz, die Kundenzufriedenheit usw. gemeint.

Es bestehen offensichtlich **gegenseitige Abhängigkeiten** und somit auch **Zielkonflikte** zwischen den einzelnen Gerechtigkeitsdimensionen:

Beispiel	Wenn ein Unternehmen die Leistungsgerechtigkeit sehr stark betont, wird es wahrscheinlich nicht an Abstrichen bei der Sozialgerechtigkeit vorbeikommen.

Wie stark die einzelnen Gerechtigkeitsdimensionen in der Lohnpolitik verankert werden, hängt von den Grundwerten bzw. der gelebten **Unternehmenskultur** ab. Gleichzeitig hat die Lohnpolitik eines Unternehmens aber auch eine Wirkung auf die Unternehmenskultur.

15.2 Lohnpolitik eines Unternehmens

Die Unternehmensleitung definiert die Lohnpolitik; sie wird nicht isoliert betrachtet, sondern hängt mit den gesamtunternehmerischen Zielsetzungen zusammen. Die Lohnpolitik ist ein **Teil der Personalpolitik,** die wiederum einen Teil der Unternehmenspolitik darstellt. Darin werden die **Rahmenbedingungen** für die Lohnfindung im Unternehmen festgelegt.

Abb. [15-3] **Eingliederung der Lohnpolitik in die Unternehmenspolitik**

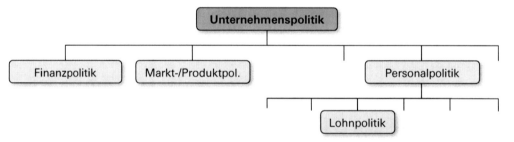

Die generellen **Ziele einer Lohnpolitik** sind die folgenden:

- Leistungsanreiz für die Mitarbeitenden
- Steigerung der Identifikation mit dem Unternehmen
- Optimierung der Lohnkosten
- Gute Mitarbeitende halten und gewinnen
- Lohngerechtigkeit

15.3 Lohnsystem

Mit der Lohnpolitik werden die Absichten eines Unternehmens definiert. Die Lohnpolitik beantwortet die Frage: «Was wollen wir?» Die Umsetzung wird mit dem Lohnsystem beantwortet.

Die Einführung eines Lohnsystems oder Änderungen am bestehenden Lohnsystem sind komplexe und auch sehr heikle, sensible Projekte, die sich sowohl auf das Arbeitsklima auswirken als auch rechtliche, versicherungstechnische und steuerliche Folgen haben. Sie sollten daher nur in Absprache und Zusammenarbeit mit ausgewiesenen Fachleuten angegangen werden.

15.3.1 Anforderungen an das Lohnsystem

Wenn ein Lohnsystem als Führungsinstrument verstanden werden will, muss es bestimmten Anforderungen gerecht werden:

- Flexibilität: Das Lohnsystem muss anpassungsfähig und bei Bedarf revidierbar sein, Wahlmöglichkeiten und Freiräume für besondere Umstände vorsehen.
- Transparenz: Hier geht es nicht um die heute viel diskutierte Offenlegung der individuellen Löhne. Das System muss transparent sein. Das heisst, es muss verständlich, nachvollziehbar und allen Mitarbeitenden bekannt sein.
- Einfachheit: Das Lohnsystem muss für alle Beteiligten leicht verständlich und nachvollziehbar und überdies mit geringem Aufwand bewirtschaftbar sein.
- Akzeptanz: Das Lohnsystem muss von allen Beteiligten anerkannt werden. Ein Lohnsystem, das nicht verknüpft ist mit den Führungsinstrumenten der Unternehmen, bleibt wirkungslos. Die Führungskräfte müssen die Zusammenhänge kennen und in der Praxis umsetzen können.
- Individualität: Das Lohnsystem soll den spezifischen Gegebenheiten des Unternehmens so weit wie möglich Rechnung tragen.

Es gibt zwei Arten von Lohnsystemen: das Lohnklassen- und das Lohnbändersystem.

15.3.2 Lohnklassen

Bei diesem System werden die Mitarbeitenden einer definierten Lohnklasse zugeteilt, die vor allem auf dem Schwierigkeitsgrad der jeweiligen Tätigkeit und der Berufserfahrung basiert. Der Lohn erhöht sich nach Dienstjahren, und zwar um einen für jede Lohnklasse fixierten Prozentsatz. Somit verläuft die Lohnentwicklung in sämtlichen Klassen parallel. Das Lohnklassensystem kommt heute nur noch in wenigen Unternehmen zum Einsatz.

15.3.3 Lohnbänder

Individuelle Lohnkurven sind heute sehr verbreitet. Die Lohnentwicklung verläuft viel flexibler und individueller als bei den Lohnklassen.

Abb. [15-4]   Individuelle Lohnkurven im Lohnbändersystem

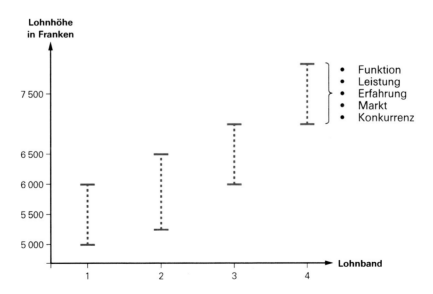

Die Lohnbänder sind folgendermassen aufgebaut: Pro Band werden der Einstiegslohn und das Lohnmaximum definiert. Danach legt man den Lohn der einzelnen Mitarbeitenden innerhalb dieser Bänder fest.

Die Lohnhöhe im jeweiligen Band bestimmen verschiedene Einflussfaktoren:

- Anforderungen an die Funktion
- Individuelle Leistungen
- Erfahrung
- Marktkonformität und Konkurrenzfähigkeit

15.4 Lohnkomponenten

Das Entgelt, das jemand für seine Arbeit erhält, setzt sich grundsätzlich aus drei Hauptbestandteilen zusammen:

Abb. [15-5]   Lohnkomponenten

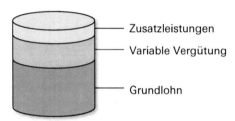

Zusatzleistungen
Variable Vergütung
Grundlohn

Lohnkomponente	Einzelne Lohnbestandteile
Grundlohn	Fixe Entlöhnung oder Festgehalt, das für eine bestimmte Funktion bezahlt wird. Man spricht in diesem Zusammenhang auch vom Funktionslohn.
Variable Vergütung	Der variable Anteil umfasst alle Bezüge, die mit dem Geschäftsgang und der individuell erbrachten Leistung direkt zusammenhängen: • Anerkennungsprämien für ausserordentliche Leistungen oder Verhaltensweisen • Bonus oder Incentive als variabler Erfolgsanteil
Zusatzleistungen	Zusätzlich kommen zwei Vergütungsbestandteile hinzu: • Gesetzlich vorgeschriebene Sozial- und Vorsorgebeiträge (Vorsorgeleistungen) und • Nutzungsleistungen (sog. «Fringe Benefits»), wie z. B. das Geschäftsfahrzeug, verbilligter Produkteeinkauf und spezielle Pauschal-Spesenvergütungen.

15.5 Lohnformen

Mit dem Lohn wird entweder die Zeit oder die Leistung vergütet.

15.5.1 Zeitlohn

Wie der Name schon sagt, wird mit dem Zeitlohn eine bestimmte Zeitperiode vergütet; der Lohn hängt nicht von der Leistung der Mitarbeitenden in dieser Zeitperiode ab.

Beispiel   Die Krankenpflegerin erhält einen Monatslohn, der sich nach ihrem zeitlichen Einsatz richtet.

Abb. [15-6]   Zeitlohnarten

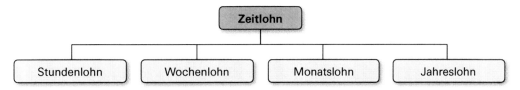

Der Zeitlohn macht Sinn, wenn die Leistung nur schwer gemessen (bei rein qualitativen Arbeiten) oder aber kaum beeinflusst werden kann oder soll (z.B. bei häufigen Unterbrechungen oder gefährlichen Arbeiten).

15.5.2 Leistungslohn

In der Praxis gibt es zwei Leistungslohnarten, den Akkordlohn und die Erfolgsvergütung.

Abb. [15-7]   Leistungslohnarten

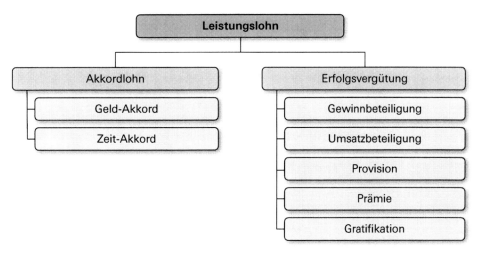

A] Akkordlohn

Die Entlohnung erfolgt aufgrund einer geleisteten Arbeitsmenge, und zwar in zwei Varianten:

- Geld-Akkord, auch Stück-Akkord genannt: Unabhängig vom Zeitaufwand wird für eine bestimmte Arbeitsleistung oder -menge ein gewisser Betrag bezahlt.
- Zeit-Akkord: Für eine bestimmte Arbeitsleistung oder -menge wird eine Vorgabezeit definiert, wonach pro Stunde Vorgabezeit ein vereinbarter Akkordsatz vergütet wird.

Beispiel
- Geld-Akkord: Der Cartoonist einer Tageszeitung wird pro druckreife Illustration bezahlt, unabhängig von seinem zeitlichen Aufwand.
- Zeit-Akkord: Der Velokurier erhält seinen Lohn nach Arbeitsleistung. Pro Kurierauftrag hat er eine Vorgabezeit; wenn er diese unterschreitet, kann er insgesamt mehr Aufträge während seines Einsatzes annehmen.

B] Erfolgsvergütung

Die Erfolgsvergütung wird auch «Bonus» oder «Incentive» genannt. Sie honoriert **kurzfristig erzielte Erfolge** der einzelnen Mitarbeitenden und soll gleichzeitig als Anreiz für künftige überdurchschnittliche Leistungen dienen.

Die bekanntesten Erfolgsvergütungsformen sind:

- Ein Teil des erzielten Reingewinns wird an die Mitarbeitenden als **Gewinnbeteiligung** weitergegeben, entweder in Form einer prozentualen Beteiligung, eines bestimmten Bonusbetrags oder als Mitarbeiteraktien.
- Ein prozentualer Anteil am Gesamtumsatz eines Unternehmens, eines Bereichs oder eines Produkts wird als **Umsatzbeteiligung** ausgeschüttet.
- Die Mitarbeitenden erhalten als **Provision** einen prozentualen Anteil am Wert der von ihnen selber abgeschlossenen oder vermittelten Geschäfte.
- Bei überdurchschnittlichen Leistungen kommt ein gewisser Betrag als **Prämie** einmalig zur Auszahlung.
- Die **Gratifikation** ist eine Sondervergütung, z.B. anlässlich des Firmenjubiläums, des Jahresabschlusses oder eines speziellen Erfolgs.

Beispiel	<ul><li>Die Mitglieder der Geschäftsleitung sind am erzielten Unternehmensreingewinn bonusbeteiligt.</li><li>Die Aussendienstmitarbeitenden einer Lebensversicherungsgesellschaft erhalten einen bestimmten Anteil der abgeschlossenen Verträge als Umsatzbeteiligung.</li><li>Die Projektleiterin bekommt für jeden Nachfolgeauftrag, den sie in ihren Projekten akquiriert, eine Provision.</li><li>Für ihren Sondereinsatz an der Herbstmesse wird den Standbetreuerinnen eine Prämie ausbezahlt.</li><li>Zum 100-jährigen Firmenjubiläum erhalten die Mitarbeitenden eine Gratifikation von 1000 Franken.</li></ul>

Abb. [15-8]   **Vor- und Nachteile der Leistungslohnarten**

	Akkordlohn	**Erfolgsvergütung**
Vorteile	<ul><li>Leistungsgerechtigkeit</li><li>Anreiz zur Leistungssteigerung</li><li>Kein Risiko bei Leistungsrückgang für das Unternehmen</li></ul>	<ul><li>Optimierung der Wirtschaftlichkeit</li><li>Leistungsgerechtigkeit</li><li>Anreiz zur Leistungssteigerung</li><li>Steigerung der Verantwortungsbereitschaft</li></ul>
Nachteile	<ul><li>Wegen Zeitdruck allenfalls Qualitätseinbussen</li><li>Erhöhtes Unfallrisiko (v. a. bei Zeit-Akkord)</li><li>Aufwendige Lohnabrechnung</li><li>Schwankende Einkommensverhältnisse</li></ul>	<ul><li>Aufwendige Berechnung</li><li>Unzufriedenheit bei nicht als leistungsgerecht empfundener Verteilung</li><li>Gesellschaftlich umstritten</li></ul>

15.5.3 Spezielle Lohnformen

Zu den speziellen Lohnformen zählen die freiwilligen Zulagen, der Naturallohn, die Fringe Benefits und das Cafeteria-System.

Abb. [15-9]   Spezielle Lohnformen

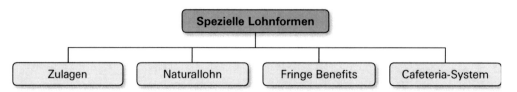

A] Zulagen

Nebst den gesetzlich vorgeschriebenen Zulagen (z. B. Kinder- oder Sonntagszulagen) bezahlen viele Unternehmen weitere, freiwillige Zulagen, wie Dienstalters- oder Geburtstagszulagen.

B] Naturallohn

Der Naturallohn ist in Art. 322, Abs. 2 OR geregelt: «Lebt der Arbeitnehmer in Hausgemeinschaft mit dem Arbeitgeber, so bildet der Unterhalt im Hause mit Unterkunft und Verpflegung einen Teil des Lohnes, sofern nichts anderes verabredet oder üblich ist.»

Der Naturallohn als **Lohnbestandteil** ist in bestimmten Berufsfeldern üblich, so in der Hotellerie, Gastronomie, Landwirtschaft oder für Hausangestellte.

C] Fringe Benefits

Darunter fallen zusätzliche Leistungen der Unternehmen, die **nicht in Form von Geld** und unabhängig vom Unternehmenserfolg oder der eigenen Leistung freiwillig vom Unternehmen erbracht werden. Solche **Nutzungsleistungen** werden meist dem Einkommen wertmässig zugerechnet und somit auch besteuert.

Zu den Fringe Benefits zählen zum Beispiel:

- Geschäftsauto, Beteiligung an den Kosten für den Arbeitsweg
- Übernahme der Mobiltelefongebühren
- Einkaufs- und Verpflegungsvergünstigungen
- Beteiligung an Weiterbildungs- und Freizeitkosten (Freizeitkurse, Fitness-Abonnement, Kultur- oder Sportanlässe), Benutzung von Sportanlagen
- Verbilligte Wohnungen, Reisen
- Günstige Hypotheken oder Kredite
- Spezielle Versicherungsleistungen (höhere Pensionskassenbeiträge des Arbeitgebers, zusätzliche Versicherungen)

D] Cafeteria-System

Bei diesem Honorierungskonzept haben die Mitarbeitenden die Möglichkeit, entsprechend ihren persönlichen Bedürfnissen und Präferenzen aus verschiedenen Alternativen der **flexiblen Entschädigung** zu wählen. Sie können einen Teil des Lohns z. B. durch mehr Ferien, eine bessere Pensionskassen- oder Versicherungsleistung, den Bezug von Aktien oder Sachwerten, einen Kinderbetreuungsdienst usw. beziehen. Als Voraussetzung für ein funktionierendes Cafeteria-System müssen die verschiedenen Entschädigungsformen wertmässig klar definiert sein und aus organisatorischen Gründen auch verweigert werden können.

Beispiel	Wenn mehrere Mitarbeitende einer Abteilung verlängerte Ferien beziehen wollen, kann dies zu Kapazitätsproblemen führen. In einem solchen Fall müssen bei der Entschädigungsform Kompromisse gefunden werden.

15.6 Sozialpolitik

Auch eine moderne betriebliche Sozialpolitik dient der Leistungsfähigkeit des Unternehmens. Die Mitarbeitenden müssen die sozialen Leistungen des Unternehmens kennen und diese als zeitgemäss und ihren Bedürfnissen angepasst empfinden. Eine ausgewogene Sozialpolitik vermittelt den Mitarbeitenden Sicherheit und Zufriedenheit. Sie ist somit ein Mittel, um die Fluktuation zu verringern.

15.6.1 Schweizerisches Sozialversicherungssystem

Das schweizerische Sozialversicherungssystem ist nach dem **Drei-Säulen-Prinzip** aufgebaut:

Die **1. Säule** entspricht der **staatlichen Vorsorge**: Die Alters- und Hinterlassenenversicherung (AHV) soll den Existenzbedarf von nicht mehr im Berufsleben stehenden Alten, Waisen und Witwen decken. Die Invalidenversicherung (IV) unterstützt Invalide, die nicht mehr oder nur teilweise noch erwerbstätig sein können. Gegen Risiken im Zusammenhang mit dem Militärdienst schützt die Erwerbsersatzordnung (EO).

Die **2. Säule** stellt die **berufliche Vorsorge** gemäss dem Berufsvorsorgegesetz (BVG) dar. Ihr Zweck ist die Fortführung eines bestimmten Lebensstandards nach der Pensionierung. Finanziert wird sie durch Arbeitnehmer- und Arbeitgeberbeiträge in die Personalvorsorgestiftungen bzw. Pensionskassen. Auch die 2. Säule ist obligatorisch.

Die **3. Säule** dient der **individuellen Vorsorge,** sie wird vom Arbeitnehmer finanziert und ist freiwillig. Es gibt dafür spezielle Vorsorge-Angebote von Versicherungen und Banken.

Abb. [15-10]   **Drei-Säulen-Prinzip der Vorsorge in der Schweiz**

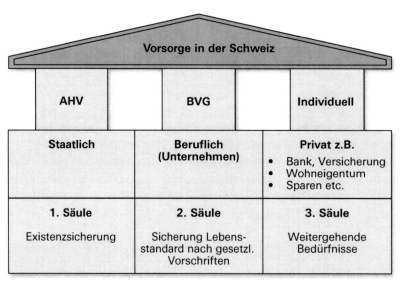

In Abb. 15-11 sind die weiteren Sozialversicherungs-Einrichtungen in der Schweiz zusammengestellt.

Abb. [15-11]   **Weitere Sozialversicherungen**

Sozialversicherung	Beschreibung
BU (Betriebsunfallversicherung) **NBU** (Nichtbetriebsunfallversicherung)	Obligatorischer Schutz gegen Betriebs-, Nichtbetriebsunfälle und Berufskrankheiten.
ALV (Arbeitslosenversicherung)	Zahlt Taggelder für den Verdienstausfall sowie für Umschulungen oder Weiterbildungen bei Arbeitslosigkeit.
Familienzulagen	Die Arbeitgeber finanzieren die Beiträge pro Kind; Familienzulagen sind kantonal geregelt.
KVG (Krankenversicherung)	Obligatorische Grundversicherung für alle.
Krankentaggeldversicherung	Zahlt Taggelder, nachdem die Lohnfortzahlungspflicht des Arbeitgebers erloschen ist.

15.6.2 Betriebliche Sozialpolitik

Mit folgenden Fragen befasst sich die betriebliche Sozialpolitik:

- Wie kann und soll das staatliche Sozialversicherungssystem durch **betriebliche Leistungen** ergänzt werden?
- Welche **freiwilligen Sozialleistungen** soll ein Unternehmen bezahlen?
- Wie soll das Paket von **Sozialleistungen zusammengesetzt** sein, damit es modernen Anforderungen entspricht und von den Mitarbeitenden als überzeugende betriebliche Leistung angesehen wird?
- Wann muss das Unternehmen auf **Entwicklungen** in der Öffentlichkeit reagieren und soziale Leistungen verändern oder erweitern?

Grundsätzlich sind die meisten Arbeitnehmer heute durch die staatliche Sozialversicherung gut gegen die Risiken von Krankheit, Unfall und durch eine umfassende Altersvorsorge geschützt. Dennoch hat in der jüngsten Vergangenheit die Verunsicherung bezüglich Sozialleistungen wieder zugenommen: Warnungen vor massiven Leistungsreduktionen bei den Pensionskassen und der staatlichen Altersvorsorge AHV haben viele aufgeschreckt und das Bewusstsein für die staatliche wie für die betriebliche Sozialpolitik von neuem geweckt.

Zusammenfassung

Bei der Forderung nach **Lohngerechtigkeit** stehen fünf Ansprüche im Zentrum:

- Anforderungsgerechtigkeit: ein den Anforderungen angemessener Lohn
- Leistungsgerechtigkeit: ein die individuellen Leistungen honorierender Lohn
- Sozialgerechtigkeit: soziale und sozialpolitische Anliegen werden berücksichtigt
- Marktgerechtigkeit: ein konkurrenzfähiger Lohn
- Erfolgsgerechtigkeit: der Unternehmenserfolg widerspiegelt sich im Lohn

Mit der **Lohnpolitik** werden die Rahmenbedingungen für die Lohnfindung im Unternehmen definiert; sie hängt mit den gesamtunternehmerischen Zielsetzungen zusammen.

Man unterscheidet zwei Arten von **Lohnsystemen**:

- **Lohnklassen**: vordefinierte Lohnkurven, die auf der Berufserfahrung und den Dienstjahren basieren
- **Lohnbänder**: Einstiegs- und Maximallohn werden pro Band definiert. Innerhalb dieser Bänder wird der Lohn pro Mitarbeiter festgelegt.

Als grundsätzliche **Lohnformen** gelten der Zeit- und der Leistungslohn.

Zeitlohn	Wird abhängig von der jeweiligen Zeit bezahlt: Stunden-, Wochen-, Monats- oder Jahreslohn
Leistungslohn	Wird abhängig von der erbrachten Leistung bezahlt: • **Akkordlohn** als Geld- oder Zeit-Akkord • **Erfolgsvergütung** (Bonus, Incentive) für besondere Leistungen: Gewinn-, Umsatzbeteiligung, Provision, Prämie, Gratifikation
Spezielle Lohnformen	• **Zulagen** (gesetzlich obligatorische, wie z. B. Kinder-, Sonntagszulagen, oder freiwillige, wie z. B. Dienstalterszulagen) • Gesetzlich geregelter **Naturallohn** durch Anrechnung von Unterkunft und Verpflegung als Lohnbestandteil • **Fringe Benefits** als freiwillige zusätzliche Leistungen des Unternehmens (z. B. Geschäftsauto, Verpflegungsvergünstigungen usw.) • **Cafeteria-System** als Wahlmöglichkeit der Mitarbeitenden zwischen verschiedenen Entschädigungsformen

Das Schweizer **Sozialversicherungssystem** ist nach dem **Drei-Säulen-Prinzip** aufgebaut:

- Die erste Säule umfasst die **staatliche Vorsorge** in Form der Altersvorsorge (AHV), Invaliditätsversicherung (IV) und der Erwerbsersatzordnung für Militärpflichtige (EO).
- Die zweite Säule betrifft die gesetzlich vorgeschriebene **berufliche Vorsorge** durch die Arbeitgeber und Arbeitnehmer zuhanden von Pensionskassen, das sog. BVG.
- Die dritte Säule ist die **individuelle Vorsorge;** sie bleibt dem Einzelnen überlassen und ist freiwillig.

Repetitionsfragen

46	Wir haben von den fünf Dimensionen der Lohngerechtigkeit gesprochen. Nennen Sie für jede der folgenden vier Forderungen die zugehörige Dimension.

A] Gleicher Lohn für Mann und Frau bei gleichwertiger Arbeit!

B] Lohnerhöhungen erfolgen nicht nach dem «Giesskannenprinzip».

C] Das Unternehmen hält sich bei der Lohnbezahlung an die branchenüblichen Ansätze.

D] Ein qualifizierter Mitarbeiter in der Logistik mit einem Lehrabschluss erhält einen höheren Lohn als die angelernte Hilfskraft.

47	Lohnsysteme mit Lohnbändern und mit Lohnklassen unterscheiden sich voneinander.

Tragen Sie die fehlenden Angaben in die Tabelle ein.

Merkmale	Lohnsysteme mit Lohnklassen	Lohnsysteme mit Lohnbändern
Funktionsweise	Mitarbeitende werden Klassen zugeteilt	
Flexibilität		Flexibel
Art der Lohnkurven	Definiert	
Handhabung		Komplex

48	Kreuzen Sie in der Tabelle an, bei welchen Leistungen des Unternehmens es sich um Fringe Benefits und bei welchen es sich um andere Leistungen handelt. Nennen Sie zudem möglichst genau, um welche andere Leistung es sich handelt.

Leistungen des Unternehmens	Fringe Benefits	Andere Leistungen
Verpflegung für Hotelangestellte		
Angestelltenrabatte für Firmen-Produkte		
Dienstaltersgeschenk		
Kinderzulage		
Mitfinanzierung einer Führungsausbildung		

16 Arbeitszeitgestaltung und Mitwirkung

Lernziele

Nach der Bearbeitung dieses Kapitels können Sie ...

- die Unterschiede zwischen den gängigsten Arbeitszeitmodellen aufzeigen.
- die Mitwirkungsrechte und -möglichkeiten im Unternehmen nennen.

Schlüsselbegriffe

Arbeitszeitmodelle, Bandbreitenmodell, betriebliches Vorschlagswesen, fixierte Arbeitszeit, gleitende Arbeitszeit, Jahresarbeitszeit, Jobsharing, Lebensarbeitszeit, Mitspracherecht, Mitwirkungsrechte, Mitwirkungsstufen, Qualitätszirkel, Schichtarbeit, Teilzeitarbeit, Telearbeit, zeitautonome Arbeitsgruppen

Die **Anspruchsgruppen** eines Unternehmens haben verschiedene Erwartungen an die Arbeitszeitgestaltung:

- Die **Kunden** wünschen ihren Bedürfnissen entsprechende Ansprechzeiten, z. B. ein möglichst schnelles Beantworten ihrer Anfragen oder längere Schalteröffnungszeiten.
- Die **Mitarbeitenden** suchen möglichst flexible Arbeitszeitlösungen, die sie an ihre individuellen Bedürfnisse anpassen können.
- Die **Kapitalgeber** und ebenso die **Unternehmensleitung** streben aus Kostengründen eine optimale zeitliche Auslastung des bestehenden Personals für die Erreichung der Unternehmensziele an. Um eine optimale Organisation sicherzustellen, gelten allenfalls unterschiedliche Arbeitszeitregelungen in den einzelnen Funktionsbereichen.
- Der **Staat** legt im Arbeitsgesetz (ArG) und im OR verschiedene Bestimmungen zum Schutz der Arbeitnehmenden fest, die eingehalten werden müssen. Es geht vor allem um die Arbeits- und Ruhezeiten sowie um Sonderschutzbestimmungen.

Da diese Erwartungen nur teilweise übereinstimmen, muss eine für alle Anspruchsgruppen akzeptable Lösung der Arbeitszeitregelung gefunden werden. Dies ist Aufgabe der Personalabteilung, die zusammen mit der Unternehmensleitung, Linienvorgesetzten und Mitarbeitervertretern und unter Berücksichtigung der Rechtsvorschriften ein **Arbeitszeitreglement** für die verschiedenen Funktionsbereiche entwickelt.

Hinweis

Die betriebliche Normalarbeitszeit gemäss Arbeitsvertrag oder Gesamtarbeitsvertrag (GAV) beträgt in der Schweiz 40 bis 44 Stunden pro Woche. Das Bundesgesetz über die Arbeit in Industrie, Gewerbe und Handel (ArG) legt die maximale wöchentliche Arbeitszeit für industrielle Betriebe bei 45 Stunden, in Gewerbebetrieben bei 50 Stunden fest.

16.1 Arbeitszeitmodelle

Jedes Unternehmen wählt das für die eigenen Ziele und Begebenheiten sinnvolle Modell oder mehrere Modelle. In vielen Branchen herrschen heute die flexiblen Arbeitszeitmodelle vor.

16.1.1 Fixierte Arbeitszeit

Der Arbeitgeber gibt die Arbeitszeit vollumfänglich vor.

Beispiel

Die Wochenarbeitszeit in der Gemeindeverwaltung von Irgendwo richtet sich vollumfänglich nach den Schalteröffnungszeiten: Von Montag bis Freitag, jeweils von 08.00–12.00 Uhr und von 13.30–17.30 Uhr, sind alle Verwaltungsangestellten anwesend.

16.1.2 Flexible Arbeitszeitmodelle

Die Gestaltung der Arbeitszeit hat in den letzten Jahren stark an Bedeutung gewonnen: Die sog. Normalarbeitszeit (z. B. der klassische Acht-Stunden-Tag) ist in Schweizer Unternehmen immer seltener anzutreffen. Inzwischen gibt es eine grosse Anzahl unterschiedlicher Modelle, die eine flexiblere Gestaltung der zu leistenden Arbeitszeit bezwecken.

Abb. [16-1]   Flexible Arbeitszeitmodelle

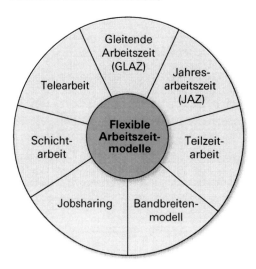

16.1.3 Gleitende Arbeitszeit (GLAZ)

Der Arbeitgeber gibt die **Wochen-Soll-Stunden,** die **fixen Präsenzzeiten** (die Blockzeiten) und einen Rahmen für den Beginn und das Ende der Arbeitszeit vor. Innerhalb dieser Vorgaben können die Mitarbeitenden die Arbeitszeit nach eigenen Präferenzen leisten.

Beispiel   Die sechs Angestellten im Optikgeschäft «Klarsicht» arbeiten nach folgendem GLAZ-Modell: Die Wochenarbeitszeit beträgt 42 Stunden, und die fixen Präsenzzeiten richten sich grundsätzlich nach den Ladenöffnungszeiten und der Kundenfrequenz. Die Angestellten organisieren die Personaleinsatzplanung innerhalb der vorgegebenen Blockzeiten selbstständig.

Eine Weiterentwicklung der GLAZ ist die **variable Arbeitszeit:** Der Arbeitgeber gibt lediglich eine Rahmenarbeitszeit vor. Die Mitarbeitenden wählen ihre Arbeitszeit innerhalb dieses Rahmens.

16.1.4 Jahresarbeitszeit (JAZ)

Es wird eine **jährliche individuelle Soll-Arbeitszeit** vorgegeben. Diese richtet sich nach der Auftragslage und/oder nach den individuellen Bedürfnissen der Mitarbeitenden und gleicht sich im Lauf eines Jahres aus. Der Arbeitgeber definiert die Rahmenbedingungen (zum Beispiel minimale Einsatzzeiten während Produktionsspitzen) und die Jahres-Soll-Stunden. Das Jahreseinkommen wird monatlich in gleichen Teilen ausbezahlt.

Beispiel   Die Angestellten einer lokalen Bierbrauerei praktizieren das JAZ-Modell, um saisonale Produktionsschwankungen zwischen den Sommer- und Wintermonaten auszugleichen.

16.1.5 Teilzeitarbeit

Dabei handelt es sich um eine Reduktion der Normalarbeitszeit. Im Zusammenhang mit den veränderten Werthaltungen und Lebensmodellen hat die Teilzeitarbeit auch für qualifizierte Funktionen in den letzten Jahren an Bedeutung gewonnen. Teilzeitlösungen erfordern eine Anpassung der Arbeitsorganisation und einen erhöhten Koordinationsaufwand. Sie bringen dem Unternehmen aber auch Vorteile: Die Verantwortung wird auf mehrere Schultern verteilt und Spezialisten-Know-how gezielt kombiniert, wertvolle Mitarbeitende bleiben dem Unternehmen erhalten und besonders umworbene Personen können dank Teilzeitangeboten ins Unternehmen geholt werden.

Eine spezielle, rechtlich und gesellschaftlich äusserst umstrittene Form der Teilzeitarbeit ist die Arbeit auf Abruf. Man nennt sie auch «kapazitätsorientierte variable Arbeitszeit» (KAPOVAZ). Der Arbeitgeber bietet die Arbeitnehmenden bei Bedarf zu einem Einsatz auf, diese halten sich entsprechend zur Verfügung.

Diese Variante bedingt klare Regelungen, damit sie auch rechtlich und gesellschaftlich praktikabel wird, zum Beispiel:

- Wie werden die Zeiten ohne Einsatz, in denen man sich zur Verfügung hält, vergütet?
- Die Mitarbeitenden haben das Recht, einen Einsatz abzulehnen.

Beispiel	Marco Solari, Biologiestudent, arbeitet nebenbei als Pizzakurier für «Al Forno», und zwar auf Abruf von Freitag- bis Sonntagabend und während Grossanlässen wie z. B. der Fussball-Europameisterschaft.

16.1.6 Bandbreitenmodell

In einem vorgegebenen Rahmen können die Mitarbeitenden ihre wöchentliche Arbeitszeit erhöhen oder reduzieren. Man spricht in diesem Zusammenhang auch von der individuell fixierten Arbeitszeit. Daraus ergeben sich je nach Reglement entweder Lohnerhöhungen bzw. -reduktionen und/oder zusätzliche Ferientage. Solche unterschiedlichen Vergütungsformen werden auch als «Cafeteria-System» (siehe S. 167) bezeichnet.

Beispiel	Die Vollzeitangestellten der Bundesverwaltung können innerhalb eines Bandbreitenmodells verschiedene Möglichkeiten auswählen. Beispielsweise kann jemand zehn zusätzliche Ferientage beanspruchen, wenn er entweder die Wochenarbeitszeit um jeweils zwei Stunden erhöht oder bei normaler Wochenarbeitszeit auf einen vergleichbaren Anteil Lohn verzichtet.

16.1.7 Jobsharing

Beim Jobsharing teilen sich zwei oder mehrere Mitarbeitende eine Vollzeitstelle oder mehrere Teilzeitstellen, mit dem Ziel, dass für eine bestimmte Funktion trotz Teilzeitarbeit immer mindestens eine zuständige Person anwesend ist. Dieses Modell bringt dem Unternehmen einen Zuwachs an Wissen, eine bessere Kapazitätsauslastung und mehr Möglichkeiten, Arbeitsausfälle von Mitarbeitenden aufzufangen. Von den Mitarbeitenden erfordert das Jobsharing eine gute Planungs- und Organisationsfähigkeit und eine hohe Kommunikationsbereitschaft.

- Am häufigsten kommt das Jobsplitting vor. Die Mitarbeitenden teilen die mit einer Stelle verbundenen Aufgaben untereinander auf, und jede Person ist für die ihr zugeteilten Aufgaben verantwortlich.
- Beim Jobpairing übernehmen zwei Personen gemeinsam die Verantwortung für die Gesamtaufgabe der Stelle.

Heike Zimmermann und Rosanna Gomez haben im Jobsharing eine Vollzeitstelle im Kundendienst übernommen, weil beide zusätzlich noch als Hausfrau und Mutter engagiert sind. Sie haben die anfallenden Aufgaben untereinander aufgeteilt.

16.1.8 Schichtarbeit

Schichtarbeit ist ein traditionelles Modell der Arbeitszeitflexibilisierung. In manchen Unternehmen werden die Betriebszeiten auf bis zu 24 Stunden täglich erweitert, um die Produktionsanlagen optimal auszulasten oder weil eine Bereitschaftspflicht rund um die Uhr erforderlich ist (z. B. in Spitälern). Die Mitarbeitenden arbeiten jeweils während eines Teils der Betriebszeiten (z. B. in drei Schichten à acht Stunden) und teilen sich so einen Arbeitsplatz.

16.1.9 Telearbeit

Bei diesem Modell arbeiten die Mitarbeitenden nicht im Unternehmen, sondern extern. Dadurch ergibt sich die Möglichkeit, die Arbeitszeit individuell einzuteilen. Verschiedene Varianten der Telearbeit sind:

- Teleheimarbeit: Die anfallende Arbeit wird ausschliesslich zu Hause erledigt.
- Kollektive Telearbeit: Die Arbeitserledigung erfolgt in externen Büros.
- Mobile Telearbeit: Der Arbeitsplatz ist aufgrund der Tätigkeit ortsunabhängig.

Das Unternehmen stellt die benötigte Infrastruktur und Zugriffsmöglichkeiten auf die Firmenserver bereit. Wichtig bei der Telearbeit sind klare Absprachen zur Erreichbarkeit und zu den Anwesenheiten im Betrieb.

Beispiel

- Teleheimarbeit: Hausfrauen erledigen Änderungsarbeiten für ein Nähatelier.
- Kollektive Telearbeit: Callcenter (Telefondienstleistungen) für Kleinunternehmen.
- Mobile Telearbeit: Aussendienstmitarbeitende.

16.2 Spezifische Bedürfnisse an die Arbeitszeit

Durch die Veränderungen in der Gesellschaft und in den Werthaltungen bezüglich der Lebens- und Berufsgestaltung haben sich auch neue Bedürfnisse an die Arbeitszeitenregelung entwickelt. In den folgenden Abschnitten gehen wir auf einige Beispiele ein.

16.2.1 Zeitautonome Arbeitsgruppen

Zeitautonome Arbeitsgruppen organisieren eigenverantwortlich die Einteilung ihrer Arbeitszeit und der Auftragserledigung. Vorgegeben werden ihnen dabei lediglich die Zielsetzungen, die Gesamt-Zeitbudgets und allenfalls die minimalen bzw. maximalen Anwesenheitszeiten.

16.2.2 Urlaub

Zusätzlich zu den gesetzlich vorgeschriebenen Ferien beziehen manche Mitarbeitende Urlaubszeit zur Verfolgung persönlicher Ziele, z. B. für längere Reisen oder einen Bildungsurlaub (auch «Sabbatical» genannt). Während eines solchen Urlaubs bleibt das Arbeitsverhältnis bestehen; die Lohnauszahlung (voll, teilweise, keine) hängt von der jeweiligen Vereinbarung ab.

16.2.3 Lebensarbeitszeit

Mit dem Entschluss, nach dem Erreichen des Rentenalters weiterzuarbeiten, kann die Lebensarbeitszeit verlängert, mit einer **flexiblen Pensionierungsregelung** verkürzt werden. Eine frühere Pensionierung kann man selbst finanzieren, z. B. durch die dritte Säule, oder durch grosszügige Pensionskassenregelungen seitens des Arbeitgebers. Einige Firmen machen ihren Mitarbeitenden das Angebot, mittels einer Erhöhung der Wochenarbeitsstunden die Stundenguthaben zu sammeln und dadurch Vorleistungen für die flexible Pensionierung zu erbringen. Allerdings ist dies wenig verbreitet, da bei einem Stellenwechsel die «Stundenkonti» nicht automatisch auf den neuen Arbeitgeber übertragen werden können. Die gleitende Pensionierung ermöglicht eine schrittweise Reduktion des Arbeitspensums über einen längeren Zeitraum hinweg, bevor die ordentliche Pensionierung erfolgt.

16.3 Mitwirkungsrechte

In der Schweiz gibt es ein gesetzlich verankertes Mitspracherecht der Mitarbeitenden; in vielen Unternehmen haben darüber hinausgehende Mitwirkungsrechte eine lange Tradition.

16.3.1 Gesetzlich verankertes Mitspracherecht

Die Mitwirkung ist im **Bundesgesetz über die Information und Mitsprache der Arbeitnehmerinnen und Arbeitnehmer (MWG)** geregelt. Es räumt den Mitarbeitenden eines privaten Betriebs das Recht ein, eine Arbeitnehmervertretung (Betriebskommission) einzusetzen, das Recht auf Informationen, die mit ihrer Leistungserbringung zusammenhängen, und das Mitspracherecht. Auch das **Bundesgesetz über die Arbeit in Industrie, Gewerbe und Handel (Arbeitsgesetz, ArG)** schreibt dem Arbeitgeber vor, für bestimmte Situationen die Arbeitnehmenden zu konsultieren oder ihre Zustimmung einzuholen.

Gesetzlich verankert ist demnach das Mitspracherecht der Mitarbeitenden oder deren Vertretung in folgenden Angelegenheiten:

- in allen Fragen der Arbeitssicherheit bzw. des Gesundheitsschutzes,
- bei der Organisation der Arbeitszeit und der Gestaltung der Einsatzpläne,
- hinsichtlich der bei Nachtarbeit vorgesehenen besonderen Schutzbestimmungen,
- im Vorfeld von geplanten Massenentlassungen.

Zum Mitspracherecht gehört der Anspruch auf **Anhörung und Beratung**, bevor die Unternehmensleitung ihre Entscheidungen trifft. Falls die getroffenen Entscheidungen mit den Anliegen der Mitarbeitenden oder deren Vertretung nicht oder nur teilweise übereinstimmen, müssen sie seitens der Unternehmensleitung begründet werden.

16.3.2 Mitwirkungsstufen

Natürlich steht es jedem Unternehmen frei, den Mitarbeitenden über die gesetzlichen Bestimmungen hinaus verschiedene zusätzliche Mitwirkungsrechte zu gewähren. Abb. 16-2 zeigt die vier Mitwirkungsstufen.

Abb. [16-2]   Mitwirkungsstufen

Mitwirkungsstufe	Erläuterung
1. Information	Information bedeutet, dass die Geschäftsleitung die Arbeitnehmervertretung über eine betriebliche Angelegenheit orientiert und ihr Gelegenheit zur Aussprache gibt.
2. Mitsprache	Mitsprache bedeutet, dass in bestimmten betrieblichen Angelegenheiten vor dem Entscheid durch die Geschäftsleitung mit der Arbeitnehmervertretung beraten werden kann. Der von der Geschäftsleitung gefällte Entscheid ist der Arbeitnehmervertretung bekannt zu geben und bei Abweichung von deren Stellungnahme zu begründen.
3. Mitentscheidung	Mitentscheidung bedeutet, dass in bestimmten betrieblichen Angelegenheiten eine Entscheidung nur mit Zustimmung sowohl der Arbeitnehmervertretung als auch der Geschäftsleitung getroffen werden kann.
4. Selbstverwaltung	Selbstverwaltung bedeutet, dass der Arbeitnehmervertretung einzelne Aufgaben zur selbstständigen Erledigung übertragen werden. Die dafür zwischen Geschäftsleitung und Arbeitnehmervertretung ausgearbeiteten Richtlinien sind verbindlich.

16.3.3 Betriebliches Vorschlagswesen

Das betriebliche Vorschlagswesen ist ein traditionsreiches Mitwirkungsinstrument. Seine Zielsetzungen sind:

- das verantwortliche Mitdenken möglichst vieler Mitarbeitenden zu fördern,
- die Zusammenarbeit zu verbessern,
- die Qualität der Arbeitsprozesse und -ergebnisse zu optimieren,
- die Selbstständigkeit der Mitarbeitenden zu vergrössern.

Das betriebliche Vorschlagswesen ist zugleich ein Instrument der **Motivation** und der **Rationalisierung.** Die steigende Zahl von Verbesserungsvorschlägen in vielen Unternehmen belegt, dass die Mitarbeitenden diese Institution annehmen, d. h. ihre Kreativität am Arbeitsplatz einsetzen wollen. Die Honorierung von verwirklichten Verbesserungsvorschlägen erfolgt in der Regel durch eine **Geldprämie,** die z. B. einen bestimmten Prozentsatz der erreichten Kosteneinsparungen ausmacht oder aufgrund eines pauschalen Bewertungsschlüssels berechnet wird. Es sind jedoch auch **nicht materielle Belohnungen** möglich, z. B. die Teilnahme an speziellen Weiterbildungskursen, Beförderungen, die Erwähnung in der Firmenzeitung usw.

16.3.4 Qualitätszirkel

Eine Ergänzung des betrieblichen Vorschlagswesens sind Qualitätszirkel (Quality Circles). Man verwendet dafür auch andere Bezeichnungen, wie z. B. Arbeitskreis, Projektgruppe, Taskforce.

Eine kleine Gruppe von Mitarbeitenden, meist aus dem gleichen Arbeitsbereich, trifft sich regelmässig und freiwillig zu Arbeitssitzungen, um Probleme aus dem eigenen Arbeitsbereich zu behandeln und daraus resultierende Lösungen oder Massnahmen in die Praxis umzusetzen. Die Arbeitssitzungen werden von einem Moderator geleitet. Qualitätszirkel sind **Problemlösungsgruppen.** Es geht dabei nicht nur um die Verbesserung von Produkten, sondern auch um die Qualität der Arbeit, der Arbeitsprozesse und der Zusammenarbeit.

Zusammenfassung

Bei der Gestaltung der Arbeitszeit müssen unterschiedliche Ansprüche berücksichtigt werden:

- Kundenbedürfnisse
- Mitarbeiterbedürfnisse
- Zielsetzungen der Kapitalgeber bzw. der Unternehmensleitung
- Gesetzliche Bestimmungen im Arbeitsgesetz und im OR

Die gängigsten **Arbeitszeitmodelle** sind:

Arbeitszeitmodell	Erklärung
Fixierte Arbeitszeit	Vollumfängliche Vorgabe der Arbeitszeiten
Gleitende Arbeitszeit	Freie Gestaltung innerhalb eines vorgegebenen Rahmens
Jahresarbeitszeit	Freie Gestaltung innerhalb vorgegebener Jahres-Sollzeiten
Teilzeitarbeit	Reduzierte Normalarbeitszeit
Bandbreitenmodell	Möglichkeit zur individuellen fixierten Erhöhung oder Reduktion der Wochenarbeitszeit in Abgleich mit der Lohn- oder Ferientagsentschädigung
Jobsharing	Verteilung der Arbeitsinhalte und/oder Arbeitszeit einer Vollzeit- oder mehrerer Teilzeitstellen auf mehrere Mitarbeitende
Schichtarbeit	Aufteilung der Betriebszeit auf mehrere zeitliche Einheiten und somit auf mehrere Mitarbeitende
Telearbeit	Arbeitsleistungen durch externe Mitarbeitende

Die **Mitwirkung im Unternehmen** basiert zunächst auf gesetzlichen Vorschriften, die den Mitarbeitenden bei heiklen Fragen der Arbeitsgestaltung ein **Mitspracherecht** bei Entscheidungen einräumen.

Generell unterscheidet man vier **Mitwirkungsstufen,** die im Unternehmen möglich sind:

- Information: das Recht auf Aussprache.
- Mitsprache: das Recht auf Stellungnahme durch die Arbeitnehmervertretung.
- Mitentscheidung: Die Zustimmungspflicht ist durch die Arbeitnehmervertretung erforderlich.
- Selbstverwaltung: Die Arbeitnehmervertretung handelt selbstständig, unter Einhaltung von vereinbarten Richtlinien.

Mit dem **betrieblichen Vorschlagswesen** bezweckt man, dass die Mitarbeitenden sich mit ihren Erfahrungen und Ideen aktiv für das Unternehmen einsetzen.

Qualitätszirkel treffen sich regelmässig und freiwillig zu Arbeitssitzungen, um Probleme aus dem eigenen Arbeitsbereich zu besprechen, Lösungen zu entwickeln und diese einzuführen. Es geht dabei um die Verbesserung der Produkte, um die Qualität der Arbeit und um die Zusammenarbeit im Unternehmen.

| 49 | Welche der folgenden Aussagen sind richtig, welche sind falsch? Bitte begründen Sie Ihre Antwort kurz. |

A] Will ein Arbeitgeber die Betriebsnutzungszeiten verlängern, kann er Schichtarbeit einführen.

B] Im Gegensatz zur fixierten Arbeitszeit kann der Mitarbeiter seine Einsätze beim Bandbreitenmodell spontan an seine täglichen Bedürfnisse anpassen.

C] Wird ein Jahresarbeitszeitmodell gewährt, darf der Arbeitgeber keine Einschränkungen, wie zum Beispiel Betriebsferien, Sperrzeiten für Ferien oder Ähnliches, vorgeben.

D] Bei einem 50-prozentigen Einsatz, der KAPOVAZ und beim Jobsharing handelt es sich um Teilzeitarbeitszeitmodelle, da die betroffenen Arbeitnehmenden dem Arbeitgeber nicht während der betriebsüblichen Arbeitszeit zur Verfügung stehen.

E] Bei der kollektiven Telearbeit handelt es sich um ein Jobsharing, jedoch von zu Hause aus.

---

50   Welcher Mitwirkungsstufe ordnen Sie die folgenden Fälle zu?

A] Es steht den einzelnen Mitarbeitenden frei, die Pausenregelung auszugestalten.

B] Die Unternehmensleitung ruft die Mitarbeitenden zusammen. Sie präsentiert die Auswirkungen des bisherigen Geschäftsgangs und die notwendigen Reorganisationsmassnahmen im Produktionsbereich.

C] Das bisherige Beurteilungssystem soll abgelöst werden. Mitarbeitende aller hierarchischen Stufen arbeiten an der Entwicklung des neuen Beurteilungssystems mit; es muss von der Geschäftsleitung und der Mitarbeitervertretung verabschiedet werden, bevor es in Kraft tritt.

---

51   Ordnen Sie die drei nachfolgenden Beispiele dem passenden Arbeitszeitmodell zu:

A] Jorge Gomez arbeitet bei Bedarf, d.h. besonders vor Feiertagen oder Wochenenden, stundenweise als Hilfsbäcker für eine Grossbäckerei.

B] Das Empfangssekretariat einer Personalberatung wird jeweils am Morgen von Amira Asani, am Nachmittag von Hannah Stampfli betreut.

C] Jonas Kaiser ist Gruppenleiter bei einem Reiseveranstalter. Er kann seine Arbeit grundsätzlich frei einteilen – einzige Bedingung ist, dass er zwischen 09.30 und 11.30 Uhr und zwischen 14.00 und 16.00 Uhr an seinem Arbeitsplatz erreichbar ist.

17   Personalentwicklung

Lernziele

Nach der Bearbeitung dieses Kapitels können Sie …

- erläutern, wie eine Schulungsmassnahme geplant und umgesetzt wird.
- die wichtigsten Anforderungen an eine systematische Laufbahnplanung beschreiben.

Schlüsselbegriffe

Betriebliche Aus- und Weiterbildung, Bildungsziel, Entwicklungsmassnahmen, Erfolgskontrolle, Evaluation, Laufbahnplanung, Laufbahnmodelle, Lerninhalte, Lernziele, Management Development, Nachwuchsförderung, Personalentwicklungspolitik, Schlüsselkompetenzen, Schulungsbedarf, Schulungskonzept

Die Personalentwicklung umfasst alle Massnahmen, mit denen die Qualifizierung der Mitarbeitenden und somit auch des Unternehmens verbessert werden soll. Die dynamischen Entwicklungen von Märkten und Unternehmen, Produkte-Innovationen und Prozessverbesserungen wirken sich unweigerlich auf die Anforderungen an die Leistungsträger im Unternehmen aus: Je stärker und rascher sich die Umweltbedingungen verändern, desto wichtiger wird für das Unternehmen als Ganzes wie für den einzelnen Mitarbeitenden die ständige Weiterentwicklung oder das «lebenslange Lernen».

Die Personalentwicklung trägt massgeblich zur Unternehmensentwicklung bei und konzentriert sich auf **zwei Schwerpunkte**:

- Im Unternehmen müssen geeignete Qualifikationen zur Verfügung stehen, um die Unternehmensziele zu unterstützen.
- Die im Unternehmen vorhandenen Mitarbeiterpotenziale sind bestmöglich auszuschöpfen.

Abb. 17-1 veranschaulicht diesen Zusammenhang:

Abb. [17-1]

Unternehmensentwicklung setzt Personalentwicklung voraus

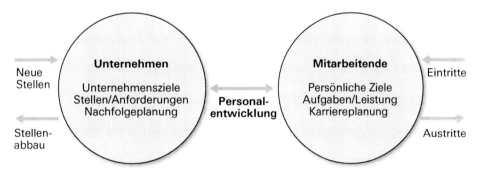

In der Personalplanung werden die für die Erreichung der Unternehmensziele notwendigen Stellen und Anforderungen definiert. Um rechtzeitig über die notwendigen Mitarbeitenden mit den entsprechenden Qualifikationen zu verfügen, braucht es im Unternehmen eine systematische Nachfolgeplanung.

Damit die Mitarbeitenden motiviert und somit auch leistungsstark bleiben, wollen sie ihre persönlichen Ziele erreichen, Aufgaben einnehmen, die ihren Qualifikationen entsprechen, für ihre Leistungen honoriert werden und ihre persönliche Karriereplanung verwirklichen. Der Eintritt und Verbleib im Unternehmen hängen wesentlich davon ab, ob die persönlichen Entwicklungsziele mit den Entwicklungsmöglichkeiten im Unternehmen übereinstimmen.

17.1 Personalentwicklungspolitik

Die Personalentwicklungspolitik verdeutlicht, welchen Wert das Unternehmen auf die Förderung seiner Mitarbeitenden legt, wie es dabei vorgeht, welchen Stellenwert bestimmte Massnahmen (z. B. die interne Schulung, die individuelle Laufbahnplanung usw.) dabei einnehmen und wie es die Nachfolgeplanung konzipiert.

Die generellen **Ziele einer Personalentwicklungspolitik** sind demnach:

- Verbesserung der **Wettbewerbsfähigkeit:** Die Mitarbeitenden werden so ausgebildet und gefördert, dass sie die Wettbewerbsfähigkeit des Unternehmens bestmöglich unterstützen und weiterentwickeln.
- Erhöhung der **Flexibilität:** Die bessere Qualifikation der Mitarbeitenden macht sie breiter einsetzbar (auch «polyvalent» genannt).
- Steigerung der **Motivation:** Der Erfolg des Unternehmens hängt zu einem wesentlichen Teil von der Motivation und Leistungsbereitschaft der Mitarbeitenden ab.
- Sicherung des **Mitarbeiterpotenzials:** Qualifizierte Mitarbeitende sind gleichzeitig Engpass und Garant des langfristigen Unternehmenserfolgs. Gezielte Personalentwicklungsmassnahmen verringern die Fluktuation und somit den externen Personalbedarf.

Im Folgenden gehen wir näher auf die zwei hauptsächlichen Aufgabengebiete der Personalentwicklung ein: die betriebliche Aus- und Weiterbildung und die Laufbahnplanung.

17.2 Schulungsmassnahmen

Die betriebliche Aus- und Weiterbildung knüpft an die Personalbeurteilung an, die den individuellen Weiterbildungsbedarf des einzelnen Mitarbeiters anzeigt, und hat Querverbindungen zur Laufbahnplanung (z. B. zur Nachwuchsplanung), zur Personalplanung (z. B. zur Stellenplanung) und auch zur Personalsuche und -auswahl (z. B. zur internen Stellenbesetzung).

Die betriebliche **Grundausbildung** vermittelt den Mitarbeitenden die erforderlichen Grundkenntnisse und -fähigkeiten, um eine Tätigkeit übernehmen oder einen Beruf ausüben zu können. Typischerweise gehören dazu die Berufslehre, das Praktikum sowie das Anlernen von Hilfsarbeitskräften. Zur **Weiterbildung** gehören alle Massnahmen und Tätigkeiten zur Erweiterung und Vertiefung der Berufsbildung. Ebenfalls Umschulungsmassnahmen im Hinblick auf den Wechsel des Berufsfelds.

Beispiel	• Grundausbildung: Die Berufslehre eines Werkzeugmechanikers beginnt mit einer halbjährigen Einführung in die Metallberufe, die alle Mechanikerlehrlinge absolvieren. Dann folgt ein Jahr allgemeine berufliche Fachbildung als Werkzeugmechaniker und schliesslich die bis zum Lehrabschluss dauernde Spezialisierung im Fachgebiet (z. B. Instrumententechnik etc.). • Weiterbildung: Alle Teamleiterinnen der Produktionsabteilung besuchen ein zweitägiges Vertiefungsseminar zum Thema «Führen durch Zielvereinbarung MbO».

Grössere Unternehmen haben spezielle **Schulungsabteilungen,** die für alle Fragen der betrieblichen Aus- und Weiterbildung zuständig sind. In kleinen und mittleren Unternehmen ist dies oftmals Aufgabe der **Personalabteilung** oder des Linien-Vorgesetzten. Entscheidend dabei ist, dass die betriebliche Aus- und Weiterbildung in enger Zusammenarbeit mit den Linien-Vorgesetzten geplant und umgesetzt wird. Als **Linien-Vorgesetzte** geben Sie Schulungsmassnahmen in Auftrag, bewilligen oder ordnen solche für Ihre Mitarbeitenden an, vielleicht führen Sie kürzere Trainingssequenzen mit Ihrem Team auch selber durch. In den meisten Fällen leitet jedoch ein qualifizierter interner oder externer Trainer das Seminar.

Um Ihnen ein besseres Verständnis für die Auftragserteilung an eine Trainerin oder an die Schulungsabteilung zu geben, beleuchten wir in den folgenden Abschnitten das systematische Vorgehen bei der Planung und Durchführung einer Schulungsmassnahme.

Abb. [17-2]   Planung und Durchführung einer Schulungsmassnahme

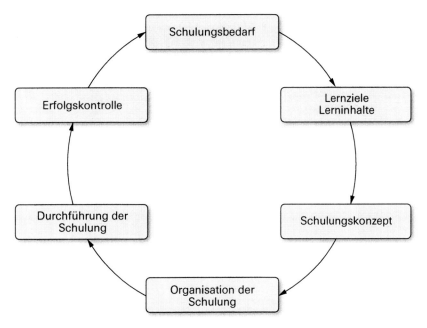

Bevor Sie eine Schulungsmassnahme durchführen können, braucht es verschiedene Entwicklungsschritte: Sie müssen die Bedürfnisse der Zielgruppe kennen, sich im Klaren über die Ziele und Inhalte der betreffenden Schulung sein und eine konkrete Vorstellung davon haben, wie diese Ziele erreicht werden können.

17.2.1 Schulungsbedarf ermitteln

Ein Schulungsbedarf kann aus verschiedenen Gründen entstehen:

- durch allgemeine **Bildungsziele**, die sich aus den Unternehmenszielen ergeben,
- durch gezielte **Befragungen** von Vorgesetzten, Mitarbeitenden, Kunden, Lieferanten und weiteren Anspruchsgruppen aus dem Unternehmensumfeld,
- als individuelle **Entwicklungsmassnahme** aus dem Beurteilungsgespräch,
- aufgrund von **Veränderungen** im Unternehmen, wie z. B. der Einführung neuer System- oder Softwarelösungen, veränderter Arbeitsbestimmungen, der Inbetriebnahme einer neuen Maschine, des Einsatzes neuer Werkstoffe, infolge einer Reorganisation usw.

Beispiel   Aufgrund der Beobachtungen am Markt kommen wir zu folgendem Schluss: Die Informationsbedürfnisse unserer Firmenkunden haben sich verändert. Es genügt oftmals nicht mehr, zu einem Verkaufsgespräch unsere Produktedokumentation mitzubringen. Viele Firmenkunden verlangen heutzutage eine auf ihre Bedürfnisse massgeschneiderte Präsentation vor den versammelten Entscheidungsträgern.

Die Bedarfsklärung hat ergeben, dass vor allem die jüngeren, weniger erfahrenen Aussendienstmitarbeitenden ein intensives Präsentationstechniktraining begrüssen. Der Einsatz moderner Präsentationsmedien und der Rhetorik steht dabei im Vordergrund. Das Feedback eines Profis wird ausdrücklich gewünscht.

Der Schulungsbedarf ist die Differenz zwischen dem Soll und dem Ist, d. h. zwischen den künftigen Anforderungen und den heutigen Qualifikationen der Mitarbeitenden.

Abb. [17-3]   Schulungsbedarf

17.2.2   Lernziele und -inhalte festlegen

Der Schulungsbedarf beschreibt grundlegende Bedürfnisse an eine Schulungsmassnahme und zeigt somit eine erste grobe Zielsetzung auf. In einem weiteren Schritt gilt es, daraus klare **Lernziele** abzuleiten, die die Lernenden dank der Schulungsmassnahme erreichen sollen. Lernziele steuern den Lernprozess. Je konkreter sie formuliert sind, desto genauer lässt sich später messen, ob sie mit der Schulungsmassnahme erreicht wurden.

Hinweis

Bestimmt ist Ihnen auch aufgefallen, dass wir in diesem Lehrmittel zu Beginn jedes Kapitels die Lernziele ausweisen, die Sie erreichen sollten.

Die Lernziele geben auch wichtige Anhaltspunkte für die **Lerninhalte** oder **Themenschwerpunkte,** die in der Schulungsmassnahme behandelt werden sollen.

Beispiel

Präsentationstechnikseminar für Aussendienstmitarbeitende

Lernziele

Die Seminarteilnehmerin ist in der Lage, ihre Kundenpräsentationen nach den Kriterien einer guten Visualisierung professionell aufzubereiten.

Lerninhalte

- Gestaltungsrichtlinien für die Folienpräsentation und kundenspezifische Dokumentationen
- Inhaltliche Aufbereitung: Was gehört in die Dokumentation – was auf die Folie?
- Tipps und Tricks zur wirkungsvollen Präsentation vor Publikum usw.

17.2.3   Schulungskonzept entwerfen

Im Schulungskonzept (oft auch «Seminarkonzept» genannt) wird die Schulungsmassnahme detailliert geplant. Es handelt sich dabei um ein **Feinkonzept,** das alle notwendigen Informationen für die Organisation und Durchführung der Schulungsmassnahme liefern soll:

- Seminartitel, wie z. B. «Präsentationstechnik und Rhetorik im Verkaufsgespräch»
- Angaben zur Zielgruppe
- Zeitbudget (Anzahl Stunden) und womöglich die zeitliche Gewichtung der Hauptthemen
- Lernziele und Themenschwerpunkte (Lerninhalte)
- Schulungsprogramm, d. h. der geplante Seminarablauf
- Mögliche Lerntransfermassnahmen nach dem Seminarabschluss oder zwischen zwei Seminartagen, wie z. B. gezielte Übungen im beruflichen Alltag, das Führen eines Lerntagebuchs
- Weitere inhaltliche und methodische Hinweise oder Anforderungen, wie z. B. notwendige Fachliteratur, Anforderungen an die Räumlichkeiten oder an die technische Infrastruktur

17.2.4   Schulung organisieren

Eine gut funktionierende Seminarorganisation sorgt für das Wohlbefinden der Teilnehmenden und für reibungslose Abläufe. Zur Organisation gehören unter anderem folgende Aufgaben:

- Einladung und Anmeldeverfahren der Teilnehmenden
- Bekanntgabe des detaillierten Schulungsprogramms
- Reservation des Schulungsorts (Räume, technische Hilfsmittel, Anreise, Übernachtungs- und Verpflegungsmöglichkeiten)
- Aufbereitung der Schulungsunterlagen

17.2.5   Schulung durchführen

Ein guter Unterricht beginnt nicht an irgendeinem Punkt der Stoffvermittlung. Vielmehr soll er den **Lernprozess** der Teilnehmenden sinnvoll steuern. Als **Lern-** oder **Lehrmethoden** bezeichnet man die Art, wie ein Stoff oder Thema vermittelt und bestimmte Lernprozesse in Gang gesetzt werden. Typische Methoden sind z. B. der Vortrag, das Lehrgespräch, die Gruppenarbeit, das Rollenspiel, die Exkursion usw.

17.2.6   Erfolgskontrolle

Jede Schulungsmassnahme bedarf einer systematischen Erfolgskontrolle oder Evaluation. Man prüft, ob die Lernziele der Schulungsmassnahme tatsächlich erreicht wurden und ob sich der Aufwand gelohnt hat.

Typische **Evaluationsmethoden** sind:

- Feedbackrunden oder Fragebogen am Ende des Seminars
- Tests über das erlernte Wissen oder die erworbenen Fähigkeiten
- Auswertung des Praxistransfers, d.h. des Schulungserfolgs im Berufsalltag. Mögliche Beurteilungskriterien sind z. B. verbesserte Verkaufszahlen, Rückgang der Kundenreklamationen, eine beobachtbare Verhaltensänderung in bestimmten Führungssituationen
- Kosten-Nutzen-Analyse mittels Kennziffern, wie z. B. Ausbildungskosten pro geleistete Arbeitsstunde oder pro Teilnehmer, Kostenvergleiche zwischen ähnlichen Schulungsmassnahmen

17.3   Systematische Laufbahnplanung

Erfahrungsgemäss wird das Mitarbeiterentwicklungspotenzial im eigenen Unternehmen oft unterschätzt. Deshalb erfolgt die Laufbahnplanung an vielen Orten nach wie vor unsystematisch und bleibt dem Zufall überlassen. Oder man reduziert die Personalentwicklung auf ein Angebot von einmaligen Schulungsmassnahmen, um ernüchtert festzustellen, dass diese von den Mitarbeitenden nicht ausreichend geschätzt werden.

Eine systematische Laufbahnplanung verfolgt das Ziel, frei werdende Stellen durch **interne Bewerbende** zu besetzen und die geforderten **Mitarbeiterqualifikationen** frühzeitig sicherzustellen.

Das Entwicklungspotenzial und die Bedürfnisse der Mitarbeitenden sind aus der Mitarbeiterbeurteilung bekannt. Daraus ergibt sich der individuelle Laufbahnplan, der verschiedene Entwicklungsmassnahmen beinhalten kann: die Teilnahme an einem Aus- oder Weiterbildungslehrgang, arbeitsbezogene Förderungsmassnahmen, die Teilnahme an Nachwuchsprogrammen usw. In laufenden Gesprächen überprüft man gemeinsam den Erfolg der Entwicklungsmassnahmen, aber auch die Bedürfnisse des Unternehmens und der betreffenden Mitarbeitenden.

Abb. [17-4] Ablauf der systematischen Laufbahnplanung

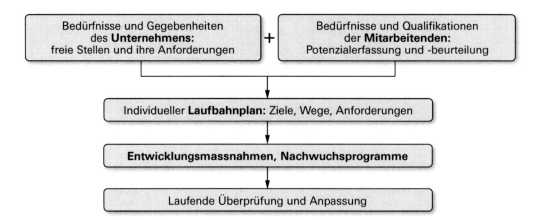

Unternehmen mit einer systematischen Laufbahnplanung haben klare **Vorteile:**

- Sie sichern die **personelle Zukunft,** indem sie qualifizierte Mitarbeitende nachziehen. Der Aufbau von Führungskräften und Spezialistinnen ist als langfristige Investition zu betrachten; sie braucht Zeit, eine umsichtige Planung und verursacht zunächst Kosten. Die Besetzung von Stellen durch Mitarbeitende aus den eigenen Reihen zahlt sich aber in den meisten Fällen auch kostenseitig aus.

- Sie sichern ihre **ökonomische Zukunft,** denn die Mitarbeitenden sind der kritische Erfolgsfaktor für die Erreichung von Unternehmenszielen. Attraktive Karrierebedingungen dienen nicht nur der Imagepflege am Markt, sondern ziehen gute Mitarbeitende an.

- Klare Aufstiegs- und Erfolgschancen motivieren zu einem **hohen Arbeitseinsatz** und zum **längeren Verbleib** im Unternehmen. Obschon jeder zunächst selbst für die eigene berufliche Weiterentwicklung verantwortlich ist, eröffnet eine systematische Laufbahnplanung die nötigen Perspektiven und fördert die Selbstverantwortung.

Hinweis

Im Zusammenhang mit der Laufbahnplanung hat sich der englische Fachbegriff «**Management Development**» (MD) auch bei uns eingebürgert. Streng genommen ist damit die Nachfolgeplanung von Schlüsselstellen des Unternehmens durch die geeignetsten Führungskräfte gemeint; meist wird aber die gesamte betriebliche Laufbahnplanung als Management Development bezeichnet.

17.3.1 Standardisierte Laufbahnmodelle

Vor allem grössere Unternehmen mit vielen ähnlichen Stellen und Funktionen entwickeln standardisierte Laufbahnmodelle, die den Mitarbeitenden **typische Karrierewege** für die verschiedenen Funktionsbereiche aufzeigen. Jede Laufbahnstufe umfasst neue Aufgaben, eine neue Verantwortung und neue Kompetenzen; die einzelnen Stufen werden zeitlich grob vorgeplant. Standardisierte Laufbahnmodelle werden aber selten eins zu eins umgesetzt. Vielmehr dienen sie als **Wegweiser für die individuelle Laufbahnplanung.**

Man unterscheidet dabei zwischen der Führungs- und der Fachlaufbahn. Die Darstellung links in Abb. 17-5 zeigt eine Führungslaufbahn im Verkauf, die Darstellung rechts eine entsprechende Fachlaufbahn im Marketing.

Abb. [17-5]   Gegenüberstellung der Führungs- und der Fachlaufbahn

Eine berufliche Karriere muss nicht vertikal verlaufen, horizontale Entwicklungen können genauso attraktiv sein: Aufgabenbereicherung, Aufgabenerweiterung, Jobrotation, autonome Arbeitsgruppen mit wechselnden Aufgaben, Arbeit in Projektteams usw. Es geht bei der systematischen Laufbahnplanung also nicht nur um hierarchische Beförderungen.

17.3.2 Entwicklungsmassnahmen

Laufbahnpläne müssen unbedingt auch die Übernahme von Funktionen enthalten, die **praktische Lernmöglichkeiten** bieten. Die Vorbereitung auf neue Stellen kann nicht allein der Schulung übertragen werden. Im Gegenteil: Praktische Erfahrungen, das Erproben im Führungs- oder Aufgabenalltag, die Integration in Teams sind unerlässlich. Möglichkeiten dafür sind:

- Jobenlargement: die Übernahme weiterer Aufgaben im bisherigen Aufgabengebiet
- Jobenrichment: Assistenz- oder Stellvertreterfunktion eines Vorgesetzten, Mitarbeit in bereichsübergreifenden Projekten, Übernahme von Spezialaufgaben
- Engagement in Qualitätszirkeln, s. Kap. 16.3.4, S. 176
- Spezielle Förderprogramme mit entsprechenden Aufgaben, wie z. B. Auslandeinsätze, innerbetriebliche Stages (temporäre Funktionsübernahme) usw.
- Jobrotation: Versetzung in verschiedene Arbeitsbereiche, evtl. Abteilungen, um sich so für die Übernahme neuer Aufgaben zu qualifizieren.

Die **Entwicklungsfähigkeit** ist schwierig einzustufen; letztlich beruht sie auf einer subjektiven Einschätzung. Deshalb ist es wichtig, dass – analog zu den Anforderungsprofilen – die Bewertungskriterien klar festgelegt und einheitlich verstanden werden. Die Ich-, Sozial-, Methoden- und Fachkompetenzen (s. Kap. 1.4.3, S. 15) liefern solche Anhaltspunkte.

Bei der Entwicklung von Kompetenzen gibt es eine Schwierigkeit: Wohl ist unbestritten, dass die **Schlüsselkompetenzen** einer erfolgreichen Führungskraft in der Person selber (d. h. in der Ich-Kompetenz) und in ihrem Umgang mit anderen (d. h. in der Sozialkompetenz) liegen und somit für die Potenzialbeurteilung und die Laufbahnplanung entscheidend sind. Demgegenüber weiss man heute, dass es sehr schwierig oder gar unmöglich ist, mit Personalentwicklungsmassnahmen Einfluss auf persönliche Prägungen zu nehmen, die sich in der Ich- und der Sozialkompetenz ausdrücken. Die Fach- und die Methodenkompetenzen kann man leichter weiterentwickeln, z. B. durch gezielte Schulungen oder durch arbeitsbezogene Förderungsmassnahmen.

Abb. [17-6]   Problem der Kompetenzenentwicklung

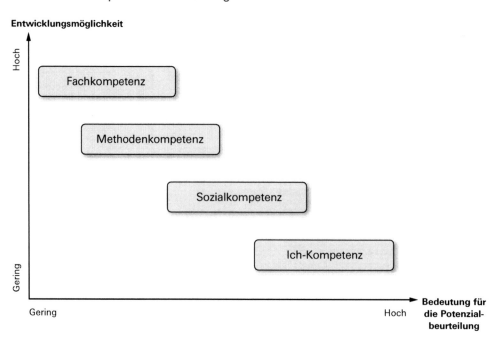

Erfolgreiche Laufbahnentscheidungen orientieren sich jedoch nicht nur an den Kompetenzen der betreffenden Person, sondern werden durch die persönlichen Ziele und die Unternehmensziele beeinflusst. **Verlässliche Laufbahnpläne** und -ziele lassen sich daher höchstens für einen Zeitraum von **zwei bis drei Jahren** aufstellen. Die Laufbahnplanung darf kein starrer Prozess sein, sondern muss sich den dynamischen Verhältnissen anpassen, die im Unternehmen herrschen.

Zusammenfassung   Unter Personalentwicklung versteht man alle Massnahmen, mit denen die Qualifikation der Mitarbeitenden verbessert werden soll. Die Personalentwicklung hat das Ziel, das **Leistungspotenzial** der Mitarbeitenden auszuschöpfen oder zu verbessern.

Die **Hauptaufgabengebiete** der Personalentwicklung sind:

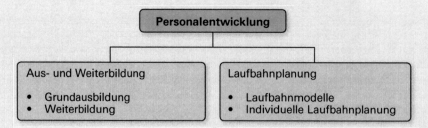

Die berufliche **Aus- und Weiterbildung** umfasst alle Massnahmen der Grundausbildung und der Weiterbildung, mit denen die Kenntnisse, Fähigkeiten oder das Verhalten der Mitarbeitenden geschult werden sollen.

Die systematische **Laufbahnplanung** basiert auf den Laufbahnmodellen, die typische Führungs- oder Fachkarrieren im Unternehmen aufzeigen, und auf der individuellen Laufbahnplanung, die ein massgeschneidertes Entwicklungsprogramm für den einzelnen Mitarbeiter ist.

Eine systematische **Schulungsplanung und -durchführung** besteht aus sechs Punkten:

Vorgehensschritt		Erklärung
1.	Schulungsbedarf	Ein Schulungsbedarf entsteht durch Bildungsziele, gezielte Befragungen bestimmter Mitarbeiter- oder weiterer Anspruchsgruppen, Entwicklungsmassnahmen für einzelne Mitarbeitende oder Mitarbeitergruppen und durch Veränderungen im Unternehmen.
2.	Lernziele, Lernthemen	Aus den Bedürfnissen und einer ersten groben Zielrichtung, die mit dem Schulungsbedarf erhoben wurden, leitet man die Lernziele und Themenschwerpunkte für die konkrete Schulungsmassnahme ab.
3.	Schulungsplan Seminarkonzept	Das Feinkonzept enthält alle notwendigen Informationen für die Organisation und Durchführung der Schulungsmassnahme.
4.	Organisation	Die Seminarorganisation sorgt für das Wohlbefinden der Teilnehmenden und für einen reibungslosen Ablauf des Seminars.
5.	Durchführung	Eine erfolgreiche Schulung muss strukturiert durchgeführt werden.
6.	Erfolgskontrolle	Die Evaluation einer Schulungsmassnahme geschieht mittels Feedbackrunden, Fragebogen, Tests, Auswertungen von Transferaufgaben, und Kosten-Nutzen-Analysen.

Repetitionsfragen

52 Ihr Kollege erzählt Ihnen eine Erfahrung mit der Laufbahnplanung in seinem Team:

«Frau Schneider ist eine talentierte junge Mitarbeiterin von mir. Sie zeigt Initiative, setzt sich ein, kommt mit den meisten Teamkollegen gut aus. Meines Erachtens besitzt sie ein noch nicht ausgeschöpftes Entwicklungspotenzial. Gerne würde ich sie gezielt fördern und habe ihr deshalb in unserem Gespräch letzte Woche zwei interessante Laufbahnvorschläge gemacht, an denen sie wachsen könnte. Zu meiner Überraschung hat Frau Schneider diese Vorschläge bloss zur Kenntnis genommen. Ich habe ein gewisses Widerstreben festgestellt, auf das Frau Schneider nicht näher einging. – Was meinen Sie, welches könnten Frau Schneiders Gründe für eine solche Reaktion sein, und wie sollte ich Ihrer Meinung nach weiter vorgehen?»

Beantworten Sie die Frage Ihres Kollegen.

53 Würden Sie für die folgenden Bildungsbedürfnisse eher eine Schulung am Arbeitsplatz oder eine Schulung in Kursen (intern oder extern) vorschlagen? – Kreuzen Sie für jedes Beispiel die zutreffende Spalte an.

Beispiel	Arbeits- platz	Kurs
Es wird ein neues Materialprüfgerät angeschafft, das die Labormitarbeitenden bedienen müssen.		
Zwei Vorgesetzte waren in einem Seminar über Konfliktlösung. Im Rahmen der Führungsschulung will man dieses Thema nun weiteren Vorgesetzten zugänglich machen.		
Zehn Führungsnachwuchskräfte müssen in den Grundlagen des Projektmanagements ausgebildet werden.		
Die Personalassistentinnen müssen in die neue Verwaltungssoftware eingeführt werden, mit der sie künftig arbeiten.		

18   Auflösung eines Arbeitsverhältnisses

Lernziele

Nach der Bearbeitung dieses Kapitels können Sie ...

- die Auflösungsgründe von Arbeitsverhältnissen erläutern.
- die Massnahmen aufzeigen, die beim Austritt eines Mitarbeitenden zu treffen sind.
- erklären, was beim Formulieren von Arbeitszeugnissen besonders zu beachten ist.

Schlüsselbegriffe

Änderungskündigung, Arbeitsbestätigung, Arbeitszeugnis, Aufbewahrungspflicht, Aufhebungsvertrag, Austrittsgespräch, Datenschutz, Entlassung, Ferientageabrechnung, Freistellung, fristlose Kündigung, Gratifikation, Invalidität, Kündigung, Kündigungsfrist, Kündigungsgespräch, Kündigungsschutz, Kündigungstermin, Kurzarbeit, Lohnausweis, Newplacement, Outplacement, Pensionierung, Personalabbau, Sozialplan, Tod, Versetzung, Zeitablauf, Zeugniscodes

Beispiel

Wieso sie letzte Nacht schlecht geschlafen hat, weiss Raffaela Balic: Heute wird sie ihrem Chef mitteilen müssen, dass sie per 30. April kündigen wird. Obwohl ihr die jetzige Arbeit als Informatikerin gut gefällt und sie sich im Team wohl fühlt, muss sie diesen Schritt machen. Sie will auf ihrem Berufsweg rasch weiter kommen und mehr Verantwortung übernehmen. Im jetzigen Unternehmen gibt es leider keine aussichtsreichen Karrieremöglichkeiten. Umso mehr freut sie sich, dass sie von einem spezialisierten IT-Lösungsanbieter aus fast hundert Bewerbungen ausgewählt wurde, um eine erste Führungsfunktion als Projektleiterin zu übernehmen.

Mit Herzklopfen macht sich Raffaela Balic auf den Weg ins Besprechungszimmer ...

Zu kündigen fällt in den meisten Fällen ausgesprochen schwer. Ob der Mitarbeiterin oder dem Vorgesetzten, falls es zu einer Kündigung seitens des Unternehmens kommt. Denn mit diesem Trennungsschritt beginnt ein gegenseitiger Ablösungsprozess, der zu Verunsicherungen oder gar zu zwischenmenschlichen Spannungen und Konflikten führen kann. Es ist wichtig und sehr anspruchsvoll, die Phase zwischen der Kündigung und dem Austritt beiderseits fair und konstruktiv zu vollziehen. Als Führungskraft nehmen Sie dabei eine Schlüsselrolle ein.

18.1   Auflösungsgründe

Grundsätzlich gibt es vier Gründe, die zur Beendigung eines Arbeitsverhältnisses führen: die Kündigung bei unbefristeten, der Ablauf bei befristeten Arbeitsverträgen, im gegenseitigen Einverständnis mit einem sog. Aufhebungsvertrag und die natürlichen Personalabgänge.

Abb. [18-1]   Auflösungsgründe

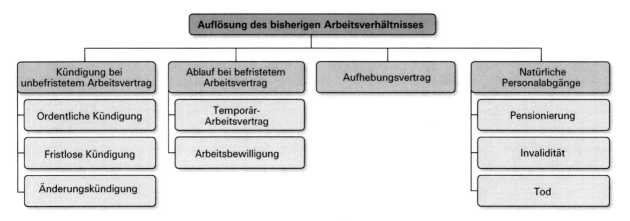

18.1.1 Kündigung bei unbefristetem Arbeitsvertrag

A] Ordentliche Kündigung

Für die ordentliche Kündigung von unbefristeten Arbeitsverhältnissen gilt der Grundsatz der **Kündigungsfreiheit**: Unter Beachtung der gesetzlichen Fristen, Termine und des gesetzlichen Kündigungsschutzes dürfen beide Parteien – der Arbeitgeber wie der Arbeitnehmer – das Arbeitsverhältnis kündigen.

Unter der **Kündigungsfrist** versteht man den Zeitraum zwischen dem Eingang der Kündigung und dem tatsächlichen Ende des Arbeitsverhältnisses. Gemäss OR 335 gelten die folgenden Kündigungsfristen:

- Im 1. Dienstjahr: 1 Monat
- Vom 2. bis zum 9. Dienstjahr: 2 Monate
- Ab dem 10. Dienstjahr: 3 Monate
- Während der Probezeit: 7 Kalendertage

Auf den **Kündigungstermin** wird die Kündigung wirksam, d. h., zu diesem Zeitpunkt endet das Arbeitsverhältnis (z. B. per 31. März 20xx).

Einen gesetzlich geregelten **Kündigungsschutz** haben Mitarbeitende, während sie einen Einsatz im Militär-, Zivilschutz- oder Zivildienst leisten oder durch Krankheit oder Unfall verhindert sind, sowie schwangere Mitarbeiterinnen.

Bei der **Freistellung** verzichtet der Arbeitgeber bis zum Ablauf der Kündigungsfrist auf die Dienste der betreffenden Mitarbeiterin, zahlt aber den Lohn bis zum Schluss weiter. Freistellungen sind heute insbesondere bei Führungs- und Spezialistenfunktionen üblich, weil eine Weiterbeschäftigung aus Sicht des Arbeitgebers mehr Probleme mit sich bringen würde als die sofortige Freistellung.

Hinweis	**Missbräuchliche Kündigungen** sind sachlich ungerechtfertigte Kündigungen, die ausgesprochen wurden. Sie sind verboten, führen aber trotzdem zur Auflösung des Arbeitsverhältnisses. Liegt eine missbräuchliche Kündigung vor, erhält der Betroffene eine Entschädigung, die vom Richter festgesetzt wird. OR 336 erwähnt die Gründe einer missbräuchlichen Kündigung.

B] Fristlose Kündigung

Die fristlose Kündigung ist eine ausserordentliche Kündigung und dient als eine Art Notbremse. Sie beendet das Arbeitsverhältnis **mit sofortiger Wirkung** und kann ausgesprochen werden, wenn ein Vertragspartner seine Pflichten derart krass verletzt hat, dass die Fortführung des Arbeitsverhältnisses unzumutbar wird. So regelt es OR 337.

Beispiel	Ein Mitarbeiter wird beim Diebstahl von firmeneigenen Waren ertappt.

Fristlose Kündigungen müssen sofort (innert 2–3 Tagen) erfolgen. Ein längeres Zuwarten wird als Zeichen dafür gewertet, dass die Fortführung des Arbeitsverhältnisses trotzdem zumutbar ist. Die fristlose Kündigung kann grundsätzlich «jederzeit» erfolgen, sie ist weder an eine Kündigungsfrist noch einen Kündigungstermin noch an Sperrfristen gebunden. Sie kann also auch während einer Krankheit oder des Militärdienstes ausgesprochen werden.

C] Änderungskündigung

Bei der Änderungskündigung wird nicht das Arbeitsverhältnis aufgelöst, sondern nur der bestehende Arbeitsvertrag. Denn gleichzeitig bekommt die Mitarbeiterin einen **geänderten Arbeitsvertrag** angeboten, der **ungünstigere Bedingungen** enthält.

Beispiel

Eine typische Schlechterstellung ist die Lohnreduktion oder die Erhöhung der Arbeitszeit.

Der neue Arbeitsvertrag tritt jedoch erst in Kraft, wenn die gesetzliche Kündigungsfrist abgelaufen ist, weil die Mitarbeiterin ihn auch ablehnen darf. In diesem Fall endet das Arbeitsverhältnis mit Ablauf der Kündigungsfrist.

18.1.2 Ablauf bei befristetem Arbeitsvertrag

Befristete Arbeitsverträge enden auch ohne mündliche oder schriftliche Kündigung. Dies ist insbesondere bei **Temporär-Arbeitsverträgen** der Fall, aber auch bei einer Nicht-Verlängerung der befristeten **Arbeitsbewilligung** für ausländische Mitarbeitende. Wird hingegen ein befristetes Arbeitsverhältnis nach Ablauf der vereinbarten Vertragsdauer stillschweigend fortgesetzt, so gilt es von da an als ein unbefristetes Arbeitsverhältnis.

Hinweis

Eine fristlose Kündigung ist auch bei befristeten Arbeitsverträgen möglich.

18.1.3 Aufhebungsvertrag

Sind sich Arbeitnehmer und Arbeitgeber einig über die Beendigung des Arbeitsverhältnisses, unterzeichnen sie einen Aufhebungsvertrag. Damit wird der Arbeitsvertrag im **gegenseitigen Einvernehmen** vor dem Ablauf der gesetzlich oder vertraglich festgelegten Frist aufgehoben.

18.1.4 Natürliche Personalabgänge

Zu den natürlichen Personalabgängen zählen insbesondere die **Pensionierung**, die **Invalidität** oder der **Todesfall** des Mitarbeiters.

18.2 Personalabbau durch das Unternehmen

Mit dem Personalabbau bezweckt das Unternehmen, die **personelle Überdeckung** quantitativ, qualitativ, zeitgerecht und am richtigen Ort zu korrigieren. Dabei müssen die **sozialen und ökonomischen Überlegungen** gegeneinander abgewogen werden. Während ein Unternehmen oft nur durch eine rasche Senkung der Personalkosten wirtschaftlich gesunden kann, stehen für die Mitarbeitenden die Arbeitsplatz- und Leistungssicherung im Vordergrund. Jeder verantwortungsvolle Arbeitgeber wird bei der Notwendigkeit von Personalabbau alle zur Verfügung stehenden Möglichkeiten ausschöpfen, um die Belastungen für das betroffene Personal zu minimieren.

Als Hauptursachen für den Personalabbau zählen Ertragseinbussen, Kosteneinsparungen und das Outsourcing (Auslagern) von Unternehmensleistungen.

Abb. [18-2] Ursachen für einen Personalabbau

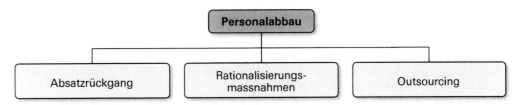

Konjunkturelle Krisen, veränderte Kundenbedürfnisse, neue Konkurrenten oder strukturelle Veränderungen in einer Branche führen zu einem **Absatzrückgang** mit entsprechenden negativen Folgen für den Personalbestand.

Auch **Rationalisierungsmassnahmen** können zu einem Personalabbau führen. Ein Hauptgrund ist der **technische Wandel,** der weniger personelle Ressourcen oder andere Qualifikationen erfordert. Innerbetriebliche **Restrukturierungen** oder **Reorganisationen** sind fast immer mit Kosteneinsparungszielen verbunden. Mit den damit verbundenen Rationalisierungsmassnahmen werden nicht bloss verbesserte, effizientere Abläufe angestrebt, sondern auch ein gezielter Abbau von mittlerweile unrentablen oder überflüssigen Arbeitsplätzen.

Eine weitere Ursache ist das **Outsourcing** von bestimmten Funktionen oder Abteilungen, d. h. das bewusste Auslagern von bisher intern erbrachten Unternehmensleistungen. Dies ist meist dann der Fall, wenn Externe diese Leistungen **preisgünstiger** oder **qualitativ besser** erbringen können.

Überkapazitäten beim Personal lassen sich durch vorübergehende Änderungen in bestehenden Arbeitsverhältnissen oder durch die Beendigung des Arbeitsverhältnisses abbauen.

Abb. [18-3] Reduktion von Personalkapazitäten

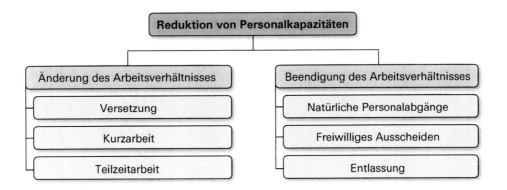

18.2.1 Versetzungen

Reorganisationsprojekte führen oftmals zu einer neuen, effizienteren Aufgabenverteilung und resultieren in Versetzungen von einzelnen Mitarbeitenden oder ganzen Teams. Man unterscheidet zwischen horizontalen und vertikalen Versetzungen:

- Bei einer **horizontalen Versetzung** übernimmt der Mitarbeiter einen neuen Arbeitsbereich auf der gleichen Hierarchiestufe.
- Bei einer **vertikalen Versetzung** übernimmt der Mitarbeiter einen neuen Arbeitsbereich auf einer über- oder untergeordneten Hierarchiestufe.

Beispiel

Die Verkaufsorganisation eines Versicherungsunternehmens wurde im Rahmen einer Reorganisation neu ausgerichtet. Verschiedene Aufgaben des Kunden-Innendienstes werden nicht mehr in den einzelnen Agenturen, sondern an zentraler Stelle erfüllt.

Die meisten Innendienstmitarbeitenden behalten ihre Stelle, wechseln jedoch ihren Arbeitsplatz von den Agenturen in die Zentrale nach Basel (= horizontale Versetzung). Die bisherige Innendienstleiterin der Agentur Aarau übernimmt die Gesamtleitung des Innendiensts (= vertikale Versetzung).

18.2.2 Kurzarbeit

Bei temporären Überkapazitäten strebt man Arbeitszeitverkürzungsmassnahmen an. Die arbeitsrechtlichen Vertragsbeziehungen bleiben aufrechterhalten, es kommt also nicht zu Entlassungen und der Betrieb wird weitergeführt.

Als Kurzarbeit bezeichnet man die konjunkturbedingte **vorübergehende Reduktion** der vertraglich vereinbarten **Arbeitszeit** mit **Lohneinbusse.** Der durch die Kurzarbeit verursachte Verdienstausfall wird durch Versicherungsleistungen der Arbeitslosenversicherung teilweise aufgefangen.

18.2.3 Teilzeitarbeit

Mit der Reduktion auf Teilzeitarbeit verspricht man sich ebenso wie bei der Kurzarbeit eine **vorübergehende Entlastung** der Personalkosten, ohne Entlassungen aussprechen zu müssen. In diesem Fall gehen die Kosteneinsparungen vollumfänglich zulasten der betroffenen Mitarbeitenden, die durch ein reduziertes Arbeitspensum auch auf einen Teil ihres Lohns verzichten.

Beispiel

Die gegenwärtig schlechte Auftragslage bei einer PR-Beratungsagentur hat zur Folge, dass sechs der zehn angestellten PR-Berater ihr Pensum um 20 % auf absehbare Zeit reduzieren.

18.2.4 Natürliche Personalabgänge

Die Ausnützung der natürlichen Personalabgänge bedeutet, dass pensionierte Mitarbeitende oder solche, die gekündigt haben, nicht durch neue ersetzt werden. Oftmals ist damit also ein verordneter **Personaleinstellungsstopp** verbunden. Sofern im Unternehmen Mitarbeitende mit Temporärarbeitsverträgen angestellt sind, werden diese befristeten Arbeitsverträge meist als Erstes aufgelöst bzw. nicht mehr erneuert.

18.2.5 Freiwilliges Ausscheiden

Mit finanziellen Anreizen (z. B. Abgangsentschädigungen, Frühpensionierungen mit Flexibilisierung der Altersgrenze) und nicht monetären Massnahmen (Stellenvermittlungen, Outplacementaktivitäten etc.) wird das freiwillige Ausscheiden von Mitarbeitenden zusätzlich gefördert.

Vor allem leitende und oft ältere Mitarbeitende werden über den Zeitpunkt der Kündigung hinaus von einer spezialisierten Beratungsperson bedürfnisgerecht betreut. Als **Outplacement** bezeichnet man alle Massnahmen, die dem Unternehmen und den betroffenen Mitarbeitenden eine einvernehmliche Trennung ermöglichen. **Newplacement-Massnahmen** zielen darauf ab, die Mitarbeitenden bei der Suche einer den Fähigkeiten und Neigungen entsprechenden Tätigkeit in einem anderen Unternehmen zu begleiten und umfassend zu unterstützen.

18.2.6 Entlassungen

Entlassungen werden als äusserstes Mittel für einen Personalabbau ergriffen. Kündigungen aus wirtschaftlichen Gründen sollten immer begleitet sein von Anstrengungen zur Wiedereingliederung in den Arbeitsprozess, denn der Verlust einer Arbeitsstelle kann einen Verlust der Selbstachtung und des Selbstwertgefühls auslösen.

Zu den begleitenden Massnahmen bei einer Stilllegung des Unternehmens oder von Betriebsteilen zählt die **Ausarbeitung eines Sozialplans**, der z. B. die folgenden Massnahmen enthält:

- Abfindungszahlungen (= «Abgangsentschädigung»)
- Freistellung zur Suche eines neuen Arbeitsplatzes
- Übernahme von Kosten der Arbeitsplatzsuche
- Bezahlung von Umzugskosten
- Verlängerung von Mietverträgen für unternehmenseigene Wohnungen
- Weitergewährung betrieblicher Darlehen

Von einer **Massenentlassung** spricht man, wenn ein Arbeitgeber vielen Arbeitnehmenden kündigt. Dabei kommen **verschärfte Vorschriften** gemäss OR Art. 335d ff. zur Anwendung. Demnach muss der Arbeitgeber die Arbeitnehmenden vor der Kündigung anhören und ihnen die Möglichkeit geben, Vorschläge zur Vermeidung von Kündigungen zu unterbreiten. Zudem muss der Arbeitgeber dem kantonalen Arbeitsamt die beabsichtigte Massenentlassung schriftlich mitteilen.

18.3 Kündigungsgespräche führen

Normalerweise führen die Vorgesetzte und ihr Mitarbeiter das Kündigungsgespräch – unabhängig davon, welche Seite kündigen will. Besonders in heiklen oder schwierigen Situationen empfiehlt sich jedoch, eine verantwortliche Person der Personalabteilung als neutrale Instanz beizuziehen oder dafür zu sorgen, dass diese ein separates Kündigungsgespräch führt. Die Personalabteilung übernimmt eine **vermittelnde, neutrale Rolle**, wenn die Ursache für die Kündigung z. B. in Konflikten zwischen dem Vorgesetzten und der Mitarbeiterin liegt.

18.3.1 Gesprächsvorbereitung

Wenn Sie einem Mitarbeiter kündigen wollen, braucht es eine sorgfältige Vorbereitung:

- Klären Sie die gemäss Arbeitsvertrag oder OR zulässigen **Kündigungsfristen** ab.
- Von Rechts wegen muss die Kündigung nicht schriftlich erfolgen. Sichern Sie sich jedoch ab, setzen Sie ein **Kündigungsschreiben** im Doppel auf, das Sie und der betroffene Mitarbeiter unterzeichnen.
- In manchen Fällen haben Kündigungen eine starke Signalwirkung auf die anderen Mitarbeitenden und lösen auch bei ihnen Verunsicherung aus. Überlegen Sie sich, wie Sie wann im Team oder gegenüber Dritten die Kündigung **kommunizieren** wollen. Diesen Punkt müssen Sie auch im Kündigungsgespräch aufgreifen.
- Reservieren Sie sich ausreichend **Zeit** und einen **Raum**, wo Sie ungestört bleiben.
- Rechnen Sie mit heiklen Gesprächsmomenten und unvorhersehbaren persönlichen Reaktionen, wie z. B. Wutausbrüchen, verstocktem Schweigen, Weinen u. Ä. Umso wichtiger ist es, dass Sie das Gespräch für sich **durchspielen**.

18.3.2 Gesprächsleitfaden

Die beiden wichtigsten Gesprächspunkte sind die **Kündigungsgründe** und die Auswirkungen der Kündigung auf den **restlichen Verbleib** im Unternehmen, denn im Normalfall verlässt der betreffende Mitarbeiter das Unternehmen nicht sofort.

A] Wenn Mitarbeitende Ihnen kündigen ...

Ein Mitarbeiter, der das Unternehmen verlässt, weil er bereits einen neuen Arbeitsplatz hat, ist in einer starken Position. Er wird eher bereit sein, die Kündigungsgründe offen darzulegen, sofern sie sich auf das Unternehmen beziehen.

Betrachten Sie ein Kündigungsgespräch in jedem Fall als eine Feedbackgelegenheit. Dabei sind nicht nur die **Sachargumente** interessant, sondern auch **spontane Gefühlsäusserungen** und **subjektive Eindrücke.** Oft ergeben sich daraus wertvolle Hinweise auf Schwachstellen, die sonst nicht ohne weiteres sichtbar sind. Denn mit jedem Austritt verlieren Sie in der Regel nicht nur Know-how, sondern haben gleichzeitig die Möglichkeit, wichtige Informationen zu bekommen.

B] Wenn Sie kündigen müssen ...

Besonders verantwortungsvoll müssen Sie das Kündigungsgespräch gestalten, wenn Sie einem Mitarbeiter kündigen, aus welchen Gründen auch immer. Arbeit trägt zum seelischen Gleichgewicht eines Menschen bei und ist deshalb über die materielle Abfindung hinweg sehr bedeutsam. Der **Verlust einer Arbeitsstelle** kann mit Verlust von Selbstachtung und Selbstwertgefühl einhergehen.

Finanzielle Abfindungen oder zusätzliche freiwillige Leistungen mildern zwar existenzielle Befürchtungen, helfen jedoch kaum bei der **emotionalen Verarbeitung.** Begleiten Sie deshalb den Gekündigten – gemeinsam mit den Verantwortlichen der Personalabteilung – intensiv in der verbleibenden Zeit, und unterstützen Sie ihn wenn möglich bei der Suche nach einer neuen Tätigkeit. Damit nehmen Sie einerseits **Ihre soziale Verantwortung** direkt wahr und tragen andererseits zu einem positiven Image als Arbeitgeber bei.

Wenn einer Kündigung Konflikte vorausgegangen waren oder die Kündigung für die anderen überraschend kommt, führt dies zu Verunsicherung. Diese zeigt sich in einer sprichwörtlich «brodelnden Gerüchteküche» oder lähmt die Leistungsfähigkeit des Teams. Unter Umständen müssen Sie daher bei einer ausgesprochenen Kündigung die übrigen Mitarbeitenden nicht nur informieren, sondern auch Ihre Bereitschaft für klärende Gespräche mit dem Team kundtun.

18.4 Austrittsgespräche führen

Das Austrittsgespräch gehört zu den Pflichtaufgaben jedes verantwortungsvollen Vorgesetzten und jeder Personalabteilung.

Einerseits geht es darum, alle **noch offenen** administrativen, die Arbeit betreffenden und auch persönliche **Punkte** mit dem ausscheidenden Mitarbeiter zu regeln. (Sie finden dazu eine Checkliste am Schluss dieses Abschnitts.) Andererseits ist das Austrittsgespräch die **offizielle Verabschiedung.**

18 Auflösung eines Arbeitsverhältnisses

Vielleicht bringt die ausscheidende Mitarbeiterin beim Austrittsgespräch die **echten Kündigungsgründe** zur Sprache, wenn dies vorher nicht möglich war. Es interessiert auch, wie ihr künftiger Berufsweg aussieht, ob sie zu einem späteren Zeitpunkt wieder im Unternehmen arbeiten würde usw. Vielleicht wollen Sie den Kontakt aufrechterhalten, z. B. durch die Zusendung wichtiger Informationen über das Unternehmen. Viele Unternehmen werten die Informationen aus den Austrittsgesprächen systematisch aus, insbesondere die Gründe, die zu einer Kündigung geführt hatten. Daraus ergeben sich wichtige Erkenntnisse und lassen sich allenfalls gezielte Verbesserungsmassnahmen ableiten.

Damit Sie beim Austritt einer Mitarbeiterin nichts vergessen, benutzen Sie am besten eine **Checkliste**. In vielen Unternehmen stellt die Personalabteilung den Vorgesetzten eine solche zur Verfügung.

Abb. [18-4]   Checkliste für den Austritt von Mitarbeitenden

Zu erledigen	
Information an: • Mitarbeitende • Kunden • Lieferanten	☐ ☐ ☐
Rückgabe von: • Bank- und Kreditkarten • Fahrzeug/Werkzeug • Notebook • Schlüssel/Badge	☐ ☐ ☐ ☐
Löschen: • Zeichnungsberechtigung im Handelsregister • Zutrittsberechtigungen • Verteilerlisten • Telefonnummer, Mailkonto	☐ ☐ ☐ ☐
Verpflichtungen: Rückzahlung von Darlehen oder Vorschüssen	☐
13. Monatslohn pro rata, Gratifikation	☐
Ferientageabrechnung	☐
Informationen zum Versicherungsschutz (NBU, BVG, Krankentaggeld)	☐
Erstellung Lohnausweis beauftragen	☐
Arbeitszeugnis verfassen	☐
Arbeitszeugnis besprechen	☐
Austrittsgespräch vereinbaren	☐
Weitere Austrittsformalitäten erledigen	☐
Personaldossier bereinigen	☐

18.5   Rechte beim Austritt

Der Arbeitnehmer hat von Gesetzes wegen verschiedene Rechte im Zusammenhang mit dem Austritt; er kann bei deren Nichteinhaltung das Unternehmen einklagen.

In den folgenden Abschnitten gehen wir kurz auf die verschiedenen Rechte im Zusammenhang mit dem Austritt ein und geben einige wichtige Hinweise zum Verfassen von Arbeitszeugnissen.

Abb. [18-5]   Rechte beim Austritt

18.5.1   Anteiliger 13. Monatslohn oder Gratifikation

Die Bezeichnung 13. Monatslohn deutet auf einen Lohnbestandteil hin, die Bezeichnung Gratifikation wird für unregelmässige, nicht garantierte Zulagen verwendet.

- Besteht nach schriftlichem Vertrag oder bisheriger Usanz (regelmässig in der Höhe eines Monatslohns ausbezahlt) ein Anspruch, so muss pro geleisteten Monat $^1/_{12}$ des **13. Monatsgehalts** beim Austritt ausbezahlt werden.
- Wurde bisher regelmässig und ohne Vorbehalte eine **Gratifikation** ausgerichtet, so hat zumindest der Mitarbeiter, der im Dezember in gekündigter Stellung ist, einen teilweisen Anspruch. Viele Arbeitsgerichte tolerieren aber einen Abzug von ca. $^1/_3$, da die Gratifikation auch einen Ansporn-Charakter aufweist, der hier wegfällt. Bei Austritt unter dem Jahr ist ein Pro-rata-Anspruch auf Gratifikationen meistens nicht gegeben.

18.5.2   Ferientageabrechnung

Bei Austritt unter dem Jahr werden die bezogenen Ferientage mit dem Pro-rata-Anspruch verglichen. Zu viel oder nicht bezogene Ferien werden **mit dem letzten Lohn ausgeglichen**. Bei einer Freistellung können allfällig noch bestehende Ferienansprüche grundsätzlich mit der Freistellung abgegolten werden. Wenn aber die Kündigungsfrist kurz und der ausstehende Ferienanspruch lang ist, müssen die Ferien allenfalls ganz oder teilweise entschädigt werden.

18.5.3   Versicherungen und Lohnausweis

Die **Berufsvorsorge-Stiftung (BVG)** stellt ein Austrittsformular zur Verfügung, das gemeinsam auszufüllen und zu unterzeichnen ist. Hat der Mitarbeitende **Familienzulagen** erhalten, so muss der Austritt der Familienausgleichskasse gemeldet werden. Bei den **anderen Sozialversicherungen** ist keine Austrittsmeldung nötig.

Die folgenden Informationen müssen vor dem Austritt, am besten schriftlich, abgegeben werden, da Fristen zu beachten sind:

- **UVG** (Unfallversicherung): Der Arbeitgeber ist verpflichtet, den Mitarbeiter auf den Wegfall der Versicherungsdeckung aufmerksam zu machen und ihn über die 30-tägige Karenzfrist und die Möglichkeiten einer Fortführung zu informieren.
- **BVG** (Berufsvorsorge): Hier besteht eine Deckung von 30 Tagen über das Ende der Anstellung hinaus, wenn die Arbeitnehmerin nicht innert dieser Frist in eine neue Vorsorgestiftung eintritt.

- **Krankentaggeld-Versicherung:** Viele Verträge enthalten ein Freizügigkeitsrecht auf Fortführung einer Einzelversicherung in besonderen Situationen. Zum Beispiel wenn der Mitarbeiter nach dem Austritt eine selbstständige Erwerbstätigkeit aufnimmt oder arbeitslos wird und bereits eine angeschlagene Gesundheit hat.

Der Arbeitgeber muss **pro Steuerperiode** einen Lohnausweis ausstellen; auch beim Austritt erhalten die Mitarbeitenden für die laufende Steuerperiode einen Lohnausweis.

18.5.4 Aufbewahrungspflicht und Datenschutz

Das gesamte **Personaldossier** muss während fünf respektive zehn Jahren aufbewahrt werden. Es dürfen aber nur jene Daten behalten werden, die aufgrund einer gesetzlichen Pflicht aufbewahrt werden müssen oder deren Aufbewahrung im **Interesse der Mitarbeitenden** liegt. Dies sind z. B. die Unterlagen über Auszahlungen, für die Ausstellung eines Arbeitszeugnisses (Qualifikationen, Verwarnungen, Beförderungen) sowie das Arbeitszeugnis.

Persönliche Unterlagen müssen zurückgegeben werden, wie z. B. die Zeugniskopien, das Bewerbungsdossier oder das -foto. Alle übrigen Unterlagen werden aus Datenschutzgründen vernichtet.

18.5.5 Arbeitszeugnis

Wenn ein Mitarbeiter das Unternehmen verlässt, hat er Anspruch auf ein Zeugnis, das über die Art und Dauer des Arbeitsverhältnisses sowie über seine Leistungen und sein Verhalten Auskunft gibt. Auf ausdrückliches Verlangen kann das Zeugnis durch eine Arbeitsbestätigung ersetzt werden, die keine qualifizierenden Aussagen enthält. So regelt es OR 330a.

Man unterscheidet drei Arten von Zeugnissen:

- das Vollzeugnis oder **qualifizierte Zeugnis,** das Angaben über Art, Dauer, Leistungen und Verhalten macht,
- das einfache Zeugnis oder die **Arbeitsbestätigung,** das sich auf Angaben über die Art und Dauer des Arbeitsverhältnisses beschränkt, und
- das **Lehrzeugnis** für Lehrabgänger.

Das Zeugnis übergeben Sie dem Mitarbeiter am Schluss des Anstellungsverhältnisses, am besten noch vor dem Austrittsgespräch. Entspricht das Zeugnis den gesetzlichen Anforderungen nicht, kann er eine Ergänzung bzw. Berichtigung fordern oder eine solche notfalls gerichtlich einklagen.

A] Aufbau eines Arbeitszeugnisses

Kennzeichnen Sie das Arbeitszeugnis eindeutig durch den **Titel** «Arbeitszeugnis» oder «Zwischenzeugnis».

Abb. [18-6]   Aufbau des Arbeitszeugnisses

Zu den **persönlichen Daten** gehören der Name, Vorname und das Geburtsdatum des Betreffenden. Oft wird zusätzlich der Bürgerort erwähnt.

Bei der **Dauer des Arbeitsverhältnisses** beachten Sie, dass Sie als Ende des Arbeitsverhältnisses nicht den letzten Arbeitstag, sondern den Ablauf der Kündigungsfrist aufführen. Weisen Sie die **Stellung und Funktion** aus, die der Betreffende zuletzt im Unternehmen innehatte, bevor Sie seinen **Werdegang,** d. h. die wesentlichen Aufgaben, Kompetenzen, Beförderungen, Versetzungen und Weiterbildungen, ausführlich beschreiben.

Die **Arbeitsleistung** bewerten Sie hinsichtlich Fachwissen, Engagements, Führungsqualität usw. Mit Aussagen zum **persönlichen Verhalten** gegenüber Mitarbeitenden, Kunden und Vorgesetzten runden Sie die qualitative Bewertung des Betreffenden und damit das Kernstück des Arbeitszeugnisses ab.

Beachten Sie, dass es rechtlich kritisch sein kann, den **Austrittsgrund** zu nennen. Grundsätzlich bestehen drei Möglichkeiten:

- Der Grund **wird erwähnt,** weil er dem Mitarbeitenden nicht schadet, z. B. bei Auflösung durch den Mitarbeitenden oder aus wirtschaftlichen Gründen durch den Arbeitgeber.
- Der Grund **muss erwähnt werden,** weil der Arbeitgeber zur Wahrheit verpflichtet ist, z. B. bei Unterschlagungen durch einen Buchhalter.
- Der Grund **wird nicht erwähnt,** weil er nicht relevant ist und das Fortkommen einer Mitarbeiterin unnötig behindert. So ist z. B. unwichtig, dass die Mitarbeiterin wegen ihrer Schwangerschaft gekündigt hat.

Schliessen Sie das Arbeitszeugnis wenn möglich mit einer **Dankesformel** und **Zukunftswünschen** ab. Zu Ihrer Unterschrift gehört die vollständige Nennung Ihres Namens und Ihrer Funktion bzw. Stellung im Unternehmen, ausserdem Ort und Datum.

B] Inhaltliche Anforderungen

Das Arbeitszeugnis gehört auf das offizielle Geschäftspapier. Eine korrekte grammatikalische und orthografische Formulierung ist selbstverständlich, nicht zuletzt, weil allfällige Fehler Rückschlüsse auf die mangelnde Qualität der inhaltlichen Beurteilung provozieren.

Das Arbeitszeugnis muss folgenden drei Anforderungen genügen: Es muss **wohlwollend** formuliert und **wahr** sein und darf den Arbeitnehmer nicht am beruflichen **Fortkommen** hindern. – Diese Vorgaben sind nicht in jedem Fall problemlos zu erfüllen.

Beispiel	Esther Brunner, 26-jährig, war während der letzten eineinhalb Jahre als Assistentin in der Logistikabteilung eines mittelgrossen Produktionsunternehmens tätig. Nun hat sie ordentlich gekündigt, um andernorts eine Sekretariatsstelle anzutreten.
	Man war mit Esther Brunners Leistungen nicht richtig zufrieden: Die ihr aufgetragenen Arbeiten erledigte sie zwar speditiv und selbstständig, doch häufig nicht mit jener Gewissenhaftigkeit und Sorgfalt, die an dieser Stelle unerlässlich sind. Mehrmals hatten solche Versäumnisse zu Kundenbeanstandungen oder Ärger innerhalb der Logistikabteilung geführt, sodass die ungenügenden Leistungen auch Gegenstand der Mitarbeitergespräche mit Esther Brunner waren.

Was ist also zu tun, wenn eine Mitarbeiterin aufgrund gewisser Vorkommnisse kein durchwegs gutes Zeugnis erhält?

Man könnte versucht sein, ein wohlwollendes Zeugnis zu schreiben, um ihre berufliche Zukunft nicht zu beeinträchtigen. In unserem Beispiel würde dies heissen, dass man Esther Brunners ungenügende Leistungen in der Auftragserledigung nicht erwähnt. Ein solches Verschweigen wesentlicher Tatsachen erfüllt aber nicht die Anforderung «wahr». Allgemein ist es heute Brauch, ungünstige Tatsachen nicht direkt anzusprechen, sondern durch Weglassen oder vorsichtige Formulierung nur anzudeuten. Negative Qualifikationen müssen auf alle Fälle belegt werden können; sie dürfen überdies für die Gesamtbeurteilung nicht nebensächlich sein. So dürften Esther Brunners Mängel in der Arbeitsleistung im Arbeitszeugnis angesprochen werden, da sie wichtige Anforderungen an eine Logistikassistentin betreffen.

Grundsätzlich gilt: Sämtliche Informationen, die in ein Vollzeugnis einfliessen, sind im Personaldossier dokumentiert.

C] Verwendung von Zeugniscodes

Es gibt eine spezielle Zeugnissprache. Um gewisse Tatsachen zu verschleiern und nicht direkt anzusprechen, wurden bisher unzählige **Codierungen** kreiert. Codieren bedeutet, die sprachlichen Formulierungen im Arbeitszeugnis zu verschlüsseln. Diese Formulierungen erfüllen oberflächlich betrachtet die Anforderung «wohlwollend». Nach entsprechender Decodierung erkennt man aber den wahren, negativen Sachverhalt.

Beispiel	Eine typische Formulierung im Arbeitszeugnis von Esther Brunner wäre: «Frau Brunner erledigte die ihr übertragenen Aufgaben zur Zufriedenheit.» Im Klartext ist dies ein Hinweis auf die unbefriedigenden Leistungen.

Es gilt aber zu beachten, dass sich ein Arbeitgeber womöglich der Bedeutung solcher codierten Formulierungen und deren negativer Interpretation beim Verfassen des Arbeitszeugnisses nicht bewusst war. Ausserdem gibt es keine einheitliche Interpretationsmöglichkeit bei codierten Formulierungen. Die nachfolgenden Interpretationen sind daher nicht allgemein gültig, sondern sollen vielmehr auf die Problematik im Zusammenhang mit Zeugnisbeurteilungen hinweisen. Bewerten Sie ein Arbeitszeugnis daher immer als Ganzes und nicht aufgrund einzelner Formulierungen.

Abb. [18-7]   Codierte Formulierungen in Zeugnissen – ihre mögliche Bedeutung

Formulierungen	Mögliche Bedeutung
Sie erledigte ihre Aufgaben stets zu unserer vollen Zufriedenheit.	Sehr gut
Seine Leistungen waren überdurchschnittlich.	Sehr gut
Er erledigte seine Aufgaben zu unserer vollen Zufriedenheit.	Gut
Sie erledigte ihre Aufgaben zu unserer Zufriedenheit.	Genügend
Er bemühte sich, die ihm übertragenen Arbeiten ordnungsgemäss (oder: so gut wie möglich) zu erledigen.	Ungenügend
Sie war stets freundlich, zuvorkommend und korrekt.	Sehr gut
Sein Verhalten war korrekt.	Evtl. ungenügend
Im Kollegenkreis galt sie als tolerante Mitarbeiterin.	Sie hatte Mühe mit den Vorgesetzten.
Er trug zur Verbesserung des Arbeitsklimas bei.	Er vertrödelte die Arbeitszeit mit Sprüchen und Nebensächlichkeiten.
Sie verlässt uns auf eigenen Wunsch, was wir sehr bedauern. Wir würden sie jederzeit wieder einstellen.	Sehr gut
Er verlässt uns auf eigenen Wunsch.	Gut, evtl. bedauert man den Austritt nicht
Der Austritt erfolgt im gegenseitigen Einverständnis.	Sie musste gehen.

Aufgrund der vielen Probleme und Ungereimtheiten mit solchen Formulierungen verfassen heute viele Unternehmen uncodierte Zeugnisse. Um Zweifel auszuräumen, fügen sie dies z. B. zu Beginn oder am Ende des Arbeitszeugnisses an: «Dieses Arbeitszeugnis ist nicht codiert.»

Zusammenfassung Die vier **Auflösungsgründe** für ein bestehendes Arbeitsverhältnis sind:

Kündigung bei unbefristetem Arbeitsvertrag	• Ordentliche Kündigung • Fristlose Kündigung bei groben Pflichtverletzungen • Änderungskündigung (Ersatz durch einen neuen Arbeitsvertrag)
Ablauf bei befristetem Arbeitsvertrag	Automatische Auflösung auch ohne Kündigung
Aufhebungsvertrag	Beendigung im gegenseitigen Einverständnis
Natürliche Personalabgänge	Pensionierung, Invalidität oder der Tod von Mitarbeitenden

Massnahmen zum **Abbau von personellen Überkapazitäten** sind:

- Änderung des Arbeitsverhältnisses: Versetzungen, Kurzarbeit oder Teilzeitarbeit
- Beendigung des Arbeitsverhältnisses: natürliche Personalabgänge, freiwilliges Ausscheiden oder Entlassung

Die wichtigsten Punkte bei einem **Kündigungsgespräch** sind:

- Kündigungsgründe, die gleichzeitig ein wichtiges Feedback sein können
- Einsatz in der Kündigungszeit, d. h. die Auswirkungen auf den restlichen Verbleib im Unternehmen
- Information über die Kündigung

Den offiziellen Abschluss stellt das **Austrittsgespräch** dar. Anzusprechen sind:

- Noch nicht geregelte administrative oder persönliche Punkte
- Evtl. die echten Kündigungsgründe, falls nicht schon im Kündigungsgespräch erörtert

Verschiedene **Rechte**, die der Arbeitnehmer beim Austritt hat, sind zu beachten:

- Überzählige **Ferientage** müssen mit dem Lohn ausgeglichen werden. Ausnahme bildet die Freistellung, bei der die noch nicht bezogenen Ferientage abgegolten sind.
- Je nach vertraglicher Regelung besteht ein Recht auf einen **anteiligen 13. Monatslohn** oder einen Teil der **Gratifikation.**
- Die **Versicherungen** sind vorschriftsgemäss abzumelden und mit dem austretenden Mitarbeitenden zu besprechen.
- Abgabe oder Nachsendung des **Lohnausweises** für die Steuererklärung.
- **Aufbewahrungspflicht** für alle Unterlagen, die im Interesse des Mitarbeitenden liegen.
- Anspruch auf ein qualifiziertes **Arbeitszeugnis** oder eine Arbeitsbestätigung.

Das **Arbeitszeugnis** gibt über folgende Punkte Auskunft:

- Persönliche Daten
- Werdegang im Betrieb
- Aufgabenbeschreibung
- Beurteilung von Leistung und Verhalten
- Austritt

Gesetzlich vorgeschrieben sind Angaben zur Art und Dauer sowie die Beurteilung von Leistung und Verhalten.

Anstelle des Zeugnisses kann auf Wunsch des Mitarbeiters eine **Arbeitsbestätigung** verfasst werden, die lediglich über die Art und Dauer des Arbeitsverhältnisses informiert.

Repetitionsfragen

| 54 | Um welchen Auflösungsgrund des Arbeitsvertrags handelt es sich in den folgenden Fällen? |

A] Hanspeter Eichenberger hat in einem Pharma-Unternehmen als sog. «Manager auf Zeit» ein bereichsübergreifendes Reorganisationsprojekt geleitet, das nun abgeschlossen ist.

B] Der Verwaltungsrat kündigt dem Finanzchef aufgrund eines begründeten Verdachts auf Insidergeschäfte.

C] Michelle Dubois war bisher als Übersetzerin eines Getränkeproduzenten tätig. Per 1.1. des nächsten Jahres wechselt sie firmenintern in das Event-Management.

| 55 | Welche der folgenden Formulierungen in einem qualifizierten Zeugnis sind zulässig und welche nicht? Bitte begründen Sie Ihre Antwort. |

A] … verlässt uns, um sich um das Kind seiner Lebenspartnerin zu kümmern.

B] Als aktives Mitglied der Gewerkschaft «XY» setzte er sich in verdienstvoller Weise für die Interessen der Mitarbeitenden ein.

C] Als gewählte Vertreterin in der Angestelltenkommission verstand sie es, objektiv die Interessen der Arbeitnehmenden und des Arbeitgebers zu erkennen und die gemeinsam gesetzten Ziele zu erreichen.

D] … war eine geschätzte Führungskraft, die sich stets für die Belange ihrer Unterstellten einsetzte, und verstand es, die Leistungen zu optimieren.

| 56 | Marcel Bieri tritt eine neue Stelle als Produktbereichsleiter in einem mittelständischen Unternehmen der Sanitär- und Heizungsbranche an. Leider stimmt die «Chemie» mit der langjährigen Sekretärin seines Vorgängers, die rund 20 Jahre älter ist als er, von Anfang an nicht. |

Marcel Bieri pflegt einen zeitgemässeren Arbeits- und Führungsstil, mit dem seine Sekretärin Mühe bekundet. Er überlegt sich deshalb, ihr auf den ordentlichen Termin zu kündigen.

Beantworten Sie die folgenden beiden Fragen:

A] Kann Marcel Bieri seiner Sekretärin unter den gegebenen Umständen mit der Begründung des zu grossen Altersunterschieds ordentlich kündigen?

B] Was könnte die Sekretärin gegen eine solche Kündigung unternehmen?

18 Auflösung eines Arbeitsverhältnisses

Teil E   Übungen

Übung macht den Meister

Theoriewissen allein garantiert noch nicht den Prüfungserfolg. Erst wer sein Wissen an konkreten Problemen angewendet hat, ist für die Prüfung gerüstet. Darum geht es in diesem Teil des Lehrmittels. Sie finden hier Übungen, denen Sie in ähnlicher Form auch an Ihrer Abschlussprüfung begegnen könnten. Die Übungen sind nach folgendem Raster aufgebaut:

- **Steckbrief der Übung.** Gleich unter dem Titel der Übung informieren wir Sie über die Übungsziele und verweisen auf die Kapitel, in denen die Grundlagen dazu behandelt werden.
- **Ausgangslage.** Sie schildert die Voraussetzungen, die für die Übung gelten.
- **Aufgaben.** Eine Übung umfasst in der Regel 2–5 Aufgaben.

Dozent/-innen, die dieses Buch im Unterricht einsetzen, können die Musterlösungen auf CD-ROM kostenlos bei uns beziehen (E-Mail an postfach@compendio.ch mit der Angabe des Buchs und der Schule, an der Sie unterrichten). Einzelpersonen, die im Selbststudium mit dem Buch arbeiten, verrechnen wir für die CD-ROM einen Unkostenbeitrag.

Nummer, Titel und Inhalt der Übung	Theorie
1 Rapid Druck AG Führungsgrundsätze, -rolle und -stil	Kap. 1, S. 10 Kap. 3, S. 34
2 Tele-Mark AG Führungsstil, -grundsätze und -verhalten	Kap. 2, S. 19 Kap. 3, S. 34
3 Baumet AG Motivationstheorien, Feedback und MbO	Kap. 4, S. 48 Kap. 5, S. 59 Kap. 6, S. 66
4 Start-up AG Ziele, Arbeitsplanung und -bedingungen	Kap. 7, S. 76 Kap. 15, S. 160 Kap. 16, S. 171
5 Zentralgarage Führungsverhalten, Gruppenklima und -rollen	Kap. 2, S. 19 Kap. 7, S. 76 Kap. 8, S. 102 Kap. 9, S. 109
6 Officetime AG Mitarbeiterbeurteilung, -förderung und Anforderungsprofil	Kap. 6, S. 66 Kap. 17, S. 179
7 Chausan GmbH Teamarbeit, Arbeitsplanung und Problemlösungsprozess	Kap. 2, S. 19 Kap. 7, S. 76 Kap. 8, S. 102
8 Gross Systeme AG Führungsgrundsätze, Gruppenrollen, -klima und -dynamik	Kap. 1, S. 10 Kap. 8, S. 102 Kap. 9, S. 109. Kap. 14, S. 156 Kap. 15, S. 160
9 Arnold Müller AG MbO, Führungsstrukturen und Feedback	Kap. 5, S. 59 Kap. 10, S. 122
10 Sportexport AG Bewerbungs- und Probezeitgespräch	Kap. 13, S. 140 Kap. 14, S. 156

1 Rapid Druck AG

Übungsziele	Erkennen, wie ganzheitliches Führen in der Praxis umgesetzt werden kann.
Theorie	Kap. 1, S. 10 und Kap. 3, S. 34

Ausgangslage

Ein Konzern hat im Zuge von Reorganisationen die interne Abteilung «Druckerei» in ein eigenständiges Unternehmen, die «Rapid Druck AG», umgewandelt und dieses inzwischen verkauft. Die fünfzehn bisherigen Druckerei-Mitarbeitenden sehen sich mit einer neuen Arbeitssituation konfrontiert: Sie gehören nicht mehr einem Grossunternehmen an, sondern einer KMU, die sich im harten Wettbewerb behaupten und neu organisieren muss.

Roland Keller kommt aus einem anderen Druckereiunternehmen und tritt seine neue Funktion als Geschäftsleiter der Rapid Druck AG an. Er hat klare Vorstellungen, wie er das Unternehmen führen will, und beabsichtigt, Führungsgrundsätze gemeinsam mit seinem Führungsteam zu erarbeiten. Deshalb beauftragt er seine Kollegen, sich Gedanken über die Führungsgrundsätze zu machen, die bei der Rapid Druck AG gelten sollen.

Aufgaben

1	A] Wieso soll ein Unternehmen nach Führungsgrundsätzen leben? Begründen Sie die Antwort in zwei bis drei Sätzen.
	B] Formulieren Sie je einen Führungsgrundsatz zu den Themen «Führungsstil», «Kommunikation» und «Anerkennung von Leistungen».
2	In der Teamsitzung kommt auch die indirekte Führung zur Sprache. Einige Teilnehmende wissen nicht genau, was unter «indirekter Führung» verstanden wird.
	Erklären Sie anhand eines konkreten Beispiels, was man unter der indirekten Führung versteht.
3	Roland Keller wird von seinen Mitarbeitenden allgemein als sympathisch, freundlich, gerecht, fordernd und fachlich hervorragend beurteilt.
	Wie schätzen Sie Roland Kellers Autorität bei seinen Mitarbeitenden ein? Begründen Sie kurz Ihre Einschätzung.
4	Warum dürften die Legitimations- und die Sanktionsmacht in der Praxis am ehesten zu Konflikten führen, wenn ein Vorgesetzter sich ausschliesslich auf sie abstützt?
5	Bernhard Brigger, der Produktionsleiter, führt sein Team sehr leistungsbezogen und auch so weit korrekt. Persönlich ist er aber eher wortkarg und nicht besonders zugänglich. Entsprechend Mühe bekundet er mit der Kommunikation seinen Mitarbeitenden gegenüber. Er informiert nur über das, was unbedingt nötig ist, und von ihm hört man fast nie ein Lob, weil er der Meinung ist: «Wenn etwas falsch gemacht wird, sage ich es dann schon!»
	Welchen Führungsstil würden Sie Bernhard Brigger nach den folgenden beiden Modellen zuordnen?
	A] Hersey/Blanchard
	B] Blake/Mouton

2   Tele-Mark AG

Übungsziele	Führungsstil und Führungsgrundsätze im täglichen Führungsverhalten umsetzen.
Theorie	Kap. 2, S. 19 und Kap. 3, S. 34

Ausgangslage

Melanie Zürcher ist Teamleiterin bei der Firma Tele-Mark AG; sie führt zwölf Mitarbeitende im Call-Center, die in telefonischen Kundenkontakt stehen. In ihrem Team sind ungefähr gleich viele Frauen und Männer vertreten, unterschiedlichen Alters und beruflicher Herkunft. Fünf Mitarbeitende sind schon seit einigen Jahren im Call-Center-Team, bei den übrigen gibt es eine relativ grosse Fluktuation.

Von Melanie Zürcher werden vor allem eine gute Planung und Organisation sowie eine straffe Führung des Teams gefordert, damit sie die hoch gesteckten Ziele erreichen kann.

Aufgaben

1   Melanie Zürcher führt jeden Morgen eine kurze Teamsitzung durch und erteilt den Mitarbeitenden die laufenden Call-Center-Aufträge.

Welche Regeln muss sie beachten, damit sie die Aufträge richtig erteilt?

2   Melanie Zürcher überprüft regelmässig und direkt die aktuellen Leistungen ihrer Mitarbeitenden. Ihrer Ansicht nach ist eine solche Kontrolle erforderlich und auch angemessen.

Welche Kontrollregeln sollte sie beachten, damit die Kontrolle sich nicht als kontraproduktiv erweist?

3   Einzelne Call-Center-Mitarbeitende kommen sich benachteiligt vor. Sie haben das Gefühl, dass sie die weniger interessanten und die mühsameren Kundenaufträge erhalten als andere. Ihre Bedenken haben sie aber bei Melanie Zürcher noch nicht angebracht.

Um welche Art von Erwartungen handelt es sich in diesem Fall? Begründen Sie Ihre Einschätzung kurz.

4   Tatsächlich hat Melanie Zürcher von einigen Mitarbeitenden den Eindruck, dass sie nur des Geldes wegen arbeiten, einfach ihren Job erledigen und darüber hinaus zu wenig Engagement und Interesse zeigen. Angenommen, Melanie Zürcher richtet ihr Führungsverhalten auf diesen Eindruck aus ...

A] Nach welchem Menschenbild würde sie handeln? X-TYP

B] Welche Folgen hätte diese Einstellung den Mitarbeitenden gegenüber?

5   Melanie Zürchers Vorgänger musste seinen Sessel unter anderem deshalb räumen, weil er sein Team allzu sehr nach «laisser faire» führte.

Erklären Sie in maximal fünf Sätzen, was damit gemeint ist.

3   Baumet AG

Übungsziele	In einem Praxisbeispiel die motivierenden Faktoren des Mitarbeiter-Feedbacks und der Mitarbeiterbeurteilung erkennen.
Theorie	Kap. 4, S. 48, Kap. 5, S. 59 und Kap. 6, S. 66

Ausgangslage

Max Rüttimann leitet seit rund einem Jahr die Produktionsabteilung des Metallbau-Unternehmens Baumet AG, das vor allem regional tätig ist. Der Verwaltungsrat hatte ihn wegen seiner ausgezeichneten fachlichen Qualifikationen für diese Position ausgewählt und nahm in Kauf, dass er nur geringe Führungserfahrungen mitbrachte.

In manchen Führungssituationen bekundet Max Rüttimann tatsächlich einige Mühe. Besonders dann, wenn er selber unter Druck steht, plant er zu wenig sorgfältig und ist inkonsequent in seinem Entscheidungsverhalten. Hin und wieder muss er Entscheidungen vom Vortag widerrufen oder konfrontiert er einzelne Mitarbeitende vor dem ganzen Team mit Kritik. Solche Unzulänglichkeiten im Führungsverhalten wirken sich negativ auf die Stimmung im Produktionsteam aus. Es herrscht eine gewisse Verunsicherung, die sich auch in den Leistungen niederschlägt: In letzter Zeit wurden mehr Fehler gemacht, Zeitlimiten häufiger nicht eingehalten, und die Absenzen haben zugenommen.

Aufgaben

1	Max Rüttimann ist wegen der negativen Entwicklung in seinem Team besorgt. Er überlegt sich, wie er die Motivation steigern könnte, was er dazu selber beitragen und was allenfalls bei den Arbeitsbedingungen des Unternehmens geändert werden müsste.
	Erklären Sie kurz, welche Hauptaussagen die Zweifaktoren-Theorie von Herzberg in Bezug auf Max Rüttimanns Überlegungen macht.
2	Die Mitarbeitenden der Baumet AG wünschen sich durchaus ein regelmässiges Feedback von ihrem Vorgesetzten.
	Nennen Sie drei Gründe, weshalb sich eine solche Beurteilung – ob Lob oder Kritik – positiv auswirkt.
3	Nennen Sie mindestens drei Erfordernisse, die Max Rüttimann beachten muss, damit er auf konstruktive Weise Kritik anbringt.
4	Max Rüttimann ist sich seiner Führungsfehler in Stresssituationen bewusst. Er möchte künftig nach dem MbO (d. h. nach Zielvereinbarung) führen. Ein mögliches Ziel wäre seiner Ansicht nach, dass in der Produktion in den nächsten 6 Monaten der Ausschuss um durchschnittlich 10 % abnimmt.
	Welche Anforderungen müsste ein solches Ziel erfüllen, damit es nach SMART-Formel unmissverständlich und klar ist?
5	Oft werden erreichte Ziele mit Geldleistungen (Bonus, Prämie usw.) belohnt. Inwieweit wirken sich solche materiellen Belohnungen auf die Arbeitszufriedenheit aus?
	Beantworten Sie die Frage gemäss der Theorie von Herzberg.

4   Start-up AG

Übungsziele	Zeit- und Personalmanagement-Systeme sinnvoll einsetzen.
Theorie	Kap. 7, S. 76, Kap. 15, S. 160 und Kap. 16, S. 171

Ausgangslage

Die Start-up AG ist schnell gewachsen. Innerhalb von drei Jahren hat sich die Mitarbeitenden-zahl von 10 auf 45 erhöht. Es herrscht ein unkompliziertes Unternehmensklima, und man machte sich bisher nicht den Aufwand, dem Unternehmen klarere Führungsstrukturen zu geben, ein systematisches Personalmanagement aufzubauen usw. Vielmehr galt als Credo, dass jeder einfach überall mithilft. Mittlerweile findet es die Geschäftsleitung der Start-up-AG aber an der Zeit, sich solchen Anforderungen an die Unternehmensführung zu stellen und sich künftig klarer zu organisieren.

Aufgaben

1   Zunächst überlegt sich die Geschäftsleitung die Zielplanung. Ausgangspunkt dafür sind unter anderem die folgenden Fragen: Wie wollen wir uns in den kommenden Jahren strategisch im Markt positionieren, wollen wir weiter wachsen oder wollen wir unseren heutigen Stand hal-ten? Soll die Start-up AG eigenständig bleiben, oder streben wir die Fusion mit einem anderen Unternehmen an? Sollen wir die Mitarbeitenden im Hinblick auf die in vier Wochen geplante Einführung des neuen Kundensystems intern oder extern schulen lassen? Soll die Start-up AG nach dem Qualitätsmanagementsystem EFQM zertifiziert werden? Wie können wir ab sofort die Fixkosten in der Logistik senken? Wollen wir vermehrt in die Grundlagenforschung inves-tieren? Wollen wir beim kommenden Geschäftsabschluss Gratifikationen auszahlen?

Bevor sie die entsprechenden Ziele formuliert, überlegt sich die Geschäftsleitung, welche die-ser Fragen als lang-, mittel-, kurzfristig oder laufend zu beurteilen sind.

Machen Sie einen fristbezogenen Einteilungsvorschlag für die genannten Fragen, die sich der Start-up AG stellen.

2   Monica von Matt, Mitglied der Geschäftsleitung der Start-up AG, wird von ihren Kollegen für ihre vorbildliche Arbeitsorganisation bewundert, dank der sie die vielfältigen Aufgaben als Geschäftsfrau und Mutter meistert. Sie selber findet, die eigentliche Kunst bestehe darin, das Pareto-Prinzip konsequent umzusetzen.

Erklären Sie in zwei bis drei Sätzen, was Monica von Matt mit «Pareto-Prinzip» anspricht.

3	Monica von Matt gewährt einen Einblick in ihre laufende Aktivitätenliste:

- Frist für Baueingabe Umbau läuft heute ab. Unterlagen prüfen und unterzeichnen.
- Lieferantenkonditionen bei Z abklären.
- Interessanter Artikel in der NZZ zur Entwicklung der Rohstoffpreise lesen.
- Richard (Sohn) von 15.45 bis 16.45 Uhr zum Zahnarzt begleiten.
- Vorbesprechung mit Hanspeter, Marketingleiter, betr. Sommerfest der Start-up AG, das in drei Monaten stattfinden wird.
- Ruth begrüssen (erster Arbeitstag der Mitarbeiterin nach ihrem Autounfall).
- Bezugsquellen für neue Büromöbel suchen.
- Kick-off-Sitzung zum Projekt «Bellavista AG» von morgen 08.00 Uhr fertig vorbereiten.

Die ABC-Analyse unterstützt das Setzen von Prioritäten und somit auch, die täglichen Aufgaben besser meistern zu können.

Wie stufen Sie Monica von Matts Aktivitäten nach der ABC-Analyse ein? Ordnen Sie alle Aktivitäten der entsprechenden Kategorie zu.

4	Die Start-up AG hat sich für die Jahresarbeitszeit (JAZ) entschieden.

Führen Sie zwei Argumente auf, die für die Jahresarbeitszeit in einem schnell wachsenden Unternehmen sprechen.

5	Die Geschäftsleitung der Start-up AG überlegt sich, wie sie ihre Mitarbeitenden am Geschäftserfolg partizipieren lassen könnte.

Was ist der Unterschied zwischen einer Gratifikation und einer Provision?

5   Zentralgarage AG

Übungsziele	Gruppen in schwierigen Situationen führen.
Theorie	Kap. 2, S. 19, Kap. 7, S. 76, Kap. 8, S. 102 und Kap. 9, S. 109

Ausgangslage

Die Zentralgarage AG besteht aus der Mechanik- und Elektrowerkstatt, Carrosseriespenglerei, Lackiererei und Waschanlage sowie dem Verkauf, Kundendienst und der Administration. In der Werkstatt arbeiten ausschliesslich Männer, je zur Hälfte Schweizer und Mitarbeitende aus Italien, Portugal und Kroatien. Es wird vorwiegend in Teams gearbeitet, die der Werkstattchef je nach Auftrag zusammenstellt. Im Allgemeinen ist das Betriebsklima gut, sowohl in der Werkstatt als auch in der Zusammenarbeit zwischen der Werkstatt und dem Büro. Die Unternehmensleitung ist stolz auf ihre Mitarbeitenden und fördert die gute Zusammenarbeit aktiv.

Bei wichtigen Sportanlässen kann es zu Spannungen kommen, wenn das Nationalitätsbewusstsein überhand nimmt. So auch an diesem Tag: Am Vorabend fand ein Fussball-Qualifikationsspiel zwischen Italien und Kroatien statt. Kroatien hat im Penaltyschiessen gewonnen und Italien dadurch eine empfindliche Niederlage bereitet. Indirekt profitiert auch die Schweizer Mannschaft von der Niederlage Italiens. Die Wogen gingen auch deshalb hoch, weil einige Entscheidungen des Schiedsrichters umstritten waren. An diesem Morgen gab es in der Werkstatt deshalb nur ein Thema – das Fussballspiel. Anfänglich blieb es bei gegenseitigen Neckereien, die sich jedoch in gehässige Diskussionen zwischen einzelnen Gruppen steigerten. Plötzlich eskalierte die Situation, als ein Hammer durch die Luft flog, knapp am Kopf eines Mechanikers vorbei, und ein Kundenfahrzeug beschädigte. Die am Streit nicht direkt Beteiligten schauten hilflos zu. Später wusste niemand mehr genau, wer warum und in welchem Mass am Streit beteiligt war und wie dieser derart ausufern konnte.

Michael Weidmann, der Werkstattchef, stellte seine Mitarbeitenden nachträglich zur Rede, doch wollte niemand zugeben, den Hammer geworfen zu haben. Jedoch war eine bedrückte Stimmung in der Werkstatt deutlich zu spüren.

Aufgaben

1	Michael Weidmanns Führungsverhalten in dieser Situation war wohl ungenügend. Was hätte er Ihrer Meinung nach besser machen sollen?
2	Sach- und Beziehungsebene, Vertrauen, Kommunikation und Feedbacks sind vier Aspekte, die für das Gruppenklima und damit für eine konstruktive Arbeitsweise in der Gruppe wichtig sind. Notieren Sie für jeden Aspekt, was für das Werkstattteam nach dem Vorfall besonders wichtig wäre.
3	Im Nachhinein stellt sich heraus, wer die beiden Rädelsführer waren: Carlo Totti und Jan Petric. Sie müssen mit einem Verweis rechnen. Michael Weidmann wird mit ihnen ein Einzelgespräch führen und bereitet sich darauf gewissenhaft vor. A] Formulieren Sie ein mögliches Ziel, das sich der Werkstattchef für diese beiden Gespräche setzt. B] Ein solch heikles Gespräch ist nicht einfach zu führen. Könnte Michael Weidmann es deshalb einer erfahreneren Person delegieren, z. B. der Personalverantwortlichen?

| 4 | In jeder Gruppe gibt es eine bestimmte Rangordnung bzw. Rollenverteilung, so auch im Werkstattteam. Welche Rollenposition nehmen die nachfolgend Genannten nach dem Modell von Schindler ein? |

- Antonio, Miroslav und Herbert benehmen sich wie typische Mitläufer.
- In vielen Situationen wird in Lukas der Sündenbock gesehen.

| 5 | Nehmen Sie Stellung zu der Aussage: «Unterschiedliche Kulturen führen zwangsläufig zu Konflikten.» Begründen Sie Ihre Aussage differenziert. |

6   Officetime AG

Übungsziele	Grundlagen für Beurteilungsgespräche mit Mitarbeitenden und für Personalentwicklungs- massnahmen in einem Praxisbeispiel umsetzen.
Theorie	Kap. 6, S. 66 und Kap. 17, S. 179

Ausgangslage

Renzo Elsener ist Abteilungsleiter bei der Officetime AG, einer international tätigen Handels- firma für Büromöbel. Er führt fünf Mitarbeitende, zudem ist er als Berufsbildner die Ansprech- person für alle Lernenden im Unternehmen. Sein Ehrgeiz ist es, die Lernenden möglichst erfolgreich durch die Abschlussprüfung zu bringen.

Alexia und Mischa sind Lernende im zweiten Lehrjahr. Im letzten Semester haben ihre schu- lischen Leistungen merklich nachgelassen. Auch ihr Einsatz am Arbeitsplatz ist nur beschränkt zufriedenstellend. So brauchen beide viel Kontrolle, weil sie oft nicht sorgfältig genug arbeiten. Alexia und Mischa machen auf Reto Elsener den Eindruck einer gewissen «Nullbock-Haltung».

Aufgaben

1   Mischa versteht es, die Bewunderung der anderen Lernenden auf sich zu ziehen. Die meisten finden ihn denn auch «mega cool».

Welches Bedürfnis nach dem Modell von Maslow will sich Mischa erfüllen?

2   Renzo Elsener bietet Alexia und Mischa einzeln zu einem Standortbestimmungsgespräch auf. Er möchte die näheren Gründe für die unzureichenden Schul- und Arbeitsleistungen erfahren. Er bereitet sich gewissenhaft auf die beiden Gespräche vor.

Worauf ist bei der Vorbereitung eines solchen Beurteilungsgesprächs zu achten? Entwickeln Sie eine Checkliste mit mindestens fünf Merkpunkten.

3   Renzo Elsener will gezielte Förderungsmassnahmen für die Lernenden im Unternehmen schaffen.

Nennen Sie je ein Beispiel von Förderungsmassnahmen on the job, into the job und parallel to the job.

4   Die Officetime AG legt Wert darauf, den Lernenden mit einer guten Abschlussprüfung eine herausfordernde Stelle mit Aufstiegs- und Weiterbildungsmöglichkeiten anzubieten.

Nennen Sie mindestens zwei Vorteile, die sich Officetime AG davon verspricht.

5   Um welche Kompetenzen handelt es sich in den folgenden drei Beispielen von Fähigkeiten oder Eigenschaften, die von Lernenden bei der Officetime AG gefordert werden?

- Durchhaltewillen zeigen
- Eine Mail-Nachricht selbstständig und fehlerfrei verfassen
- Sich rasch in ein Arbeitsteam integrieren

7 Chausan GmbH

Übungsziele	Für ein Praxisbeispiel den Einsatz von Arbeitsteams planen.
Theorie	Kap. 2, S. 19, Kap. 7, S. 76 und Kap. 8, S. 102

Ausgangslage

Franz Lercher koordiniert im Sanitär- und Heizungsinstallations-Unternehmen Chausan GmbH die Ausführung der Kundenaufträge, d. h. die Einsatzplanung der Monteure, der Fahrzeuge und Werkzeuge sowie den Bestellprozess für die zu installierenden Sanitär- und Heizungssysteme.

Aufgaben

1   Die Chausan GmbH sendet in der Regel fixe Montageteams aus, die über eine längere Zeit bestehen bleiben und die ihnen zugewiesenen Aufträge ausführen. Man hat damit die besseren Erfahrungen gemacht als mit ständig wechselnden Teamkonstellationen.

A] Listen Sie drei mögliche Gründe auf, die für den Einsatz fixer Teams sprechen. Stichworte genügen.

B] Wie nennt man Gruppen oder Teams, die sich immer wieder anders zusammensetzen?

2   Das Einsatzteam «A» besteht aus den drei Installations-Fachleuten Armin, Beat und Chris sowie den beiden Lernenden Daniel und Ennio. Bei der Chausan GmbH werden die Lernenden bei der Ausführung von Kundenaufträgen immer von mindestens einem Fachmann begleitet.

Franz Lercher will «A» die folgenden Aufträge für die laufende Woche übertragen:

- Gasheizung in einer Mehrfamilienhaus-Überbauung installieren. Zeitdauer: 7 Arbeitstage, Personalbedarf: 2 Personen.
- In einem Altbau ein Badezimmer umbauen. Zeitdauer: 1 Arbeitstag und eine Woche später 2 Arbeitstage, Personalbedarf: je 2 Personen.
- In einem Büroneubau sanitäre Einrichtungen einbauen. Zeitdauer: 10 Arbeitstage, Personalbedarf: 2 Arbeitstage lang 3 Personen, danach 2 Personen.
- Kundin M. meldet einen Wasserschaden im Keller ihres Einfamilienhauses. Zeitdauer: ½ Arbeitstag, Personalbedarf: 1 Person.
- Kunde S. möchte 19 Wasserhähne ausgewechselt haben. Zeitdauer: ½ Arbeitstag, Personalbedarf: 1 Person.
- Bei Kunde R. eine neue Geschirrspülmaschine installieren. Zeitdauer: ½ Arbeitstag, Personalbedarf: 1 Person.
- Heizkörper im Einfamilienhaus des Kunden T. reparieren. Zeitdauer: ½ Arbeitstag, Personalbedarf: 1 Person.

Zwei Absenzen sind in der Wochenplanung zu berücksichtigen:

- Beat zieht am Freitag einen Ferientag ein.
- Chris besucht am Donnerstagnachmittag einen Weiterbildungskurs.

Erstellen Sie einen Einsatzplan für die Zeit von Montag bis Freitag dieser Woche. Alle Aufträge müssen vom Einsatzteam «A» ausgeführt werden können. Beachten Sie auch, dass wenn möglich dieselben Mitarbeitenden einen Auftrag ganz ausführen und dass jederzeit alle Mitarbeitenden im Einsatz sind.

| 3 | Vor zehn Tagen wurden beim Kunden L. Duschkabine, Lavabo und WC installiert. An diesem Vormittag ruft er Franz Lercher aufgebracht an. Bei seinen Nachbarn im unteren Stock sei ein Wasserschaden aufgetreten, der bestimmt mit der Installation der sanitären Anlagen in der Wohnung von L. zusammenhänge. |

Zu welchen Phasen im Problemlösungszyklus gehören die folgenden Teilaufgaben, die Franz Lercher im Zusammenhang mit dieser Schadensmeldung vorsieht?

- Personelle Ressourcen für Reparatur bei L. planen.
- Augenschein vor Ort bei L. und bei Nachbarn von L. nehmen.
- Sich bei L. erkundigen, ob Schadensbehebung zufriedenstellend erfolgte.
- Lösungsmöglichkeiten für die Behebung des Wasserschadens entwickeln.
- Ursachen für Wasserschaden finden.

| 4 | Franz Lercher hat für den Installationsauftrag der Gasheizung in der Mehrfamilienhaus-Überbauung keinerlei Pufferzeiten eingerechnet. |

Welches grundsätzliche Risiko geht er damit ein?

8   Gross Systeme AG

Übungsziele	Führungs- und Teamentwicklungsgrundsätze im Praxisfall anwenden.
Theorie	Kap. 1, S. 10, Kap. 8, S. 102, Kap. 9, S. 109, Kap. 14, S. 156 und Kap. 15, S. 160

Ausgangslage

Die Firma Gross Systeme AG entwickelt Steuerungssysteme für die Metallbearbeitung. Sie konnte ihre Kundenbeziehungen im In- und Ausland kontinuierlich ausbauen und geniesst in der Branche den guten Ruf als spezialisierte Anbieterin von innovativen, stabilen und einfach zu bedienenden Systemlösungen. Dementsprechend hoch gesteckt sind die Kundenerwartungen und auch die Anforderungen an die Projektleitenden und -mitarbeitenden.

Gina Gredig hat Gross Systeme AG vor knapp 15 Jahren mit einem Partner zusammen gegründet. Obwohl sie heute auf ein hoch qualifiziertes und motiviertes Führungsteam zählen darf, denkt sie keineswegs ans Kürzertreten. Als leidenschaftliche Unternehmerin ist sie die treibende Kraft der Gross Systeme AG und zeigt immer wieder ein hervorragendes Gespür für neue Marktchancen.

Aufgaben

1

Gina Gredig legt seit der Gründung der Firma grossen Wert auf die Teamentwicklung, weil sie darin einen Schlüsselfaktor für den unternehmerischen Erfolg sieht. Demzufolge organisiert sie regelmässig Weiterbildungen oder Workshops, die sich mit den verschiedenen Facetten der Führung und Zusammenarbeit im Team befassen.

Wie könnte ein Führungsgrundsatz für diese Haltung lauten? Formulieren Sie einen Vorschlag.

2

Das Leitungsteam der Gross Systeme AG versammelt sich zu einem zweitägigen Teamworkshop, der von einer externen Beraterin moderiert wird. Dabei füllen alle Teilnehmenden einen umfassenden Fragebogen zu Arbeitspräferenzen aus. Anschliessend präsentiert die Moderatorin die Auswertungsergebnisse.

Bestimmen Sie für die folgenden drei Beschreibungen den zutreffenden Arbeitsstil nach dem Team-Management-Rad von Margerison/McCann.

A] Ginas Gründungspartner Rainer Bossert ist die Zuverlässigkeit und Sachlichkeit in Person. Selbst in hektischen und schwierigen Situationen lässt er sich in seiner klaren, zielstrebigen Vorgehensweise nicht beirren, beweist einen grossen Durchhaltewillen und Realitätssinn.

B] Das Team weiss den Beitrag von Ladina Meissen zur Qualitätssicherung sehr zu schätzen. Beim Testen von Systemlösungen kommen ihre Stärken voll zum Tragen: Sie kann sich auf eine Aufgabe voll und ganz konzentrieren, und was sie macht, macht sie äusserst sorgfältig und genau.

C] Zu den Schlüsselfähigkeiten des Projektleiters Moritz Werlen gehört sein Gespür für praktikable Lösungen. Er versteht es, ein vernünftiges Mass zu finden zwischen massgeschneiderten Kundenlösungen und solchen, die im Hinblick auf ein gutes Kosten-Nutzen-Verhältnis machbar sind. Moritz Werlen übernimmt vorwiegend Pilotprojekte oder ist in die Entwicklung von Prototypen involviert.

3   Gross Systeme AG sucht eine zusätzliche Projektleiterin oder einen Projektleiter. Die Bewer-
         bung von Tim Scholl ist vielversprechend, sodass Gina Gredig ihn zu einem Gespräch einlädt.
         Sie sieht sich in ihren positiven Eindrücken aus dem Bewerbungsdossier überwiegend bestä-
         tigt. In einem Punkt gibt es allerdings unterschiedliche Auffassungen: Tim Scholl hat sich klar
         für eine individuelle Bonusentschädigung ausgesprochen, während Gross Systeme AG bisher
         nur Teamprämien kannte.

         Wie beurteilen Sie die unterschiedlichen Ansprüche an eine Erfolgsentschädigung im Fall der
         Gross Systeme AG? Begründen Sie Ihren Standpunkt in drei bis fünf Sätzen.

4   Gross Systeme AG entwickelt ihre Produkte nicht im «stillen Kämmerlein», sondern betreibt
         ein professionelles Projektmanagement und bindet die Kunden von der Bedürfnisanalyse bis
         zur Übergabe in den produktiven Betrieb so aktiv wie möglich in die Entwicklungsprozesse
         ein. Eine wichtige Projektleitungsaufgabe ist daher, die Gruppenbildung so zu unterstützen,
         dass ein gut funktionierendes Projektteam entsteht.

         Beschreiben Sie in Stichworten, welche Leitungsaufgaben in den folgenden beiden Phasen
         der Gruppenbildung gefragt sind.

         A] Im Projektteam herrscht eine ausgesprochen offene und bisweilen gar gereizte Stimmung.
         Unterschiedliche Interessen und Zielvorstellungen werden deutlich, und häufig entwickeln sich
         anfänglich sachbezogene Diskussionen zu ziemlich hitzigen Debatten.

         B] Die Mitglieder des Projektteams engagieren sich stark für die Sache und zeigen sich koope-
         rativ. In Diskussionen erzielen sie vergleichsweise rasch eine Einigung und entwickeln konstruk-
         tive Lösungsvorschläge für anstehende Probleme.

9 Arnold Müller AG

Übungsziele	Führungsinstrumente und -methoden situationsgerecht einsetzen können.
Theorie	Kap. 5, S. 59 und Kap. 10, S. 122

Ausgangslage

In der mechanischen Werkstätte Arnold Müller AG arbeiten heute 43 Mitarbeitende. Der Firmengründer Arnold Müller hat die operative Leitung seines Betriebs vor rund einem Jahr nur ungern an seinen Sohn Urs übergeben. Gesundheitliche Probleme zwangen ihn zu diesem Schritt. Arnold Müller führte sein Unternehmen als Patriarch. Er bestimmte die Geschicke weitestgehend allein, hatte aber stets ein offenes Ohr für die Sorgen von Mitarbeitenden und zeigte sich dabei von seiner grosszügigen und hilfsbereiten Seite. Heute ist Arnold Müller immer noch Mitglied des Verwaltungsrats. Er kann es immer noch nicht lassen, sich gelegentlich ins operative Geschäft einzumischen und den Mitarbeitenden Weisungen zu erteilen.

Urs Müller ist bestrebt, einiges im Unternehmen konsequent zu ändern. Er will klarere Strukturen schaffen und weiss aktiv mitdenkende und motivierte Mitarbeitende zu schätzen. Mittlerweile gibt es eine zweite Führungsebene mit den drei Leitungsstellen «Verkauf/Marketing», «Administration/Personal» sowie «Werkstatt/Produktion».

Aufgaben

---

1   Urs Müller plant, das MbO im Unternehmen einzuführen. Er fragt sich zunächst, welche Voraussetzungen dafür geschaffen werden müssen.

Nennen Sie mindestens drei Rahmenbedingungen, die erfüllt sein sollten, damit das MbO erfolgreich eingeführt werden kann.

---

2   Die unten stehenden Zielvorstellungen, die sich Urs Müller notiert hat, entsprechen noch nicht den Anforderungen an klare und eindeutige MbO-Ziele.

1. Für alle Mitarbeitenden eine Stellenbeschreibung entwerfen.
2. Bis nächsten Frühling die Produktionsanlage YAMASA ersetzen.
3. Konzept für Internetauftritt der Arnold Müller AG entwickeln.

Formulieren Sie daraus drei Ziele gemäss der SMART-Formel. Gehen Sie davon aus, dass alle drei Ziele tatsächlich erreichbar sind, und bestimmen Sie wo nötig den Termin selber.

---

3   Urs Müller hat sich zum Ziel gesetzt, dass nicht nur die Führungskräfte, sondern alle Mitarbeitenden eine Stellenbeschreibung erhalten.

Listen Sie mindestens vier Punkte auf, die definiert sein müssen, damit eine Stellenbeschreibung aussagekräftig ist.

---

4   Arnold Müller ist zufällig dazugekommen, als eine Sachbearbeiterin aus der Administration in Urs' Büro einen Ordner durchblätterte. Barsch fuhr er sie an, was sie hier zu suchen habe. Die Sachbearbeiterin war so eingeschüchtert, dass sie keinen Ton herausbrachte, und verliess umgehend das Büro. Sie hatte nämlich von Urs Müller den Auftrag gehabt, bestimmte Unterlagen für eine Sitzung zusammenzustellen.

Als Urs Müller ins Büro zurückkommt und die Sitzungsunterlagen nicht vorfindet, erkundigt er sich bei der Sachbearbeiterin. Nur widerwillig gesteht sie ihm den Vorfall mit seinem Vater.

Beschreiben Sie in einigen Sätzen, was Urs Müller nun unternehmen muss.

---

10   Sportexport AG

Übungsziele	Wichtige Anforderungen an die Auswahl und Einführung von Mitarbeitenden erkennen.
Theorie	Kap. 13, S. 140 und Kap. 14, S. 156

Ausgangslage

Die Firma Sportexport AG sucht einen Kundendienstleiter, und zwar einen Allrounder mit Branchenkenntnissen und mit erster Führungserfahrung. Ausdrücklich gefordert werden unter anderem eine ausgeprägte Kundenorientierung und hohe Sozialkompetenz. Die Führungsspanne umfasst fünf Mitarbeitende.

Thomas Andreoli bringt die gewünschten Kenntnisse, Fähigkeiten und Berufserfahrungen mit und bewirbt sich um die Stelle. Prompt wird er zu einem ersten Vorstellungsgespräch eingeladen.

Aufgaben

1

Claude Fasel, Marketingleiter der Sportexport AG, führt Bewerbungsgespräche nach seinem bewährten Leitfaden. Mit gezielten Fragen will er mehr über Thomas Andreoli, sein Führungsverhalten und seine Fähigkeiten im Umgang mit schwierigen Kundensituationen erfahren.

Formulieren Sie eine Frage, die mehr Aufschluss gibt über ...

A] das Führungsverhalten von Thomas Andreoli.

B] den Umgang mit schwierigen Kundensituationen.

2

Thomas Andreoli hat nach dem Vorstellungsgespräch ein wirklich gutes Gefühl über den Gesprächsverlauf und ist zuversichtlich, in die engere Wahl zu kommen. Claude Fasel teilt diese Einschätzung. Dennoch überrascht ihn, wie stark sein letzter Eindruck haften bleibt: Bei der Verabschiedung stolperte Thomas Andreoli nämlich über die Türschwelle.

Welche Bezeichnung gibt es für die Wirkung des letzten Eindrucks?

3

Claude Fasel hat rund ein Dutzend Bewerbungsdossiers genauer geprüft. Dasjenige von Ruth Baumann macht auf den ersten Blick einen sehr viel versprechenden Eindruck. In einem ihrer Arbeitszeugnisse findet er folgende Formulierung: «Ruth Baumann gab sich stets Mühe, die ihr übertragenen Aufgaben gut zu erledigen, und wir waren mit ihren Leistungen zufrieden.»

Wie soll Claude Fasel diese Formulierung interpretieren?

4

Thomas Andreoli hat sich in seinem Gefühl nicht getäuscht. Er wird von der Sportexport AG zu einem zweiten Gespräch eingeladen.

Welches ist der Zweck eines zweiten Vorstellungsgesprächs? Stichworte genügen.

5

Thomas Andreoli hat sich gegen die Mitbewerbenden erfolgreich durchgesetzt und mittlerweile die Stelle als Kundendienstleiter angetreten. Ihm gefällt der neue Job sehr gut. Weil in einer Woche seine Probezeit ablaufen wird, hat er mit seinem Vorgesetzten einen Termin für das Probezeitgespräch vereinbart.

Nennen Sie mindestens drei Besprechungspunkte für das Probezeitgespräch.

Teil F Anhang

Antworten zu den Repetitionsfragen

1 Seite 18

Führungsaktivitäten	Direkte Führung	Indirekte Führung
Gestaltung der Arbeitsprozesse im Unternehmen		☒
Mitarbeiterbeurteilungsgespräch	☒	
Aufträge an die Mitarbeitenden erteilen	☒	
Neudefinition der Produkt-/Marktstrategie der Geschäftseinheit XY		☒
Entwicklung der Teamkultur	☒	
Entwicklung der Unternehmenskultur		☒

2 Seite 18

(Kommentar)

Ihre Erklärung sollte im Wesentlichen die folgenden Ansätze enthalten:

- Lokomotivfunktion hinsichtlich der aufgabenbezogenen Zielerreichung, indem die Führungsperson die Ausrichtung auf die Ziele vorlebt und die entsprechenden Management- oder Führungsfunktionen wahrnimmt.
- Kohäsionsfunktion hinsichtlich der mitarbeiterbezogenen Zielerreichung, indem die Führungsperson Vertrauen bildet, Sicherheit vermittelt und für den Zusammenhalt (Kohäsion) im Team sorgt. Dazu nimmt sie Führungs- bzw. Leadershipaufgaben wahr.

3 Seite 18

A] Sanktionsmacht

B] Persönliche Autorität

C] Legitimationsmacht

D] Fachliche Autorität

4 Seite 33

(Kommentar)

Mögliche Beurteilung: Hanspeter Rohner nimmt irrtümlicherweise an, dass die Arbeitsleistung und -qualität davon abhängt, wie detailliert und genau er kontrolliert. Weniger wäre mehr, denn Hanspeter Rohners «Kontrollsucht» wirkt sich bestimmt bevormundend und somit demotivierend auf die Mitarbeitenden aus. Er erzieht sie damit zu unselbstständigen Mitarbeitenden, die darauf bedacht sind, keine Fehler zu machen, und sich dementsprechend wenig engagieren werden.

5 Seite 33

(Kommentar)

Aus Ihrem Praxisbeispiel muss hervorgehen, dass die betreffende Entscheidung von den Mitarbeitenden auf der dafür untersten möglichen Stufe getroffen wird. (Das Subsidiaritätsprinzip meint, dass die übergeordnete Stelle nur jene Aufgaben selber erledigen soll, zu denen untergeordnete Stellen nicht in der Lage sind.)

6 Seite 33

A] Mitteleinsatz planen

B] Ausgangslage analysieren

C] Kontrolle

D] Realisierung

7 Seite 33	(Kommentar)

Mögliche Beurteilung: Dieser Auftrag ist unklar und unvollständig. Weder weiss Herr Meier, was er genau zu tun hat, noch bis wann, wie usw. – Sofern es sich hier jedoch um ein einge-spieltes Team handelt und Herr Meier ausreichend Erfahrung in der Auftragsbearbeitung hat bzw. diese weitgehend selbstständig erledigt, kann eine solch unklare Auftragserteilung natürlich dennoch ausreichen.

8 Seite 45	A] Der Reifegrad 2 besagt, dass die betreffende Mitarbeiterin bereits einige Kompetenz und Motivation zeigt, aber noch nicht in der Lage ist, eine bestimmte Aufgabe selbstständig zu erfüllen. Sie braucht deshalb noch einige Lenkung und Unterstützung seitens der Führungs-person. Der integrative Führungsstil passt zum Reifegrad 2, weil er stark aufgabenbezogen (lenkend) und stark mitarbeiterbezogen (unterstützend, lobend) ist.

B] Diese Aussage widerspricht dem Reifegradmodell, denn «ins kalte Wasser geworfen wer-den» deutet an, dass diese Person noch über zu wenig Wissen und Können verfügt, jedoch sich selber helfen muss. Nach dem Reifegradmodell müsste eine solche Person entweder durch einen direktiven oder integrierenden Führungsstil geführt werden.

9 Seite 45	A] 9.9-Führungsstil
	B] 1.9-Führungsstil
	C] 9.1-Führungsstil
	D] 1.1-Führungsstil

10 Seite 45	A] Theorie Y
	B] Theorie X
	C] Theorie X

11 Seite 46	A] Konsultativ
	B] Patriarchalisch
	C] Delegativ

12 Seite 58	A]

- Motivation durch Belohnung (in Form von Geld bzw. individuellen Erfolgsprämien)
- Lee Lacoccas Aussage deckt sich mit der Theorie von Maslow, wonach die Aussicht auf eine Befriedigung der eigenen Bedürfnisse (nach geldmässiger Belohnung) motivierend wirkt. Im Gegensatz dazu widerspricht sie der Zweifaktoren-Theorie von Herzberg, wo-nach Geld einen Hygienefaktor darstellt, der nicht motivierend wirkt, sondern lediglich die Unzufriedenheit zu verringern vermag.

B]

- Motivation durch Ziele und Aufgabenübertragung
- François de Rochefoucaulds Aussage lässt sich, auf die heutige Arbeitswelt übertragen, folgendermassen interpretieren: Die Führungsperson erkennt die Talente ihrer Mitarbei-tenden und fordert und fördert sie entsprechend. – Dieses Verständnis würde die Zweifak-toren-Theorie von Herzberg stützen, wonach Arbeitsinhalte und eine entsprechende An-erkennung zu den wesentlichen Motivatoren zählen. Umstritten an Rochefoucaulds Aus-sage ist sicherlich, ob der Mensch zu «seinem Glück gezwungen» werden oder ob die Mo-tivation nicht vielmehr von ihm selber kommen muss.

c]

- Wilhelm von Humboldt spricht kein spezifisches Motivationsinstrument an, sondern dass der Mensch ein natürliches Bedürfnis hat, Leistungen zu erbringen.
- Die Zweifaktoren-Theorie von Herzberg nennt als ersten Motivatoren das Erleben der eigenen Leistungsfähigkeit. Laut der Bedürfnispyramide von Maslow deckt die Arbeit verschiedene menschliche Bedürfnisse ab: Sicherheitsbedürfnisse, Kontakt- und soziale Bedürfnisse, Anerkennungs- und Selbstverwirklichungsbedürfnisse.

---

13 Seite 58

(Kommentar)

An Ihrem Beispiel sollte der folgende Unterschied erkennbar sein:

- Positiver Motivationszyklus: Eine sich verstärkende Wirkung wird erzielt, wenn von der Führungsperson eine positive Erwartung ausgeht. Sie ermutigt die Mitarbeitenden, die daraufhin die Aufgaben erfolgreicher bewältigen und ihr Selbstvertrauen stärken können. Der Erfolg gibt der Führungsperson in ihren positiven Erwartungen Recht.
- Negativer Teufelskreis der Demotivierung: Hier wird ebenfalls eine sich verstärkende, aber negative Wirkung erzielt, indem die Führungsperson eine negative Erwartungshaltung mitbringt. Sie traut den Mitarbeitenden wenig zu, verhält sich dementsprechend vorsichtig und kritisch, was bei den Mitarbeitenden zu Frustrationen führt. Sie erledigen ihre Aufgaben nur halbherzig und mit weniger Selbstvertrauen. Der Misserfolg gibt der Führungsperson in ihren negativen Erwartungen Recht.

---

14 Seite 58

Walter Müller betreibt Jobrotation, also einen planmässigen Wechsel des Arbeitsplatzes.

---

15 Seite 58

(Kommentar)

Mögliche Argumente gegen die Aussage sind:

- Positive Erwartungen an die Mitarbeitenden führen zu besseren Resultaten (Motivationszyklus).
- Verantwortungsvolle Aufgaben richtig delegieren führt zu einer Entlastung der Vorgesetzten und wirkt für die Mitarbeitenden motivierend (Motivationsinstrument Delegation).
- Interessante Arbeit und die entsprechende Verantwortung sind wichtige Motivatoren (Zweifaktoren-Theorie).

---

16 Seite 65

- Es handelt sich bei dieser Formulierung («Sie kümmern sich ...») nicht um ein Ziel, sondern um eine Tätigkeit; das Kriterium R (result-oriented) ist somit nicht gegeben. M (measurable) ist ebenfalls nicht gegeben, weil «intensiver» kein klarer Massstab ist. Ausserdem fehlt beim Kriterium S (specific) eine konkrete Aussage, was mit «sich kümmern» konkret gemeint ist (geht es z. B. um die Betreuung am Arbeitsplatz, um die Einbindung in das Team usw.?).
- Möglicher Verbesserungsvorschlag: «Bis 31.3.200x können die beiden Lehrlinge die in ihrer Stellenbeschreibung definierten Aufgaben selbstständig erledigen.»

---

17 Seite 65

Regelmässige Abgleiche braucht es aus folgenden Gründen:

- Unternehmen bewegen sich in einem dynamischen System. Womöglich werden vereinbarte Ziele hinfällig oder verändern sich, sodass Anpassungen in der Zielvereinbarung notwendig werden. Sich inzwischen als unrealistisch oder nicht erfüllbar erweisende Ziele müssen ebenfalls gestrichen bzw. angepasst werden.
- Zwischenbesprechungen dokumentieren den Arbeitsfortschritt und ermöglichen der Führungsperson, allfällige Fehlentwicklungen rechtzeitig zu korrigieren.

---

18 Seite 65

A] Die Zielvereinbarung legt fest, welches Endresultat erreicht werden soll, jedoch nicht, wie es erreicht werden soll. Die Mitarbeitenden werden zum selbstständigen Handeln motiviert, und es liegt an ihnen, den Weg zum Ziel zu bestimmen und entsprechend Verantwortung zu übernehmen.

B] Ja, qualitative Ziele können ebenfalls vereinbart werden. Wichtig dabei ist, einen entsprechenden qualitätsbezogenen Hilfsmassstab oder Leistungsstandard zu vereinbaren.

C] Die beiderseitige Formulierung legt die Zielvorstellungen offen und bietet eine Diskussionsgrundlage für die Vereinbarung. Dadurch erhöht sich die Identifikation mit den angestrebten Zielen.

---

19 Seite 75

(Kommentar)

Aus Ihrem Beispiel sollte hervorgehen, dass die Potenzialbeurteilung von Mitarbeitenden eine wichtige Entscheidungsgrundlage für die Nachfolgeplanung im Unternehmen bildet, nämlich zu erkennen, wer für welche Laufbahnentwicklung in Frage kommen könnte.

---

20 Seite 75

(Kommentar)

Es gibt weder eine richtige bzw. falsche Einschätzung noch eine einheitliche Begründung. Kurt Tucholsky nimmt Bezug darauf, dass eine Führungskraft vorbildlich mit ihrer Verantwortungsposition umgehen muss, um wirklich akzeptiert zu werden.

---

21 Seite 75

Die Leistungsbeurteilung beleuchtet in allererster Linie den Grad der Zielerreichung, weniger oder gar nicht den Weg zum Ziel, also das Arbeitsverhalten.

---

22 Seite 75

A] Sehr gut: ausdrücklich, sachbezogen und gleichzeitig persönlich!

B] Zu wenig klar: Zuerst wird das Negative genannt, danach das Positive. Die vage Aussage «recht gut» hinterlässt einen zwiespältigen Eindruck: War die Präsentation ziemlich gut, mittelmässig, eigentlich nicht zufrieden stellend?

C] Nicht sachbezogen: Das Lob (falls es sich um ein solches handelt) bezieht sich weniger auf die Aufgabenerfüllung, sondern auf den Vergleich mit anderen Personen.

D] Diese Kritik ist ausgesprochen direkt und hart. Sie missachtet die Anforderungen an das Formulieren von Kritik. Bei einem guten Vertrauensverhältnis ist eine solch direkte Kritik dennoch möglich, weil die kritisierte Person weiss, wie sie damit umgehen muss.

---

23 Seite 100

(Kommentar)

Ob Sie eher Annas «Salami-Taktik» anhängen oder wie Birgit die sportliche Herausforderung brauchen, müssen Sie für sich selbst entscheiden oder feststellen. Wenn Sie jedoch dazu neigen, sich die Latte hoch zu legen, hier eine Warnung: Denken Sie unbedingt daran, auch ehrgeizige Ziele in Teilziele zu gliedern und diese mit Fristen zu versehen. Sonst laufen Sie Gefahr, solche Ziele niemals anzugehen und demzufolge daran zu scheitern.

---

24 Seite 100

Argumente für das schriftliche Planen:

- Mehr Verbindlichkeit: Wenn Sie schriftlich planen, machen Sie gleichzeitig einen Vertrag mit sich selber. Diesen halten die meisten Menschen für verbindlicher als eine Planung im Kopf.
- Mehr Denkkapazitäten für Wichtiges: Durch das schriftliche Festhalten müssen Sie nicht länger Denkkapazitäten für die Planung frei halten, sondern können sich besser auf die Erledigung der Aufgaben konzentrieren.
- Mehr Selbstmotivation: Obwohl sie eine erledigte Aufgabe auch gedanklich «abhaken» könnten, ist es für die meisten Menschen motivierender, diesen Haken «schwarz auf weiss» vor sich zu haben, also physisch zu machen.

A] Prioritäten zu setzen, hat unter anderem folgende Vorteile:

- Wenn man immer zuerst an den wichtigsten Aufgaben arbeitet, muss man eine angefangene Sache nicht plötzlich abbrechen, weil einem etwas noch Wichtigeres einfällt. Man kann also in aller Ruhe an einer Aufgabe dranbleiben.
- Es ist schon im Vorfeld klar, welche Aufgaben von anderen erledigt werden können. Dadurch wächst die Wahrscheinlichkeit, dass sinnvoll delegiert wird, d. h., dass die richtigen Leute zur richtigen Zeit mit den richtigen Aufgaben betraut werden.
- Selbst wenn man nicht alle Aufgaben erledigen konnte, die man sich für den Tag vorgenommen hatte, kann man sicher sein, zumindest die wichtigsten Aufgaben bewältigt zu haben.
- Erledigte Aufgaben von der Liste streichen zu können, wirkt motivierend.

B] Auf den ersten Blick mag es tatsächlich häufig scheinen, als seien alle Aufgaben gleichrangig, d. h., es fällt schwer, spontan Prioritäten zu setzen. Bei genauerem Hinsehen zeigt sich aber, dass man Aufgaben immer in eine Rangfolge bringen und/oder gegebenenfalls von anderen erledigen lassen (= delegieren) kann.

Hinter der **ABC-Analyse** steht die Überlegung, dass es – bezogen auf die Lebensziele – sehr wichtige Aufgaben (A-Aufgaben), weniger wichtige (B-Aufgaben) und untergeordnete (C-Aufgaben) gibt. Die A-Aufgaben werden vorrangig erledigt, danach die B-Aufgaben, zum Schluss die C-Aufgaben.

Das **Eisenhower-Prinzip** beruht auf der Feststellung, dass man leicht unter den Druck gerät, dringende Aufgaben zu lösen, selbst wenn sie nicht besonders wichtig sind. Um sich dem Diktat der Dringlichkeit zu entziehen, wird jede Aufgabe in Hinblick auf Wichtigkeit und Dringlichkeit bewertet und entsprechend behandelt.

Argumente für eine «stille Stunde»:

- Erstens schwankt die menschliche Leistungsbereitschaft über den Tag hinweg. Um möglichst effizient zu arbeiten, empfiehlt es sich deshalb, während eines persönlichen Leistungshochs ungestört zu sein. Da die meisten Menschen ihr absolutes Leistungshoch im Lauf des Vormittags haben, ist es sinnvoll, beispielsweise zwischen 9:30 Uhr und 11:00 Uhr auf Kontakte zwischen den Kollegen zu verzichten.
- Zweitens verkürzt sich die Zeit, die man für die Bearbeitung einer Aufgabe benötigt, wenn man ungestört dranbleiben kann.

Hinweise an Sebastian Kurmann:

- Erledigen Sie Ihre wichtigsten Aufgaben möglichst in leistungsstarken Phasen. Als Morgenmensch werden Sie diese am Morgen und frühen Vormittag erleben.
- Verlagern Sie alle Routinetätigkeiten auf leistungsschwache Zeiten. Wahrscheinlich sind diese bei Ihnen im frühen Nachmittag beobachtbar.
- Halten Sie einen bestimmten Tagesrhythmus ein, um Ihre Leistungshochs nutzen zu können. Für Sie heisst dies: abends früh ins Bett gehen, morgens relativ früh an der Arbeitsstelle eintreffen und – nach der Tagesplanung – sich sogleich an die wichtigen Aufgaben machen.

Mögliche Auswirkungen der Norm:

- Mehr Rücksichtnahme, da jedermann weiss, dass ein egoistisches Verhalten nicht toleriert wird.
- Grössere Kooperationsbereitschaft, da die Teamleistung mehr zählt als die Einzelleistung.
- Frustration und weniger Engagement, da herausragende Einzelleistungen nicht gefragt sind.

30 Seite 108	Unser Team zeichnet sich durch eine hohe Identifikation aus. Man ist stolz, Teil des Teams zu sein, und ist bereit, die Einzelinteressen zugunsten der Gruppe zurückzustellen. (= Wir-Gefühl, Zusammenhalt) Unser Vorgesetzter trägt wesentlich dazu bei, dass wir als Team erfolgreich sind. Er fordert von uns eine hohe Leistungsbereitschaft, fördert uns aber auch, indem er beispielsweise immer ein offenes Ohr für unsere Anliegen hat und uns bei Schwierigkeiten unterstützt. (= Gruppenleitung) Selbstverständlich gibt es auch bei uns Konflikte. Das ist normal, wenn Menschen zusammenarbeiten. Wir geben uns Mühe, solche Spannungen konstruktiv zu lösen. Eine wichtige Voraussetzung dafür ist, dass jeder sich öffnet, auch Unangenehmes ansprechen und Fehler machen darf. (= Teamklima)

31 Seite 119	A] Distanz
	B] Wechsel
	C] Distanz
	D] Nähe
	E] Dauer

32 Seite 119	A] Norming
	B] Storming
	C] Performing
	D] Forming

33 Seite 120	A] Beta
	B] Gamma
	C] Omega
	D] Alpha

34 Seite 120	A] Auswählender Entwickler (Assessor-Developer)
	B] Kreative Innovatorin (Creator-Innovator)
	C] Systematischer Umsetzer (Concluder-Producer)
	D] Kontrollierende Überwacherin (Controller-Inspector)

35 Seite 132	1. **Bezeichnung der Stelle:** Produktmanagerin für Damenmode
	2. **Aufgaben:**
	• Planung, Entwicklung, Produktion, Marketing, Verkauf des Produkts
	• Überwachung der Qualitätskontrolle
	• Kontakt zu Produktionsfirmen und Fabriken
	• Kontakt mit Handelspartnern
	3. **Verantwortung:** Umsatz für die Abteilung Damenmode
	4. **Kompetenzen:** Entwicklung, Produktion und Vermarktung von Kollektionen für Damenbekleidung
	5. **Hierarchische Stellung:** der Produktionschefin unterstellt
	6. **Stellvertretung:** Produktmanager für Herrenmode

36 Seite 132	Der Inhalt der Planung ist immer als Weiterentwicklung vergangener und gegenwärtiger Sachverhalte zu verstehen. Soll/Ist-Vergleiche sind für jede sinnvolle Planung unabdingbar.

37 Seite 139

A] Personalabteilung:

- Die Personalverantwortlichen des Unternehmens kennen die fachlichen und persönlichen Anforderungen sowie die Unternehmenskultur besser als externe Fachleute.
- Je nach Aufwand und Konditionen kostengünstiger als die externe Dienstleistung.
- Die interne Stelle kann den **Such**prozess unabhängiger gestalten. Denn der Personalvermittler steht in einem Interessenkonflikt: Zum einen lebt er davon, möglichst rasch einen Bewerber zu vermitteln. Zum anderen will er den optimalen Kandidaten präsentieren können, was zeitaufwendige Abklärungen erfordert.

B] Personalberater:

- Insbesondere wenn im Unternehmen wenig Ressourcen im Personalwesen vorhanden sind, erbringt der externe Personalberater eine wichtige Dienstleistung: von der professionellen Formulierung eines Inserats bis zur aufwendigen Vorselektion der Bewerbungen.
- Diskretion: Die Bewerbenden können sich bei einer externen Stelle unverbindlich einem ersten Selektionsprozess stellen. Auch wenn die Personalabteilung interne Bewerbungen ebenso diskret behandelt, hegen manche firmeninterne Bewerbende ein gewisses Unbehagen gegenüber der Gewährleistung der Diskretion.
- Kann auch potenzielle Bewerbende von Konkurrenzunternehmen direkt ansprechen.

38 Seite 139

Das Inserat informiert lediglich über die betreffende Aufgabe und die Anforderungen. Es sagt nichts aus über das Unternehmen und seine Leistungen. Die Leserin wird nicht emotional angesprochen, da das Inserat nicht bewerberorientiert abgefasst ist. Es zeigt nur die Sicht des Unternehmens.

39 Seite 139

A] ist richtig.

B] stimmt nicht; man kann die Online-Stellenbewerbung genauso intern via Intranet anwenden.

C] stimmt nicht; E-Recruiting hat sich bereits in vielen Firmen durchgesetzt. Die heutigen Sicherheitsstandards für die Datenübermittlung müssen selbstverständlich eingehalten werden, wenn man Online-Bewerbungen anbietet (z. B. die Verschlüsselung der Online-Bewerbungen und genaue Zugriffsbestimmungen für die Verwendung der Daten). Entsprechende Abklärungen sollten unter Beizug von Datenschutzfachleuten erfolgen.

40 Seite 155

Zutreffende Verhaltensfragen:

A] Können Sie mir bitte eine Situation aus Ihrer jetzigen Tätigkeit schildern, bei der Ihre analytischen Fähigkeiten besonders zum Zug kamen. Was haben Sie damals unternommen? (Oder: Wie sind Sie vorgegangen?) Welchen Erfolg haben Sie durch Ihr Vorgehen erzielt? (Oder: Was haben Sie dadurch erreicht?)

B] Als künftige Teamleiterin unseres Kundendienstes sind Ihre Kommunikationsfähigkeiten in schwierigen, konfliktträchtigen Situationen besonders gefragt. – Bitte schildern Sie mir eine typische Konfliktsituation in Ihrer jetzigen Tätigkeit. Wie sind Sie bei der Konfliktlösung vorgegangen? (Oder: Wie haben Sie sich in diesem Konflikt verhalten?) Was haben Sie bewirken können? (Oder: Was würden Sie ein nächstes Mal anders machen?)

41 Seite 155

Zwei Varianten sind möglich:

- Es handelt sich um eine tüchtige Mitarbeiterin, die in ihrer Persönlichkeit aber eine Eigenart hat, die zu Schwierigkeiten im Umgang führt. Was das ist, kann nur im Gespräch eruiert werden. Möglichkeiten: überhöhte Ansprüche; geringe Anpassungsbereitschaft; fühlt sich rasch unverstanden usw.
- Die Bewerberin ist entschlossen, nur an einem Arbeitsplatz zu bleiben, wenn er ihr ganz zusagt. Sie nimmt häufige Wechsel in Kauf, um dieses Ziel zu erreichen. Diese Variante hat vor allem dann einen positiven Stellenwert, wenn Gründe zu einem Wechsel führen, die sie nicht vorhersehen konnte. Bei dieser Variante stehen mögliche Motive für den Stellenwechsel im Mittelpunkt. Möglichkeiten: zielbewusste Karriereschritte mit der notwendigen Konsequenz; ehrgeizig und rücksichtslos, wenn es um die eigenen Ziele geht usw.

42 Seite 155

- Von der Art, wie die Referenzen eingeholt werden.
- Von der Urteilsfähigkeit der Referenzperson.
- Von der gemeinsamen Sprache, auf die sich die beiden Partner vorher einigen sollten.
- Von der Grundhaltung der Referenzperson gegenüber Angestellten.

43 Seite 155

Der Halo-Effekt tritt dann auf, wenn bestimmte Einzelzüge einer Person den Gesamteindruck beeinflussen – positiv oder negativ.

Dazu gehören:

- Die Wirkung des ersten Eindrucks
- Die Wirkung des letzten Eindrucks
- Sympathie oder Antipathie
- Auswirkungen von persönlichen Gefälligkeiten

44 Seite 159

Regelmässige Standortbestimmungen während der Probezeit helfen,

- rechtzeitig die notwendigen Korrekturen im Einführungsprogramm vorzunehmen,
- Unterstützungsmassnahmen bei Problemen oder Unsicherheiten anzubieten,
- ein Feedback über das Einführungsprogramm, über die Zusammenarbeit im Team oder mit Ihnen, über das persönliche Wohlbefinden der neuen Mitarbeiterin zu erhalten.

45 Seite 159

Mit der Einführungs- und Einarbeitungszeit erhält der neue Mitarbeiter die ersten Eindrücke von den künftigen Aufgaben und dem Unternehmen, die seine Einstellung entscheidend prägen werden. Die bewusste Gestaltung dieser Einführungsphase bringt daher nicht nur eine Wertschätzung zum Ausdruck, sondern auch Vorteile in betriebswirtschaftlicher Hinsicht: Sie hilft, die Gefahr einer kostenintensiven Frühfluktuation zu vermindern.

46 Seite 170

A] Sozialgerechtigkeit

B] Leistungsgerechtigkeit

C] Marktgerechtigkeit

D] Anforderungsgerechtigkeit

47 Seite 170

Merkmale	Lohnsysteme mit Lohnklassen	Lohnsysteme mit Lohnbändern
Funktionsweise	Mitarbeitende werden fixen Klassen zugeteilt	Einstiegslohn und Lohnmaximum sind festgelegt
Flexibilität	Unflexibel	Flexibel
Art der Lohnkurven	Definiert	Individuell
Handhabung	Einfach	Komplex

48 Seite 170	Leistungen des Unternehmens	Fringe Benefits	Andere Leistungen
	Verpflegung für Hotelangestellte		☒ Naturallohn
	Angestelltenrabatte für Firmen-Produkte	☒	
	Dienstaltersgeschenk	☒	
	Kinderzulage		☒ Sozialanteil, gesetzlich
	Mitfinanzierung einer Führungsausbildung	☒	

49 Seite 178

Aussagen zu den Arbeitszeitmodellen:

A] Richtig.

B] Falsch; die Arbeitszeit wird beim Bandbreitenmodell nach dem Bedürfnis des einzelnen Mitarbeiters für eine bestimmte Zeit fixiert. Er kann diese ohne Absprache nicht flexibel handhaben.

C] Falsch; im Vorfeld werden die Ausnahmen und Vorgaben geregelt, um die Betriebssicherheit während des ganzen Jahres zu gewährleisten.

D] Richtig.

E] Falsch; bei der kollektiven Telearbeit arbeiten verschiedene Mitarbeitende in externen Büros.

50 Seite 178

Mitwirkungsstufen:

A] Pausengestaltung: Selbstverwaltung

B] Geschäftsgang und Reorganisationsmassnahmen: Information

C] Beurteilungssystem: Mitentscheidung

51 Seite 178

Zuordnung zum Arbeitszeitmodell:

A] Teilzeitarbeit auf Abruf (KAPOVAZ)

B] Jobsharing

C] Gleitende Arbeitszeit (GLAZ); tägliche Blockzeiten sind vorgegeben.

52 Seite 187

Mögliche Gründe für den Widerstand von Frau Schneider:

• Sie ist nicht an einer Karriere interessiert, d. h., sie will im Moment oder überhaupt nicht weiterkommen. Sie fühlt sich mit der jetzigen Tätigkeit ausgefüllt und hat keinen Ehrgeiz, mehr Verantwortung zu übernehmen.
• Sie schätzt zwar Ihre Vorschläge und möchte auch weiterkommen, aber sie stellt sich einen anderen Karriereweg im Unternehmen vor. Sie weiss nicht, ob Ihre Vorschläge die einzig möglichen sind, oder wollte Sie nicht vor den Kopf stossen.
• Sie traut sich einen solchen Karriereschritt (noch) nicht zu, d. h., sie schätzt sich weniger gut ein, als Sie dies tun, oder sie fühlt sich einer neuen Herausforderung noch nicht gewachsen.
• Sie fühlte sich überrumpelt und muss über Ihre Vorschläge erst einmal in Ruhe nachdenken.
• Sie hat andere Pläne. Dies können ganz andere berufliche Ausbildungs- oder Entwicklungsziele sein, die Frau Schneider verfolgen möchte. Womöglich ist sie gar auf dem Absprung, d. h., sie schaut sich nach anderen Stellen um oder hat schon konkrete Angebote. Unter Umständen hat sie auch andere Lebenspläne, weil sie z. B. für längere Zeit ins Ausland verreisen will.

Weiteres Vorgehen:

Auf alle Fälle braucht es bald ein Folgegespräch zwischen Ihnen und Frau Schneider. Fragen Sie offen nach den Gründen für ihr Zögern oder ihre Ablehnung. Aber auch nach ihren Vorstellungen über die berufliche Zukunft.

Eine realistische Laufbahnplanung bedeutet für das Unternehmen immer eine Investition und für Sie als Vorgesetzten ebenfalls. In letzter Konsequenz ist Frau Schneider für ihre Laufbahn verantwortlich – sie muss voll und ganz hinter den Entwicklungsmassnahmen stehen können, damit diese sich lohnen.

53 Seite 187

Beispiel	Arbeits-platz	Kurs
Es wird ein neues Materialprüfgerät angeschafft, das die Labormit-arbeitenden bedienen müssen.	☒	
Zwei Vorgesetzte waren in einem Seminar über Konfliktlösung. Im Rahmen der Führungsschulung will man dieses Thema nun weiteren Vorgesetzten zugänglich machen.		☒
Zehn Führungsnachwuchskräfte müssen in den Grundlagen des Projektmanagements ausgebildet werden.		☒
Die Personalassistentinnen müssen in die neue Verwaltungssoftware eingeführt werden, mit der sie künftig arbeiten.	(☒)	☒

Hinweis zum letzten Beispiel: Wenn mehrere Personalassistentinnen auf die Software geschult werden müssen, ist ein interner Kurs an Computern wahrscheinlich am effizientesten. Als Alternative könnte an jedem Arbeitsplatz ein Einzeltraining und -coaching stattfinden.

54 Seite 201

Auflösungsgründe:

A] Zeitablauf: Es handelte sich um einen befristeten Arbeitsvertrag auf eine bestimmte Zeitdauer.

B] Fristlose Kündigung aufgrund einer schwer wiegenden Pflichtverletzung.

C] Änderungskündigung, d. h. Ersatz durch einen neuen Arbeitsvertrag.

55 Seite 201

A] Darf nicht erwähnt werden; die Aussage ist für das Arbeitsverhältnis und die berufliche Zukunft nicht relevant.

B] Darf nicht erwähnt werden; ist irrelevant und gemäss Datenschutzgesetz eine vertrauliche Information.

C] Darf erwähnt werden; die Mitarbeiterin ist offiziell gewähltes Mitglied der Angestelltenkommission; darum handelt es sich nicht um eine vertrauliche Information. Zudem schadet ihr die Aussage nicht.

D] Darf erwähnt werden (ob die Formulierung sinnvoll ist, soll hier nicht beurteilt werden).

56 Seite 201

A] Nein: Gemäss OR 336 wären persönliche Eigenschaften wie das Alter eine missbräuchliche, d. h. sachlich nicht gerechtfertigte Kündigung. Diese ist verboten, führt aber trotzdem zur Auflösung des Arbeitsverhältnisses.

B] Marcel Bieris Sekretärin kann die Auflösung des Arbeitsverhältnisses nicht rückgängig machen, jedoch gegen die missbräuchliche Kündigung klagen. Marcel Bieri als Kündigender muss im Falle einer missbräuchlichen Kündigung eine Entschädigung von maximal sechs Monatslöhnen ausrichten, abhängig vom Entscheid des Richters.

Stichwortverzeichnis